PSICOLOGIA E FORMAÇÃO

JOSÉ RAFAEL PRADA RAMÍREZ

PSICOLOGIA E FORMAÇÃO
A psicologia aplicada à formação sacerdotal
e à vida consagrada

DIREÇÃO EDITORIAL:
Pe. Marcelo C. Araújo

EDITOR:
Márcio Fabri dos Anjos

COORDENAÇÃO EDITORIAL:
Ana Lúcia de Castro Leite

TRADUÇÃO:
Pe. José Augusto da Silva, C.Ss.R.

COPIDESQUE:
Lessandra Muniz de Carvalho

REVISÃO:
Camila de Castro Sanches dos Santos

DIAGRAMAÇÃO:
Simone Godoy

CAPA:
Fernanda Barros Palma da Rosa

Título original: *Psicología y Formación – Principios psicológicos utilizados em la formación para el sacerdócio y la vida consagrada*
© SAN PABLO – COLÔMBIA – Carrera 46 n. 22A-90 – Bogotá, D.C. – Colômbia
Tel.: 3682099 – Fax: 2444383
E-mail: editorial@sanpablo.com.co
www.sanpablo.com.co

Dados Internacionais de Catalogação na Publicação (CIP)
(Câmara Brasileira do Livro, SP, Brasil)

Prada Ramírez, José Rafael
    Psicologia e formação: princípios psicológicos utilizados na formação para o sacerdócio e a vida sagrada / José Rafael Prada Ramírez; [tradução José Augusto da Silva]. - Aparecida, SP: Editora Santuário, 2013.

    Título original: *Psicología y formación: principios psicológicos utilizados em la formación para el sacerdócio y la vida consagrada.*

    Bibliografia
    ISBN 978-85-369-0263-0

    1. Vida religiosa e monástica – Aspectos psicológicos I. Título.

12-03899   CDD-248.894019

Índices para catálogo sistemático:

1. Vida consagrada religiosa: Psicologia: Cristianismo 248.894019
2. Vida religiosa consagrada: Psicologia: Cristianismo 248.894019

Todos os direitos em língua portuguesa,
para o Brasil, reservados à Editora Santuário, 2013

Composição, CTcP, impressão e acabamento:
EDITORA SANTUÁRIO - Rua Padre Claro Monteiro, 342
12570-000 — Aparecida-SP — Fone: (12) 3104-2000

Sumário

Apresentação 9

Prólogo 11

I. Ruptura ou continuidade na formação? 13

Duas gerações díspares? 13

Modernismo e pós-modernismo 18

O que o futuro nos reserva? 31

Anexo 1: Leis da vida afetiva 40

II. O ensinamento da igreja sobre a utilização
    da psicologia na formação 43

Decreto *Optatam totius* 43

Decreto *Perfectae caritatis* 44

Encíclica *Sacerdotalis coelibatus* 44

Ratio formationis institutionis sacerdotalis 44

Orientações educativas para a formação no celibato sacerdotal 45

Código de Direito Canônico 46

Orientações educativas sobre o amor humano 46

Potissimum institutioni (PI) 47

Instrumentum laboris do Sínodo
    de bispos e exortação *Pastores dabo vobis* 47

Alguns documentos sobre a vida consagrada e sobre a família 48

Documento da CELAM em Aparecida (Brasil) 49

O que entendemos por "formação" 51
Anexo 2: Teste de autoconhecimento 55

III. Etapas da formação ao sacerdócio e à vida consagrada 59

Antes de entrar no seminário ou na vida consagrada 60
Etapas da formação sacerdotal 61
Etapas da formação à vida consagrada 64
Áreas de formação em seminários e casas religiosas 67
Diversidade de tipos de seminários e casas de formação 70
Proposta integrativa de Cencini 71
Anexo 3: Critérios empírico-culturais
    de saúde e maturidade psíquica 74

IV. Contribuições das teorias psicodinâmicas
    e da psicologia evolucionista 79
O inconsciente 79
A motivação 80
A sexualidade 83
O papel da mãe 89
A transferência e a contratransferência 90
A vida em comunidade 92
Anexo 4: Desenvolvimento psicossexual aplicado
    ao sacerdócio e à vida consagrada 96

V. Contribuições oferecidas pelas teorias comportamentais 115
O condicionamento clássico 115
O condicionamento operante (Reforço) 117
O castigo e suas alternativas 122
O aprendizado por observação de modelos 124
Anexo 5: Exercício de "relaxamento sistemático"
    como ajuda terapêutica 126

VI. Elementos que nos oferecem as teorias humanistas 133

Autorrealização ou autotranscendência? 134

Coerência, empatia e aceitação incondicionada 135

A busca de significado 136

A experiência cume 139

A ascese na formação 141

O acompanhamento do formando 145

Anexo 6: Critérios de maturidade psicológica para admitir um candidato
à ordenação sacerdotal ou aos votos religiosos 149

VII. Princípios que nos oferecem as teorias cognitivas 155

Conceito de Si e afetividade. A inteligência afetiva 156

A teoria do "apego à figura materna" 159

Aplicações à formação 163

A reestruturação cognitiva (confrontação) 171

Anexo 7: Como medir o apego? 177

VIII. Contribuição das teorias psicossociais 179

Ambiente sociocultural 180

A família 184

Os "pares" ou iguais e seu influxo no grupo 186

Os meios de comunicação 189

Anexo 8: Mecanismos de defesa ou defesas do eu? 192

IX. Ajuda que nos oferece a neuropsicologia 201

A importância do Sistema Nervoso Central (SNC) 202

As emoções em nível cerebral 204

Inteligência e memória 209

Leis do desenvolvimento moral 214

Anexo 9: Contar-se a história da vida (autobiografia) 216

X. A escola de Luigi M. Rulla e seguidores................................221

Principais conceitos da teoria de L. M. Rulla................................222

Aplicações dos resultados da pesquisa................................227

Anexo 10: O projeto de vida pessoal (PVP)................................232

XI. Alguns casos especialmente difíceis na formação................239

A mentalidade laicista, relativista e consumista da sociedade atual.....239

A crise da família................................242

A agressividade................................243

A homossexualidade................................245

O uso de drogas................................249

Os transtornos mentais................................251

Anexo 11: Avaliação psicológica do candidato ao sacerdócio
ou à vida consagrada................................261

XII. A figura do formador................................275

A Trindade, único verdadeiro formador................................275

O formador ou acompanhante................................276

Tipos de formador................................277

Perfil ideal de um formador................................280

A autêntica atitude formativa................................282

O colóquio formativo................................288

Seleção e formação de formadores................................294

Anexo 12: Programa de formação para o celibato................................297

XIII. Construir uma geração melhor................................307

Nem todo tempo passado foi melhor................................308

Futuro do sacerdócio católico................................310

Futuro da vida consagrada................................312

O melhor está por vir................................316

Os futuros formandos................................317

Referências bibliográficas................................323

Apresentação

Não é exagerado afirmar que tanto o sacerdócio como a renovação autêntica da vida consagrada dependem, fundamentalmente, da formação de seus candidatos e de seus membros. Conscientes dessa importância, é raro que numa reunião de bispos ou de superiores maiores religiosos não se inclua algum debate sobre a formação dos seminaristas e candidatos. Se tivesse havido esse descuido, muitos planos apostólicos ficariam em mera teoria ou em simples ilusão. Muito mais quando ficou demonstrado tristemente que a formação deficiente de sacerdotes e religiosos contribuiu para tremendos escândalos que prejudicaram o povo de Deus, pessoas inocentes e lesou gravemente a credibilidade da Igreja em todo o mundo.

Assim, se torna evidente que a Igreja deve ser sumamente pródiga na hora de dedicar seu tempo e suas melhores energias à formação inicial do candidato ou do seminarista, no radical e incondicional seguimento de Jesus Cristo. Tendo em conta a grandeza dessa tarefa, e pelo fato de que sempre será muito mais complicado pretender uma rápida mudança nas condições familiares e sociais, os bispos e os superiores tentam estabelecer uma espécie de diálogo em que se integrem as características humanas, sociais e espirituais do indivíduo dentro de um processo de discernimento que lance luz sobre ambas realidades: as limitações humanas a superar e a ajuda espiritual que chegue a renovar a vida do indivíduo, das dioceses e dos institutos.

Sinto-me muito feliz em apresentar esta obra: *Psicologia e formação: princípios psicológicos utilizados na formação para o sacerdócio e a vida consagrada,* cujo autor é o Pe. José Rafael Prada Ramírez, sacerdote redentorista e doutor em psicologia. Religioso há 45 anos e sacerdote há 40, Pe. Prada oferece neste trabalho ricas e variadas experiências sobre o debate da formação. Não em vão desempenhou com êxito e geral aceitação o cargo de prefeito de estudantes, de superior provincial, de reitor de um famoso santuário nacional e de catedrático de universidade. Pe. Prada chega a unir, numa perfeita combinação, sua especialidade em teoria psicológica com sua prática clínica e pastoral. O resultado é um estimulante debate sobre a particular luz que sua disciplina acadêmica pode lançar sobre o tema e oferecer a quantos são responsáveis pela formação dos sacerdotes e dos religiosos de amanhã.

O leitor muito lucrará com a lucidez de pensamento e a clareza de expressão que caracterizam a pedagogia do Pe. Prada. Mesmo que nem sempre esteja de acordo com seu critério, dificilmente se encontrará em dificuldades para entender seus argumentos. O que torna particularmente valioso este debate é o indiscutível amor que o Pe. Prada professa para com a Igreja e o profundo apreço que tem pelos jovens. Todos esses valores fazem com que ele não duvide em se referir, de forma absolutamente franca, às dificuldades e aos obstáculos que apresenta a formação de seminaristas e religiosos. Sua sabedoria, sua experiência clínica e seu arrojo pessoal oferecem nesta obra uma valiosa contribuição para a Igreja.

Pe. Joseph W. Tobin, C.Ss.R.
Superior-Geral dos Missionários Redentoristas[1]

---

[1] N.T.: Atualmente Arcebispo, Secretário da Congregação dos Religiosos.

Prólogo

Não é fácil escrever um livro sobre psicologia e formação em tempos de crise em ambas disciplinas. A psicologia oferece tantas escolas e tendências, muitas delas opostas entre si, que o estudante que se inicia nela não sabe qual escolher nem como lograr uma síntese; e a formação não vai por melhor caminho, pois a "varinha mágica" de como formar bem desapareceu na multidão de teorias e propostas que levaram ao caos atual.

Ao aceitar o desafio de apresentar os princípios psicológicos que podem ajudar na formação dos candidatos ao sacerdócio e à vida consagrada, pensei, não obstante, que as duas realidades assinaladas, psicologia e formação, conservam intacta sua validade. A psicologia, porque a dimensão "neuro-biológica-social" não explica todo o ser humano; a formação de sacerdotes e religiosos, porque estes continuarão sendo pedra angular numa Igreja que muda e quer ser cada dia mais evangélica. E a união de ambas, porque talvez não haja duas disciplinas nas quais se possam conjugar melhor seus aspectos metodológicos concretos como essas duas.

Forçosamente, minha posição psicológica é eclética, não "híbrida": tomo o melhor das diversas correntes psicológicas e o aplico às etapas fundamentais do processo formativo em seminários e casas religiosas. É técnica, não "aconselhadora", isto é, o princípio e sua aplicação estão "aí" e funcionam... outra coisa é que não se queira aplicar. E é otimista, não "cética": creio na função da graça e no poder do Senhor para fazer suas coisas e "escrever certo em linhas tortas"... embora, geralmente, escreva certo em linhas certas.

Tenho umas convicções fundamentais que, penso, refletirão na obra:

• creio no *mistério* da pessoa humana, de Deus e do chamado da vocação sacerdotal e religiosa. Acercamo-nos dele, nunca lograremos decifrá-lo nem entendê-lo plenamente, mas o experimentamos como fonte de energia no mais íntimo de nosso ser. O mistério não é uma dimensão para demonstrar, mas para descobrir e aceitar;

• sou partidário acérrimo de uma *formação racional* como ajuda para sacerdotes e religiosos, em que os elementos das ciências humanas tenham acento, com pleno direito, para dizer seu ponto de vista. Ocultar os princípios da ciência ou esconder a cabeça como o avestruz de nada serve no mundo de hoje;

• inclino-me a crer que a *formação da consciência* é o caminho real de qualquer método pedagógico, religioso ou moral que pretenda ajudar o ser humano. Não tenho dúvida de que o ser humano é capaz de escutar a voz da verdade na própria consciência;

• dou minha vida porque creio no *amor e na capacidade de gozar a beleza* de Deus, da criação e do outro em cada momento da existência.

Estas quatro convicções oxalá eu as possa expressar adequadamente nas páginas seguintes. Se conseguir, cumpri minha incumbência e dei uma contribuição valiosa para a formação de sacerdotes e religiosos, campo que me é muito próximo ao coração.

Pe. José Rafael Prada Ramirez,
Sacerdote redentorista e doutor em psicologia

I. Ruptura ou continuidade na formação?

*A uniformidade é a morte;
a diversidade é a vida.*
Mijail Bajtin

Neste capítulo tratarei de estudar o antigo problema de como formar gerações novas, abertas ao futuro, e ao mesmo tempo enraizadas nos princípios do Evangelho.

Duas gerações díspares?

Não podemos negar o fato de nos encontrarmos hoje diante de candidatos ao sacerdócio ou à vida consagrada muito diferentes do que foram seus semelhantes há 40 ou 50 anos.[1] Não só são diferentes porque aqueles usavam o hábito ou a batina e estes geralmente usam traje civil, mas porque sua estrutura mental e seus estilos de vida não são semelhantes. Seja-me permitido usar um exemplo tão velho como a religião: o hábito.

---
[1] Utilizarei o termo "candidato" para referir-me tanto ao seminarista como ao que deseja ser religioso, e entenda-se que este último pode ser mulher ou homem. Por razões práticas não distingo entre *eles* e *elas*, entre candidatos ao *sacerdócio* e à *vida consagrada*, embora na realidade haja muitas diferenças. Também no livro vou usar o masculino: "religioso" ou "religiosos", sem querer com isso desconhecer a importância e número de religiosas consagradas na Igreja. Faço-o por razões práticas de facilidade e comodidade e peço a "elas" sua compreensão feminina diante de minha posição.

Exemplo: "O hábito não faz o monge"

Esse ditado era comum durante a Idade Média no ambiente universitário, já que as universidades, sendo instituições eclesiásticas, obrigavam seus estudantes a usar o hábito eclesiástico e a tonsura.

Hoje em dia, a maioria dos sacerdotes e religiosos homens normalmente não usa a batina ou o hábito religioso.[2] As religiosas, muitas delas, ainda o usam, mesmo quando a apresentação com roupa civil vai se generalizando cada dia mais. Podemos encontrar pros e contras do uso da batina ou do hábito religioso.

Argumentos a favor da batina ou do hábito religioso:

• *valor de identidade:* o hábito ou a batina dão identidade, apresentam quem o usa como quem faz parte de um grupo ou comunidade que tem uma mensagem para oferecer;

• *valor simbólico*: o hábito é uma pregação muda de valores religiosos e transcendentes; é uma manifestação de uma vivência de fé;

• *valor de referência*: o hábito oferece um ponto de referência forte e diverso, especialmente para os jovens que dele necessitam. Pio XII dizia: "Do modo como uma pessoa se veste se compreende o que sonha";

• *valor de imagem*: a sociedade atual aprende mais através da imagem do que da palavra.

Contudo, também há argumentos a favor de uma maneira civil de vestir:

• o hábito religioso pode *resolver falsamente um problema de identidade:* aparenta-se ser o que na realidade não é;

---

[2] O decreto *Perfectae caritatis* do Vaticano II sobre a renovação da vida consagrada diz assim no número 17: "O hábito religioso, sinal da consagração, seja simples e modesto, pobre e ao mesmo tempo decoroso, como corresponde às exigências da saúde e adaptado tanto aos tempos e lugares como às necessidades do apostolado. Os hábitos dos religiosos e das religiosas que não concordam com estas normas, sejam modificados".

• em muitos ambientes o hábito pode ser *sinal de poder, de separação ou de privilégio*. O vestir-se como todos favorece um modo de "inserção" numa realidade civil que é a da maioria das pessoas;

• a *referência decisiva não é o exterior,* mas a presença de Deus dentro da pessoa;

• pode-se chegar a *ser escravo da imagem* e esquecer que o que conta, em última instância, é a atitude e o comportamento.

Creio que esses exemplos nos ajudem a compreender um pouco as grandes diferenças entre as duas gerações de sacerdotes e religiosos: os formados na modernidade e os formados na pós-modernidade. Pessoalmente, creio que o hábito religioso, usado como símbolo de transcendência e eternidade, é um instrumento evangelizador em muitas ocasiões. Talvez não seja prático nem conveniente usá-lo no mundo secularizado, mas sim em muitas atividades apostólicas, litúrgicas e comunitárias.

Estruturas mentais diferentes?

A *estrutura cerebral* da pessoa nascida hoje e a de uma nascida há 50 anos basicamente é a mesma, mas não *a mente* que tem sua base neurológica nessa estrutura. Sabe-se que as estruturas cerebrais influem em nossos comportamentos, mas que também estes, se são repetidos, influem naquelas e as transformam. Não é o mesmo cérebro o de um músico que pratica muitas horas por dia, que o de quem pratica de vez em quando; os desportistas profissionais desenvolvem mais as partes cerebrais que correspondem aos movimentos e à rapidez de reflexos. O "homúnculo" que se poderia criar na zona anterior e posterior do corte de Rolando (zonas sensitiva e motora; respectivamente), demonstra a grande diferença entre uma pessoa que executa continuamente determinados comportamentos e uma que não os executa. Comprovou-se que nosso encéfalo se reorganiza ao longo da vida em função da informação que recebe e processa.[3] A chave des-

---

[3] Cf. VÉLEZ, Antonio. *Homo sapiens.* Villegas Editores, Bogotá, 2006, p. 201.

ta interminável plasticidade, como veremos adiante, é a produção de "neuroendorfinas", compostos químicos encarregados de manter em bom estado os circuitos neuronais.[4]

Podemos deduzir muitas diferenças entre cérebros jovens em contínuo aprendizado, novidade e mudança e cérebros velhos amigos de pouco esforço, da repetição e da rotina. Não estranhemos, pois, as diferenças entre gerações. Podemos dar um passo adiante: uma estrutura cerebral assim formada é a base neurológica para diversas estruturas mentais que por sua vez produzem estilos de vida diferentes.

Estilos de vida diferentes

Basta observar como os jovens seminaristas e religiosos de hoje levam um estilo de vida diferente do de seus superiores ou formadores há algumas décadas. Talvez eles não se deem conta, mas os adultos sim, e esta diferença se converte num campo de batalha dentro de seminários e comunidades religiosas, especialmente durante o período formativo.

Os estilos de vida diferentes estão influenciados pelos modelos sociológicos e culturais que as novas gerações têm diante de seus olhos; por isso, é importante estudar os modelos de época para compreender as mudanças de estilos de vida que influem decisivamente nos jovens.

Utilizando um estudo de D. Comas[5] realizado na Espanha, e aceitando em princípio que a tipologia dos comportamentos é muito variada, posso reduzir os estilos de vida da maioria dos jovens do Ocidente aos seguintes:[6]

---

[4] Cf. KOTULAK, Ronald. *Inside the brain.* Andrews McMeel, Kansas City, 1997, p. 123.

[5] Cf. COMAS Domingo. *Jóvenes y estilo de vida.* Injuve, Madrid, 2003, p. 295ss.

[6] Os jovens de hoje se parecem muito entre si, apesar de pertencer a países e culturas diversas. Por outra parte, a maioria dos jovens vive nas cidades, não nos campos, e o processo de globalização os influenciou enormemente. Isto permite que estudos realizados em outros países possam ser aplicados, com as devidas cautelas, em países parecidos em cultura, religião, língua, desenvolvimento.

• o grupo maior de jovens (eles e elas) tem um estilo de vida que poderíamos chamar de estudioso, isto é, jovens que se dedicam ao estudo, ao esporte, às atividades domésticas, são bastante responsáveis e caseiros, amantes do computador, da televisão, da música, do celular, e praticantes da religião a sua maneira ("quando me pinta"). Como ainda estão sob o controle de seus pais, têm dificuldades com eles e ainda não sabem bem o que são e quais são seus valores;

• segue um grupo bastante grande, que poderíamos chamar de "trabalhador": não estudam ou o fazem com muita dificuldade. Muitos deles se emanciparam de seus lares, são pouco idealistas e religiosos, bastante conformistas, muito responsáveis, e se sentem oprimidos pelas obrigações de trabalho;

• um terceiro grupo poderíamos chamar de "farrista": geralmente estuda, mas aproveita o fim de semana e as férias para viver de noite e dormir de dia. Grande parte deles vive com seus pais e estes recebem ajuda econômica, mesmo quando as relações são conflitivas. A estes jovens os encantam os amigos, as discotecas, as festas, a música, experimentar as drogas, beber e fumar, e facilmente têm relações sexuais. Grupo de alto risco de acidentes. Religiosamente estão afastados da Igreja e manifestam uma mentalidade secularizada;

• um quarto estilo de vida poderíamos chamar de "consumista". Dos cinco grupos analisados aqui, é o segundo menor. Os jovens desse grupo, ideologicamente, são os mais conservadores e os mais seculares; pouco virtuosos e muito materialistas. Encanta-os sair para compras, em excursão, praticar diversos passatempos, e são o grupo, junto com o dos "farristas", que representa melhor o "estilo de vida de jovens globalizados". Parece que este estilo de vida favorece as práticas homossexuais e o consumo de drogas ilícitas;

• um quinto grupo, muito representado por moças, poderíamos chamar *caseiro*. É o grupo menor. Suas características: religioso, tradicional, virtuoso, amante de atividades de "voluntariado", pouco criativo e estudioso, inseguro e politicamente neutro.

Com a idade e a mudança de status, os estilos de vida vão variando, bem como os valores e os riscos associados aos mesmos. A respeito da vocação sacerdotal e religiosa, a maior parte dos candidatos provém, até o momento, do campo ou de povoados, não de cidades, e pertenceu a classes pouco favorecidas economicamente. No futuro, isto não poderá ser assim, porque a população se urbaniza rapidamente e o nível econômico dos lares cresce. Por isso, a classificação anterior dos cinco grupos, que refletem outros tantos estilos de vida, pode ajudar-nos a responder à pergunta: de onde sairão as futuras vocações para o sacerdócio e para a vida religiosa?[7]

Modernismo e pós-modernismo

Para compreender as grandes diferenças entre a formação de seminaristas e religiosos de hoje e os de décadas passadas, é conveniente compreender as características sobressalientes da modernidade e da pós-modernidade.

O sacerdócio e a vida consagrada tiveram seu maior esplendor numérico e institucional durante a época da modernidade. Agora estamos vivendo plenamente a época da pós-modernidade.

O início dessa época é situada por alguns em 15 de junho de 1972, quando, em Saint Louis (Missouri, USA), destruíram com dinamite vários quarteirões de edifícios de apartamentos construídos nos anos 1950-1953 com modernos de zoneamento, grandiosidade e uniformidade, características que as pessoas rejeitaram. Outros assinalam como início da pós-modernidade o 9 de novembro de 1989, data da queda do muro de Berlim.

---

[7] Um recente estudo feito sobre a religiosidade dos jovens italianos se faz a mesma pergunta; e referindo-se à vivência cristã um dos investigadores afirma que o jovem italiano de hoje, mais que considerar-se cristão, se considera "cidadão do mundo". Cf. Frontini, Michela. "Identità individuale e partecipazione religiosa". Em: *Giovanni, religione e vita cuotidiana. In 'indagine dell'Istituto Iard per il Centro di Orientamento Pastorale. Il Mulino, Bologna, 2006.

Características da modernidade e da pós-modernidade

Neste parágrafo seguiremos as ideias de S. Botero[8] para esclarecer os aspectos característicos da modernidade e da pós-modernidade, alertar sobre seus antivalores e resgatar os valores positivos que ambas oferecem.

Modernidade – Pós-modernidade

O absoluto – O relativo

A modernidade deu muita importância ao absoluto e perene. Deus é o Ser Absoluto, buscava-se uma "filosofia perene", o imutável dava a sensação de segurança na verdade. Contudos com a chegada, nas ciências, do princípio da relatividade, da física quântica, do evolucionismo etc., o relativo foi tomando cada dia mais crédito, tanto que hoje o *relativismo* é um dos princípios mais sustentados por filósofos e cientistas.

O objetivo – O subjetivo

O totalmente objetivo não existe, nem sequer nas ciências exatas. Quando faço uma medição, ao mesmo tempo estou introduzindo uma alteração da mesma. Ademais, pela psicologia sabemos que a percepção humana é *subjetiva,* isto é, *seletiva e tendenciosa*: seleciono parte da realidade (dos estímulos que recebo) e o faço de acordo com minhas aprendizagens, minha experiência, minha cultura[9] etc.

---

[8] Cf. Botero, José Silvio. *Posmodernidad y juventud. Riesgos y perspectivas.* San Pablo, Bogotá, 2002, p. 11-89.

[9] Ao dizer que a *percepção é seletiva y tendenciosa,* estou afirmando que quando o ser humano percebe, imediatamente seleciona parte da realidade (percepção seletiva) e o faz segundo sua bagagem anterior de experiências, aprendizagens e valores (percepção tendenciosa). Assim, por exemplo, um brasileiro percebe futebol de maneira distinta de um habitante do Havaí; ou um colombiano nascido na Costa se refere ao café de maneira diferente de um nascido em Caldas.

A unidade – A diversidade

Na época moderna a *unidade* foi entendida como *uniformidade*. Em compensação, hoje a pós-modernidade insiste na *diversidade*: a espécie humana mostra a maior diversidade de todas as espécies, graças a sua multiplicação através da sexualidade, e esse é fator decisivo para a sobrevivência. Em teologia se fala que Deus é Uno, mas também é Trino, e a teologia trinitária se desenvolveu muito nos últimos anos.

O esforço – O prazer

Antigamente dava-se máxima importância ao esforço, ao sacrifício, à privação, à austeridade, à ascese. A época pós-moderna dá centralidade ao prazer. Deus fez a criação para o bem e o gozo do ser humano (cf. Eclo 43,1-33), e o ser humano é convidado a fazer o que lhe agrada e para o que sente que tem qualidades.

A ética – A estética

Passamos de um mundo centrado na ética do dever e da justiça a um centrado na estética como culto da beleza, do corpo, do sensível e da busca de felicidade. A beleza salvará o mundo!, disse Dostoiévski. O *Cântico dos Cânticos* é um jogo entre a ética e a estética: a mulher é bela não somente porque tem um corpo lindo, mas porque tudo o que tem é parecido com a cidade e a criação (cf. Ct 6,3-12): perspectiva místico-política que indica que as mulheres não podem ser belas sem intervir na administração e no desenvolvimento das "coisas públicas" (feminismo).

O forte – O "light"

A fortaleza, a força, a energia física, tão louvadas na modernidade, foram substituídas na pós-modernidade pelo suave, pelo que conserva a silhueta e não aumenta o peso (o dietético), pelo terno, pelo que faz bem à saúde. A ninguém ocorre hoje mover uma grande pedra com força humana somente; usa-se uma pá mecânica.

O passado – O presente

De uma importância máxima dada ao *passado* (busca de raízes), e de um enfoque no *futuro* como lugar e momento para realizar os ideais e as metas, mudou-se na pós-modernidade para um enfoque de *viver o presente e o imediato* como único espaço/ tempo disponível. Aos jovens encanta viver o momento presente, passá-lo gozando, sem referência às raízes passadas nem aos projetos futuros de longo alcance. O verso do poeta: "Todo tempo passado foi melhor", tornou-se: "Aproveita o dia".

A razão – O sentimento

A modernidade deu importância máxima ao poder da razão (*Homo animal rationalis*), e a pós-modernidade nos convida a centrar-nos em nossas emoções e sentimentos. A psicologia ensina que a integração da personalidade se dá, antes de tudo, em nível afetivo. A relação com Deus pode ser só afetiva, um progressivo apaixonar-se a partir de uma realidade contemplada com afeto (cf. *São Tomás S. Th.* II-II, 180).

A sacralização – A secularização

De um mundo misterioso e mágico, em que o sagrado ocupava o ponto máximo, a um *mundo secularizado e laico,* onde as realidades cósmicas e humanas são as mais importantes. A pós-modernidade fala hoje de ética laica, de religião laica, de espiritualidade laica. Não é fácil entender os limites e as distinções entre secular e laico, mas ambos os termos designam o desejo de ter em conta o ser concreto que vive a realidade mundana e não exclusivamente as explicações religiosas e místicas que dele se fazem.

A formalidade – A informalidade

Passa-se do respeito às formas, da seriedade no vestuário, da rigorosidade das expressões – aspectos todos importantes na modernidade – a um ambiente de informalidade e permissividade que chega quase ao humor. O solene não é o que impressiona, mas o espontâneo. Recordo neste momento o Papa João Paulo II com o típico chapéu mexicano!

O masculino – O feminino

De um mundo e de uma ética centrada no homem, ética da modernidade, a um mundo e uma ética que leva em conta tanto o *homem como a mulher em plano de igualdade,* ética da pós-modernidade. Todas as características da mulher são importantes na construção do mundo pós-moderno: sua ternura, seu cuidados pelos outros, sua capacidade de dialogar e intermediar, sua facilidade de ir ao detalhe. Recordo, em chave feminina, o tríptico de Miqueias 6,9: "Foi-te anunciado, ó homem, o que é bom, e o que Javé exige de ti: nada mais do que praticar o direito, gostar do amor e caminhar humildemente com o teu Deus".

Resumindo: o mundo pós-moderno de hoje apresenta três características fundamentais: *fragmentaridade, individualismo e relativismo.*

• *Fragmentaridade,* porque o homem está dividido em numerosos aspectos, níveis, experiências e emoções, e sua busca mais urgente é a da integração de seu ser.

• *Individualismo,* porque o ser humano está inclinado a viver sua própria experiência e a respeitar a experiência e as ideias do outro para que o deixem tranquilo. Parece que a ordem implícita é: "Não te molesto, para que não me molestes".

• *Relativismo,* porque não há valores absolutos. A expressão "depende" se diz em tudo e para tudo, indicando assim que não há verdade objetiva, que ela depende das circunstâncias, que o que hoje é bom amanhã pode ser mau e vice-versa. Esse relativismo invadiu esferas antes intransponíveis, como as teológicas e as religiosas.[10]

Sintetizando, o homem de hoje, especialmente o jovem, vive a "ética do radar" (guia-se pela posição e opinião dos outros) e não a "ética da bússola" (guiar-se por metas, objetivos e ideais).

Os jovens seminaristas e religiosos pertencem culturalmente à pós--modernidade e estão socializados nesse ambiente. A formação que lhes é oferecida terá de levar em conta este fenômeno e procurar oferecer-lhes os valores mais preciosos da modernidade e da pós-modernidade, ao mesmo tempo que presenteá-los com as ferramentas necessárias para distinguir os valores e antivalores de cada época.

Igreja e mundo pós-moderno

A chave para compreender o jovem de hoje e para trabalhar pastoralmente bem com ele é a adequada atenção que damos à análise e ao discernimento da *nova cultura*.

Como aparece a nova cultura?

A mudança econômica (distribuição e disponibilidade de dinheiro) leva à mudança social (a maneira como as pessoas vivem) e esta à mudança cultural (os valores e antivalores de uma cultura). As mudanças econômicas e sociais podem ser medidas pelo Produto Interno Bruto (PIB), ao passo que a mudança cultural não pode ser facilmente percebida ou entendida. Essa se refere aos significados, aos valores, e como tal tende a afetar mais a religião. Essas três mudanças levaram muitos países da pré-modernidade à modernidade e desta à pós-modernidade.

---

[10] Tema insistentemente tratado pelo atual Papa Bento XVI tem sido o do relativismo e o do subjetivismo. Tratou dele sendo Prefeito da Congregação para a Doutrina da Fé, em suas intervenções diante dos cardeais do Conclave de 2005, e na homilia durante sua visita a Varsóvia (Polônia): "Diante do relativismo e do subjetivismo a Igreja não pode fazer calar o Espírito de Verdade". Em: *L'Ossevatore Romano*, Cidade do Vaticano, 26 de maio de 2006.

A *sociedade pré-moderna* estava estruturada hierarquicamente: a autoridade, especialmente a religiosa, era respeitada e o sentido de grupo e comunidade era altamente valorizado. O Irã é um exemplo de sociedade pré-moderna.

A *sociedade moderna* começou a dar muita importância ao indivíduo e abriu as portas a uma permissividade maior e ao cultivo da cultura narcisista. Vários países da América Latina se situam aqui.

Ao chegar, a *sociedade pós-moderna* começou a caracterizar-se pelo nivelamento das hierarquias, a distribuição do poder, a pluralidade dos pontos de vista e a celebração das diferenças. É nesta sociedade que vive a maior parte dos países do Ocidente, antigamente chamados "países cristãos".

Talvez a melhor imagem que possamos usar para entender o impacto que a cultura produz em nossas vidas seja a do "peixe no oceano". O peixe não só está rodeado pelo oceano, mas vive, respira e se alimenta do oceano. Isto é verdade, especialmente, no caso dos jovens que refletem as crenças, os valores e as atitudes da cultura em que vivem. Por isso, para entender o jovem é preciso entender primeiro o oceano cultural em que está imerso.

Alguém diz que os relatos e as histórias definem a cultura, porque passam de geração em geração. O papel e o poder desses relatos e histórias são os mesmos hoje que no passado, somente que mudaram os que os contam. Hoje o "contador" principal são os meios eletrônicos e não podemos escapar deles.

Características da nova cultura

A cultura pós-moderna pode ser descrita como uma cultura experiencial, participativa, impulsionada pela imagem, conectada e espiritual. Explico:

• *Experiencial:* no último século o mundo desenvolvido passou de uma economia industrial (movida pelas coisas), a uma economia do conhecimento (movida pela informação), e finalmente a uma economia experiencial. Alguns o chamam de "modo de viver imerso".

Daí que a pessoa jovem queira experimentar a vida em toda sua intensidade (*rock*, drogas, esportes radicais, sexo...). Referindo-nos à religião, os jovens são como novos Jacós (cf. Gn 32,23-31), que querem lutar com Deus para experimentar sua mensagem. Por isso, eles desejam viver profundas experiências litúrgicas. Isto compreendeu muito bem o Papa João Paulo II ao criar as Jornadas Mundiais da Juventude.

• *Participativa*: o vertical foi substituído pelo horizontal. Vivemos numa cultura participativa. Os melhores programas de rádio e televisão são os que fazem as pessoas participar, os interativos, até chegar aos excessos dos *reality shows*.

Religiosamente, os jovens já não só querem escutar pregações e conselhos, mas participar também com suas opiniões e vivências. Como o disse João Paulo II em *Fides et ratio*: "Todos somos filósofos", e o pôs em prática o então Cardeal Ratzinger em seu diálogo com o filósofo Habermas diante de milhares de jovens alemães. Por isso, neste mundo pós-moderno os jovens devem ser guiados e animados a criar suas *próprias relíquias e ícones,* o que os tira da rica tradição do cristianismo que herdaram.

• *Impulsionada pela imagem*: o mundo moderno estava baseado na palavra, o pós-moderno, na imagem. O símbolo, o mistério e a metáfora recuperaram um grande poder. A Igreja deve recuperar seu posto de "contadora" de histórias, metáforas e símbolos, já que em muitos países o perdeu ou lhe foram arrebatados os meios de comunicação, porque estes se intrometeram no coração da espiritualidade moderna. Os jovens desejam escutar metáforas, querem entender imagens e decifrar símbolos.

• *Conectada*: paradoxalmente, a busca do individualismo está caracterizada hoje pela busca de conectividade. Há um desejo de nova comunidade, que não nega a importância do individual, mas que insiste em que o indivíduo não pode ser entendido fora de seu papel como membro de uma comunidade. Para a Igreja isto quer dizer que se você deseja formar comunidade numa sociedade pós-moderna deve distribuir mais equitativamente o poder, apreciar a pluralidade de pontos de vista e celebrar as diferenças. A comunidade cristã deve estar aberta à diversidade.

– *Espiritual*: uma das características da era presente é a ênfase na espiritualidade. Esse desejo está no centro da vida do ser humano.

Santo Agostinho dizia: "Fizeste-nos para ti, Senhor, e nosso coração está inquieto enquanto não descansa em ti". Contudo, ao mesmo tempo, é preciso entender que se vive numa cultura radicalmente pluralista, antidogmática e não racional. Paradoxalmente, este clima pode servir à Igreja para um renascer da autêntica espiritualidade cristã, entendida depois do Vaticano II como um convite "à perfeição cristã", isto é, à perfeição no amor (*Lumen gentium,* 39-40).

Para a juventude pós-moderna a espiritualidade e a comunidade--amizade são gêmeas. Uma Igreja circular, pluralista e participativa lhes é mais próxima que uma Igreja triangular, dogmática e monolítica. Não é de outra maneira que os jovens aceitarão a mensagem evangélica através da Igreja, "mestra da verdade" (*Dignitatis humanae* 14), dando-lhes sentido na vida humana que desejam viver em sociedade.

Sacerdócio e vida consagrada num mundo pós-moderno

Pergunto-me: é possível viver o sacerdócio e a vida consagrada num contexto de pós-modernidade?

As resposta afirmativas se dividem em resposta de "ajuste", "renovação", "refundação" e outras mais; mas uma coisa é certa: não podemos fugir da pós-modernidade; ela se refere a toda a realidade de hoje, é de todos os povos e continentes, não é um fenômeno europeu ou ocidental; é um fenômeno global.

Existe uma real dificuldade

Não podemos negar a dificuldade para conciliar os valores do sacerdócio e da vida religiosa com as características da época pós-moderna. A pós-modernidade, segundo J. C. Garcia Paredes:[11]

---

[11] Paredes, Garcia José Cristo Rey. "Ri-pensare la vita religiosa in epoca postmoderna". In: *Vita Consacrata* 36/1, 2000, p. 21-30.

Não nasce da preguiça intelectual ou do não conhecimento. Revela antes um estado de maturidade intelectual, de honestidade científica. Fundamentalmente, nos propõe ser mais modestos desde o ponto de vista intelectual, pede-nos assumir nossos próprios limites e admitir que dispomos somente de um pensamento débil, não porque o pensamento se tenha enfraquecido nesses últimos tempos, mas porque antes – e nisto éramos ainda mais débeis – não o queríamos reconhecer.

O espírito pós-moderno não aceita interpretações globais, unitárias e apodícticas da realidade. Rechaça as pretensiosas grandes sínteses ou metassínteses a que estávamos habituados no Ocidente e as metafísicas próprias do pensamento clássico e da teologia dedutiva. Defende, antes, o relativismo, o pluralismo e a diversidade. Em vez do conhecimento piramidal, propende para o "conhecimento em rede", que distribui tudo e ao qual todos podem aceder (Internet). Alguns pós-modernos acusam os modernos de terem utilizado a razão como meio de exclusão e não de humanização.

Facilmente, o espírito pós-moderno entra em colisão com o sistema de vida religiosa tradicional: compromissos definitivos, obediência cega, observância minuciosa, vida comum contra todo traço individualista, castidade baseada em evitar o perigo e viver na defensiva, controle levado a cabo por um grupo intelectual e de governo etc. Tudo, dizem os pós-modernos, é uma "construção social" que nós mesmos edificamos e que muitas vezes é falsa e prejudicial. Afirma-se que não há nada absoluto, tudo é relativo, o importante é o que cada um sente; é preciso tolerar todos os pontos de vista e celebrar as diferenças. Deste ponto de vista, a pós-modernidade se situa em desacordo com a vida consagrada, não só a tradicional, mas também a da linha da teologia da libertação, ou da inculturação, ou de qualquer radicalidade.

Alguns afirmam que o nascimento de uma nova espiritualidade poderia favorecer o fortalecimento da vida consagrada; mas esta nova espiritualidade se referiria na pós-modernidade à experiência mística e não à verdade. O grupo que reivindica para si a posse da verdade, qualquer que seja, é fundamentalista e por isso perigoso e totalitário. Por isso, diante da religiosidade *light*, superficial e não comprometida da pós-modernidade, aparece a religiosidade messiânica, encarnada, inserida, conflituosa, apaixonada e martirial de Jesus Cristo, como "sinal de contradição", e isto devem compreender os jovens que aspiram a viver radicalmente seu cristianismo.

Anteriormente, afirmei que a chave para trabalhar pastoralmente bem no mundo de hoje é a adequada atenção que damos à análise e discernimento da nova cultura. A mudança econômica leva à mudança social e esta, à mudança cultural. As mudanças econômica e social podem ser medidas pelo Produto Interno Bruto (Pib), ao passo que a mudança cultural não pode ser facilmente percebida ou entendida. Isto se refere aos significados, aos valores, e como tal tem a ver e afeta mais a religião.

Do ponto de vista de mudança social, hoje se defendem o papel da mulher, a participação dos homossexuais e das minorias, os direitos das vítimas e dos pobres, entre outros. Contudo, também, do ponto de vista da mudança cultural, deseja-se preencher a ausência de biografias ou documentos escritos só com o exame do comportamento e das formas culturais dos povos. Diz-se que "o importante não é o escrito, mas a vivência". Em parte é verdade, mas não se pode negar a história, a tradição, o escrito, as raízes de onde viemos. Isto é preocupante, de maneira especial, para o cristianismo, que baseia sua fé numa intervenção histórica de Deus na humanidade, na Palavra de Deus e na tradição da Igreja. Por outra parte, o sacerdócio católico e a vida consagrada exigem, para sua sobrevivência, que vejam a realidade de seus membros por meio de um paradigma "ecológico" e não meramente institucional ou histórico. Assim como a psicologia atual, especialmente a sistemática e cognitiva, afirma que o paciente ou cliente mostra em seus sintomas os modelos comunicativos que não funcionam em sua família e em sua sociedade e que a linguagem que usa o define no interior de uma cultura familiar, assim também, na formação dos sacerdotes e religiosos, as dificuldades estão refletindo não só sua vida familiar e social, mas também as vivências no interior da Igreja, da família religiosa e todo o processo de "re-leitura" que a comunidade e seu carisma oferecem (ou impõem?) ao formando.

Em outras palavras, o sacerdócio e a vida consagrada têm de abrir-se ao estudo de todas as variáveis humanas (psicológicas, sociais, antropológicas etc.) que influem na estrutura natural sobre a qual se quer construir a chamada "vida sobrenatural" ou realidade espiritual do chamado vocacional. "A graça supõe a natureza", se dizia antigamente, e hoje se acrescentaria: "...sobre toda a natureza tomada como uma realidade inter-relacionada ou sistêmica".

Um caminho de diálogo e integração?

Quais seriam, então, as características da teologia do sacerdócio e da vida consagrada que tivesse em conta a pós-modernidade? Continuo servindo-me das indicações de Garcia Paredes.[12]

• É importante assumir o pensamento complexo e renunciar a fáceis dogmatismos e simplificações. Já dissemos que a percepção é subjetiva, porque é seletiva e tendenciosa. A realidade não é facilmente percebida, porque no ato de perceber se envolve a subjetividade; por isso, ninguém é dono da verdade. Aceitar esse pluralismo não significa aceitar o relativismo absoluto ("tudo vai bem; dá o mesmo uma coisa ou outra"), mas aceitar que todos – num modo ou noutro – podemos descobrir sinais de verdade e de graça, e que tudo vai no caminho para a plenitude. É o "ecumenismo do caminho". Por isso, a forma moderna da catolicidade é a aceitação do pluralismo em todos os seus aspectos. A Igreja aceita a complexidade da vida, e, sobretudo, a "simplíssima complexidade infinita de Deus". Daí se deduz um sistema teológico não "perene", mas humilde, que se qualifica como pluralista, móvel, adaptável e encarnado.

• A *fragmentaridade*, própria do espírito pós-moderno, tem seu valor indiscutível na vida consagrada. Falar de sacramentos é falar da fragmentaridade na manifestação (epifania) do mistério de Deus encarnado. A beleza consiste num fragmento que revela a totalidade. Assim podemos recuperar o valor do sacramental, do simbólico, e utilizar a razão estética

---

[12] *Ibid.* p. 27-30.

mais frequentemente. Então, aceitamos o chamado pensamento débil e sua manifestação numa teologia humilde, "kenótica", que trata do Jesus dos Evangelhos, do Jesus das parábolas e das ações simbólicas, e não do Jesus das deduções metafísicas ou dos programas revolucionários com finalidade e métodos.

• A tarefa do sacerdote e do religioso não é defender Deus, mas "não defender-se de Deus". Não se trata de ser apologistas, mas de abrir-se ao Senhor e deixar que Ele atue. Desta maneira, a experiência de Deus não deve ser provocada, mas "sofrida" (*theopatia*). O sacerdote e o religioso "não são a formiga que trabalha denodadamente para alcançar a experiência de Deus. Mas a cigarra que canta a chegada da primavera" (metáfora de Garcia Paredes). Jesus veio não para ser servido, mas para servir. O sacerdócio e a vida consagrada são seguimentos de Jesus Cristo servo, servidor.

• A teologia do sacerdócio e da vida consagrada devem usar uma nova linguagem: serviço, testemunho, profetismo, seguimento, carisma, refundação, comunidade/ comunhão, opção pelos pobres, sinal, disponibilidade, caminho espiritual, formação permanente, inserção na Igreja particular e nos ambientes populares, inculturação etc.

• Existe um *novo estilo de ser sacerdote e de viver a vida consagrada* com relações mais espontâneas e igualitárias, uma forma simples de vestir e de aproximar-se das pessoas, coração mais espontâneo e encarnado, com maior liberdade de diálogo e maior disponibilidade para a missão. Vislumbrava-o o filósofo francês Jean Guitton, amigo de Paulo VI e primeiro leigo admitido ao Concílio Vaticano II, quando pedia ao sacerdote pós-conciliar aproximar-se do leigo sem identificar-se com ele. É uma vida de serviço, mas motivada essencialmente por um ato de fé na pessoa de Jesus Cristo, do qual o sacerdote e o religioso se sentem radicalmente enamorados.

• No sacerdócio e, de maneira especial, na vida consagrada, vive--se hoje um maior pluralismo: pessoas diferentes por cultura, nacionalidade e raça, com diferenças em gostos particulares e maneiras de ler os acontecimentos. Também, o dito pluralismo, se poderá estender às novas tendências teológicas para ler em cada cultura o modo de realizar o ministério sacerdotal e a vida consagrada. Vislumbra-se uma passagem do monocentrismo ao pluricentrismo e da monocultura à pluricultura. Contudo, sempre, a unidade será dada pela radicalidade da resposta de fé e de seguimento de Jesus Cristo.

O que o futuro nos reserva?

O perfil do sacerdote e do religioso do futuro, encarnado nos jovens que estão se formando, não é negativo, mas dinamicamente positivo. Utilizo o advérbio "dinamicamente" para indicar um processo de integração de muitos elementos provenientes de distintas ciências e diversas maneiras de ver a realidade, convergindo num único ponto chamado Jesus Cristo.

Uma constatação de fato é fundamental: os jovens de hoje não são como seus formadores. Há muitíssimas diferenças: os jovens receberam uma dieta mais rica e equilibrada que seus formadores; estão crescendo no ambiente do computador, da Internet, do celular, da televisão digital, da rádio participativa; têm maior acesso à educação geral e especializada, às diversões de todo tipo e aos esportes; pertencem à pós-modernidade com todos os seus valores e antivalores; têm mais facilidade de dinheiro e, portanto, seu raio de aquisição é mais amplo; podem expressar suas opiniões mais livremente e, em regra geral, não são castigados quando seus comportamentos se desviam da norma. A maioria deles recebeu uma formação religiosa superficial e débil, suas expectativas de gozar e passar bem são muito grandes etc. Esse é o protótipo do jovem que se apresenta como candidato ao seminário ou à casa religiosa, e com ele é com quem temos de trabalhar. Trabalho não fácil. O sacerdote e o religioso do futuro terão, no meu entender, as seguintes características:

Poucos, mas com uma grande experiência de amor, à luz da fé em Jesus Cristo

Antes do Concílio Vaticano II, a Igreja tinha um número elevado de sacerdotes e religiosos. Os sacerdotes, seculares e religiosos, se aproximavam de meio milhão e as religiosas superavam amplamente o milhão.

Depois, vieram os anos da crise: pós-modernidade, laicismo, revolução sexual, liberação da mulher etc., e o número baixou consideravelmente. João Paulo II se preocupou muito pelo ressurgir das vocações; não obstante, a diminuição continua, ainda que menos acelerada que nos anos 70 do século passado.[13]

As últimas estatísticas oficiais da Igreja para 2005[14] dão os seguintes números:

Tabela 1. Clero e religiosos na Igreja Católica. Ano 2005

Continente	Bispos	Sac./ Dioces	Sac./ Rel.	Rel. não sac.	Religiosas	Diac./ Per.
África	630	21.164	11.206	7.948	58.781	374
América	1.832	78.126	42.869	16.457	215.372	21.722
Ásia	693	29.330	20.723	9.166	153.472	141
Europa	1.560	138.492	59.787	19.574	322.995	10.926
Oceania	126	2.650	2.064	1.563	9.909	228
Mundo	4.841	269.762	136.649	54.708	760.529	33.391

Sac./ Sec. = Sacerdotes Seculares

Sac./ Rel. = Sacerdotes Religiosos

Diac./ Per. = Diáconos Permanentes (Seculares e Religiosos)

---

[13] O periodista em temas "vaticanistas" F. Peloso nos oferece em um livro seu, *Se Dio resta solo*, uma radiografia da atual crise da Igreja: diminuição do número de sacerdotes e religiosos, redução das vocações no Ocidente, escândalos de pedofilia e homossexualidade entre o clero, invasão de seitas à América Latina, relativismo e indiferença religiosa na Europa e América do Norte, dificuldade da Igreja para dialogar com o mundo pós-moderno, ateísmo prático de milhões de jovens que vivem nas grandes cidades ou em países desenvolvidos, problemas da Igreja ao querer manter o celibato sacerdotal ou dar maior participação à mulher dentro de suas estruturas, atitude monolítica e conservadora da cúria romana etc. As esperanças que se vislumbram para o cristianismo na África, Ásia e, em parte, na América Latina, dependem, segundo o periodista, de muitas variáveis, especialmente de como a Igreja, "num movimento a partir do centro para a periferia", saiba dialogar com esta mescla explosiva da pós-modernidade.

[14] Os dados são apresentados por *L'Osservatore Romano,* mas são tomados a partir do *Anuário Estatístico da Igreja,* preparado pela Oficina Central de Estatística da Igreja e editado pela Livraria-Editorial do Vaticano no ano 2007.

A diminuição do número de sacerdotes e religiosos(as) tem sido notável nos últimos 50 anos, especialmente na Europa, América do Norte e Oceania. As causas são múltiplas e nem todas podem ser atribuídas à crise de fé: diminuição da natalidade, mundo consumista e individualista, ingresso da mulher no mundo do trabalho, maior facilidade de estudo para os jovens, entre outros fatores.[15]

Esses dados nos preocupam, mas não nos desanimam nem nos tornam pessimistas. O Senhor sempre estará conosco até o fim dos tempos. Se lermos bem os "sinais dos tempos", as crises religiosas ajudam a que outros aspectos amadureçam e se incrementem, como o entusiasmo e o número de leigos que atualmente se comprometem com as tarefas da Igreja.

Também há regiões do mundo em que os sacerdotes cresceram em número, como na África e na Ásia, e comunidades religiosas novas que se desenvolveram com vigor, mesmo em países como a França (a Comunidade das Bem-aventuranças, fundada em 1973, e a Fraternidade monástica de Jerusalém, fundada em 1974) e a Itália (a Comunidade monástica de Bose [mista], fundada em 1965, a Fraternidade Missionária *Verbum Dei* em 1966 e a de Rossano em 1974).[16]

Tampouco devemos esquecer o impulso sacerdotal e missionário de novas obras na Igreja como o *Opus Dei* (1928), os Legionários de Cristo (1941), o Movimento dos Focolares (1943), o Movimento Neocatecumenal (1964), a Renovação Carismática (desde 1980) e diversos grupos que nasceram das chamadas comunidades de base. Têm grande influência na espiritualidade de sacerdotes e religiosos e dão uma esperança firme em sua expansão e crescimento numérico.

---

[15] L. Oviedo fez recentemente uma análise sociológica dos *abandonos da vida religiosa* e afirma que formular uma "teoria unificada" explicativa do fenômeno é muito difícil. Contudo, anota que os abandonos se dão mais na faixa de idade dos mais jovens e que o tema mais frequente é o afetivo, entendido como solidão e falta de apreço.

[16] Apresentamos as comunidades e os movimentos que já têm mais de 30 anos de existência, se estenderam por vários países e deram mostra de maturidade cristã. Maior informação pode-se encontrar nos artigos da revista *Vita Consacrata,* iniciados por Mario Vidale em: "Nuove forme di vita consacrata. Lettura teológica trasversale". *Vita Consacrata* 36, 2002/2, p. 115-129.

Quanto à vida contemplativa, o número das vocações diminuiu, mas não na proporção dos religiosos de vida ativa ou dos sacerdotes em certos países. Ainda mais, nos países industrializados do Ocidente renasce o entusiasmo por essa forma de vida e recebe novo sentido esse tipo de carisma também entre os jovens. Assim no-lo demonstra a importância de Taizé, das Irmãzinhas de Jesus e de outras comunidades contemplativas. Em 2004 os religiosos professos de vida contemplativa de direito pontifício eram 11.117 no mundo e as religiosas contemplativas professas 50.241.[17]

Todas essas novas experiências demonstram que onde há fé e amor apaixonados pela pessoa de Jesus Cristo as vocações ao sacerdócio e à vida consagrada florescem e se multiplicam. Amar e ser amado é a necessidade fundamental de todo ser humano e o princípio básico sobre o qual se fundamenta qualquer psicologia do crescimento humano.

O amor de Deus é a primeira maravilha da criação. Sem ele a vida seria indiferente e insuportável. Por desgraça, os seres humanos, diz J.M. Velasco,[18] se preocupam com muitas coisas, mas são indiferentes a esse amor. E por que esse paradoxo? Porque o cristianismo deixou de temperar a vida, de ser luz e sal da existência; e só um testemunho vivo de amor pode ajudar a reviver essa experiência tão necessária a todo ser humano. O amor procede de Deus, diz São João (cf. Jo 4, 7-10), e consiste não em que nós tenhamos amado a Deus, mas em Ele nos ter amado primeiro.

Sem dogmatismos, autoritarismos nem privilégios

Em psicologia se ensina que as pessoas autoritárias e dogmáticas têm, geralmente, graves problemas de personalidade.[19] A história mostra que, no princípio, os seguidores de Jesus formavam uma comunidade simples de

---

[17] Esses dados incluem somente religiosos(as) professos – não os noviços e os postulantes – de comunidades contemplativas de direito pontifício. Cf. *Annuarium Statisticum Ecclesiae.* Libreria Editrice Vaticana, Cidade do Vaticano, 2004, p. 409-417.

[18] Velasco, Juan Martin, "Mirad qué amor tan grande nos tiene el Padre. Invitación a la experiência del amor de Dios", In: *Sal Terrae 86/8,* 1988, p. 614-627.

[19] ADORNO, Theodore. *La Personalità autoritária, II: Personalità autoritária e interviste cliniche.* Edizioni di Comunità, Rocca San Casciano (Fo), 1997.

crentes unidos pela mesma fé nele. Contudo, esta situação muda a partir do ano 380 pelo edito *Cunctos Populos* do Imperador Teodósio, em que o cristianismo se converte na religião do Império Romano. Aqui começa uma série de dogmatismos e autoritarismos que prejudicaram o cristianismo e que recordam a frase de Jesus: "Ai de vós... que descuidais o mais importante da lei: a justiça, a misericórdia e a fé" (Mt 23,23).

Sem dúvida, o sacerdote e o religioso do futuro fundamentarão sua autoridade no amor e na ajuda aos demais. Autoridade vem do verbo latino *augere,* que significa "fazer crescer", e esse é o sentido da autoridade evangélica: animar e fazer crescer o ser humano, ser "base segura"[20] para que os demais possam sentir-se livres para navegar no mar do mundo e realizar todas as suas potencialidades.

Ao lado do povo e dos pobres

A Igreja está fundada para servir ao mundo evangelizando-o, isto é, anunciando a "Boa Notícia" aos pobres, aos cativos, aos cegos, aos oprimidos... (cf. Lc 4,18-19). Para ninguém é um segredo que a maioria dos seres humanos é pobre e necessitada. Com eles deve estar a Igreja, o sacerdote e o religioso. Os pobres são um "lugar teológico" essencial na pregação do Evangelho e uma "opção preferencial" do evangelizador. Essa aproximação ao mundo dos pobres é o que, "em concreto", se entende como encarnação e como conversão para sacerdotes e religiosos. O contrário é "evasão" favorecida por uma má interpretação (acomodação?) do Evangelho.

Para um religioso ou sacerdote "sentir a partir dos pobres" é evangélico e essencial no mundo de hoje. Expressa-o belamente C. R. Cabarrús[21] quando indica 12 regras para manifestar que eles são a segunda prioridade em nossa vida religiosa ou sacerdotal. As regras são:

---

[20] Explicaremos o conceito de "base segura" quando falarmos da "teoria do apego à figura materna", segundo J. Bowlby.

[21] CABARRÚS, Carlos Rafael. *Seducidos por el Dios de los Pobres. Los votos religiosos desde la justicia que brota de la fé.* Narcea, Madrid, 1995, p. 98-105.

• É preciso ter amigos que sejam empobrecidos e necessitados.

• Além do trabalho indicado, é preciso ter criatividade para trabalhar também com o mundo dos necessitados.

• Os valores dos pobres são mais cristãos que os da sociedade dominante.

• Os pobres são nossos mestres, nossos assessores.

• Os pobres são nossos juízes.

• Servir aos pobres de Cristo é o que gera vocação.

• Pedir a graça de nos encontrar nos pobres com o rosto de Jesus.

• Crer que os pobres são os criadores do futuro.

• Querer, com tudo, colaborar excelentemente em mudar as estruturas da história.

• É a pobreza pessoal que fará crível meu trabalho.

• Os pobres são prioridade.

• Ser solicitados pelos pobres que lutam e ser perseguidos é a autêntica avaliação de nosso agir.

Ao escrever este parágrafo recordo as palavras do mártir Dom Oscar Arnulfo Romero, ao receber o doutorado *honoris causa* pela Universidade de Lovaina, em 12 de fevereiro de 1980, 50 dias antes de seu assassinato: "As necessárias mudanças no interior da Igreja, na pastoral, na educação, na vida religiosa e sacerdotal, nos movimentos leigos, que não tínhamos conseguido ao olhar só o interior da mesma, as estamos conseguindo agora ao voltar-nos para o mundo dos pobres".

Com uma profunda experiência de oração

Não vou falar dos numerosos livros e artigos que têm sido publicados ultimamente demonstrando a íntima união entre oração e relaxamento, oração e controle da dor, oração e cura física.[22] A experiência de oração cristã vai além disso, porque permite ao mesmo tempo ter uma

---

[22] Cf. GREENFIELD, Susan. *Brain store:* why do we think and feel as we do? Penguin Press Science, Londres, 2000, p. 10-23.

experiência espiritual profunda e abrir-se ao mundo de maneira criadora. Este é o núcleo da experiência da Taizé (França), onde milhares de jovens se reúnem em torno de Jesus Cristo com o tema "vida interior e solidariedades humanas". A oração cristã não nos liberta das tarefas deste mundo, mas nos faz ainda mais responsáveis. Os sacerdotes e religiosos do futuro terão de compreender isto profundamente e fazê-lo entender aos formandos. Sem oração séria e comprometida o sacerdote e o religioso do futuro serão um fracasso.[23] Nada é tão responsável como orar.

Integrados na vida, reflexo na felicidade pessoal

Se estou desintegrado em meu eu, não posso ser feliz. A felicidade exige integração, coerência, harmonia das partes. O conceito de "integração" é muito utilizado hoje pelos psicólogos que se dedicam à formação e com ele se quer significar a realização, no grau máximo, do sentido de unicidade interna do indivíduo em relação com os demais. Trata-se de encontrar um *núcleo significativo central* capaz de atrair todas as energias e dar-lhes luz, calor e significado.[24] Quem, como o sacerdote ou o religioso, terá maior facilidade para encontrar em Jesus Cristo esse núcleo significativo central?

Um sacerdote ou religioso integrado goza, então, da capacidade de ser feliz. Para que a felicidade tenha seu verdadeiro "caldo de cultivo", o sacerdote ou religioso deverá ser coerente (congruente) entre o que vive em seu interior e o que expressa em seu exterior; em outras palavras, entre o que sente e pensa, e aquilo que diz ou faz. É um dos aspectos da teoria de C. Rogers que veremos adiante.

---

[23] Pessoalmente creio que o fator número um da atual crise de sacerdotes e religiosos é a debilidade na fé. Muitos sacerdotes e religiosos agem mais como funcionários ou profissionais que como "homens de Deus". E o sintoma mais claro dessa crise de fé é a falta de oração pessoal e comunitária em muitos deles. Este livro o escrevi a partir da psicologia, não da espiritualidade, mas isso não impede que deixe bem clara a afirmação anterior.

[24] Cencini, Amedeo. *Relaciones para compartir. El futuro de la vida consagrada.* Sal Terrae, Santander, 2003, p. 27-67.

Vivendo a dimensão do amor em pequenas comunidades

Passaram os tempos dos grandes conventos e mosteiros. Necessita--se hoje viver a dimensão familiar tanto na vida consagrada como no sacerdócio. Não há outra alternativa. Em particular para os religiosos, o mundo dos pobres é um convite inevitável a viver em pequenas comunidades, como o comum das pessoas. Deve-se passar de uma mentalidade conventual a uma mentalidade de lar,[25] que não por isso é menos comprometedora e, às vezes, difícil, mas sim mais humana e evangélica. Contudo essa necessidade de comunicação "cara a cara" também a sente o sacerdote, diocesano. Não se pode continuar sendo pároco isolado e sem comunicação. O mundo pós-moderno o impede, mais ainda, oferece os meios para comunicar-se e para desenvolver uma dimensão de amizade pessoal mais profunda. É o verdadeiro sentido do "presbitério", o grupo de sacerdotes que trabalham pelo Reino de Deus, com seu bispo.

Testemunhas "aqui" do definitivo de "lá"

O celibato e a castidade consagrada fazem do sacerdote e do religioso *testemunhas qualificadas do mundo por vir.* Sem renunciar a sua sexualidade, mas a seu exercício genital e à exclusividade afetiva, os sacerdotes e religiosos se apresentam, em meio às dificuldades e lutas, como sinais visíveis "agora" do que será o mundo de "lá", e o farão de maneia simples, humilde: prestando um serviço, não com arrogância ou considerando-se privilegiados ou superiores, porque conta mais a realidade do amor que o sinal. Esse serviço ou carisma do celibato ou da castidade consagrada se converterá, então, em "sinal permanente" do mundo que virá, da nova criação, do estado de ressurreição (cf. Lc 20,34-36).

---

[25] Cf. MADERA V., Ignácio. "Mirada al horizonte". Em: *Horizontes de la Vida consagrada em América Latina y el Caribe.* Confederación Latinoamericana de Religiosos y Religiosas (CLAR). Paulinas, Bogotá, 2006, p. 225-256.

Vivendo em profundidade o mistério

Por mistério não estou entendendo o oculto, esotérico ou proibido, nem a renúncia ao mundo profano,[26] mas a dimensão de "presença que remete a algo mais, que é ao mesmo tempo presença e ausência, uma coisa que é e não é".[27] Essa dimensão é uma realidade que vive a pessoa no interior de si mesma e quando se confronta com o exterior. O mistério acompanha a vida de todo ser humano; por isso, este é insondável e ninguém nem nada o poderá explicar totalmente.[28]

Ao lado do mistério do homem, encontra-se o mistério de Deus. Este sim que é inevitável e incognoscível, tanto que falamos dele de maneira "antropomórfica", isto é, à maneira da percepção humana, porque não temos outra maneira intelectual de conhecê-lo.

Unindo a realidade do homem e a realidade de Deus, aparece o mistério da vocação sacerdotal ou religiosa, que tampouco é compreensível totalmente em suas raízes e motivações e que continuará sendo um convite misterioso de Deus, "que tem seus planos".

Diante do mistério, a melhor atitude é reconhecê-lo, acolhê-lo e tratar de compreendê-lo na própria existência, no silêncio, com respeito e veneração, e, especialmente, vivê-lo no amor. De maneira especial, este último, o amor, abre o mistério a certo conhecimento e aceitação que nenhuma outra atitude humana pode fazê-lo. Assim serão os sacerdotes e religiosos do amanhã: seres do mistério que amam.

---

[26] Cf. PEREIRA, William César Castilho. *A formação religiosa em questão.* Petropólis: Vozes, 2004, p. 191.

[27] Cf. IMODA, Franco. *Svilupp umano, psicologia e mistero.* EDB, Bologna 2005, p. 56.

[28] ESCREVE F. Imoda (*Sviluppo umano, psicologia e mistero,* EDB, Bologna 2005, p. 435): "Viver o mistério autenticamente significa (...) viver o desenvolvimento, aceitar a vocação do ser humano e pôr-se como mediação dinâmica entre sua miséria e sua dignidade, entre seu ser e seu não ser, entre seu ser temporal e seu ser na eternidade, entre seu ser corporal e seu ser espiritual, entre seu ser finito e seu ser infinito".

Anexo 1
Leis da vida afetiva

B. Goya define a maturidade afetiva como "certo equilíbrio emotivo proveniente do controle dos impulsos e das reações instintivas". Para o autor, a pessoa afetivamente madura tem controle de seus próprios estados de ânimo e a razão domina nela, logrando equilibrar bem a zona da emotividade com a da racionalidade e a da interioridade. A maturidade afetiva, essencialmente, inclui a "oblação", isto é, a capacidade do dom desinteressado de si. A presença de tal amor altruísta é fundamental para a escolha de qualquer estado de vida, matrimonial ou célibe.

É interessante a apresentação que faz B. Goya[29] das *sete leis* que devem ter-se em conta para alcançar a maturidade afetiva:

1. lei do contraste: um sentimento é aumentado pelo sentimento contraposto. Assim, por exemplo, o prazer de uma habitação quente e acolhedora aumenta com a percepção de um tempo frio e inclemente no exterior. Se estou numa situação difícil, a pessoa que vem em minha ajuda adquire conotações afetivas positivas especiais. Eis aqui a importância de que o formador se apresente como "figura de apego seguro" em momentos de crise do formando;

2. lei da sucessão crescente: uma série de sentimentos de prazer ou de desgosto leva a um aumento notável do respectivo sentimento, só se o dito sentimento se apresenta cada vez com mais força. Por isso, num discurso político ou em qualquer exposição pública, se se que ganhar a atenção do público é importante começar com argumentos simples e ir elevando a complexidade e importância dos mesmos. Conclusão: a formação deve ser uma apresentação gradual de ideais e metas a conseguir, não uma invasão, desde o primeiro momento, de deveres e obrigações;

3. lei da ideia que move ao ato: uma ideia ou imagem qualquer tende a suscitar o ato representado por ela. Daí, por exemplo, a importância de alimentar com leituras e conversações as ideias e imagens que cor-

---

[29] GOYA, Benito. *Psicologia y vida espiritual.* San Pablo, Madrid, p. 335-337.

respondam às ações que queremos pôr em prática. Na realidade, ideias, sentimentos e comportamentos formam o todo da atitude ou tendência a agir. Uma aplicação prática na formação é animar os formandos a ler sobre aspectos de maturidade afetiva e autocontrole e ter conversações e discussões sobre esse tema;

4. *lei do ato que influi no sentimento*: a ação externa influi no sentimento interno. Assim o agir "como se" tivesse tal sentimento, ajuda para que esse sentimento se apresente em nosso interior. Esta lei está muito valorizada pela psicologia moderna de tipo cognitivo e é de grande ajuda para superar momentos de depressão, desânimo e tristeza. Faz muito bem o formador que aconselha o formando que está triste e deprimido a fazer o esforço de superar-se e "pôr cara de festa"; isto não é hipocrisia, é ajudar a que o ato externo influa positivamente no estado interno;

5. *lei da energia das paixões*: as paixões aumentam a energia psíquica do sujeito que pode utilizá-las para seus próprios fins. Os santos utilizaram sua paixão de amor por Cristo para propagar o Reino de Deus. Quem ama apaixonadamente uma pessoa ou um ideal, sente mais energias para entregar-se a eles. Por isso, os autores de espiritualidade e psicologia afirmam que "sem paixão não há convicção que se mantenha em pé";

6. *lei da irradiação*: a afetividade se irradia e se estende a outros objetos e conteúdos modificando-os e transformando-os. Sua influência pode ser extraordinária em outras funções psíquicas, por exemplo:

• *dá origem ao que chamamos "lógica afetiva" ou do coração,* isto é, faz que nossa percepção seja muito suscetível a certos valores ou conteúdos. Assim se explica que eu selecione as notícias políticas a favor de meu partido político, ou seja fique furibundo com uma determinada equipe de futebol;

• *pode obscurecer ou forçar a vontade*: um enamorado se esquece de seus deveres para ir atrás da mulher que adora;

• *pode açambarcar a atenção*: um formando em crise afetiva não pode render em seus estudos ou compromissos;

• *pode anular as sensações*: uma mãe não sente o cansaço e o sacrifício, contanto que seu filho triunfe na vida;

• *pode dirigir a associação de imagens*: se me levanto de manhã e escuto música romântica ou sensual, será quase impossível que faça em seguida uma boa meditação no oratório;

• *a maior intensidade de afeto corresponde maior extensão da irradiação*: se amo apaixonadamente a Jesus Cristo, o esforço para expandir seu reino será conatural em mim e não uma obrigação imposta, e a castidade uma resposta pessoal no amor e não uma lei que devo cumprir;

7.   *lei da transferência*: os sentimentos se transferem às funções, às coisas e às circunstâncias que coincidiram no momento em que aqueles se apresentaram. Assim, a tristeza pela perda do ser amado se transfere à habitação que ele ocupava. Esta lei é um exemplo do condicionamento clássico estudado na escola comportamental, que explica como certos estímulos neutros podem se condicionar para produzir respostas afetivas. Não duvidemos, então, de condicionar o amor à congregação ou ao instituto em atos aparentemente neutros no início, como o trabalho material, a celebração de festas comunitárias, ou a solenidade de votos religiosos ou ordenações sacerdotais.

II. O ensinamento da Igreja sobre a utilização da psicologia na formação

A Igreja nos pede que ao entrar nela tiremos o chapéu, não a cabeça.
Chesterton

A atitude da Igreja Católica com a psicologia não foi muito positiva no começo, mas nas últimas décadas tem mudado, e é assim que ela publicou vários documentos sobre a vida e formação dos sacerdotes e religiosos em que se pede a ajuda da psicologia, especialmente, em referência à maturidade afetiva.[1] Apresento alguns desses documentos da Igreja universal a partir do ano 1965 e o documento do CELAM em Aparecida (Brasil), 2007.

Decreto Optatam totius

O decreto *Optatam totius* (OT) do Concílio Ecumênico Vaticano II, publicado em 28 de outubro de 1865, trata da formação sacerdotal. Exorta, em vários tópicos, a uma educação na maturidade humana dos candidatos

---

[1] Contudo, também alguns psicólogos foram tremendamente críticos contra muitos princípios da psicologia. Assim, por exemplo, R. Degen em seu livro *Falácias de la psicologia* ataca princípios utilizados na linguagem corrente desta ciência, como inconsciente, repressão, sublimação, autoestima, livre arbítrio, introspecção etc.

ao sacerdócio, baseada nos dados recentes de uma sã psicologia e pedagogia (OT 11). Pede que aos seminaristas se ensine a fazer uso das ajudas que oferecem as disciplinas pedagógicas, psicológicas e sociológicas, segundo justos métodos e de acordo com a autoridade eclesiástica (OT 20).

Decreto Perfectae caritatis

O decreto *Perfectae caritatis* (PC) do Concílio Vaticano II, publicado em 28 de outubro de 1965, trata da renovação da vida consagrada. Além de explicar as bases teológicas e espirituais da vida consagrada, pede, especialmente, que os candidatos à profissão da castidade sejam admitidos depois de terem alcançado uma conveniente maturidade psicológica e afetiva (PC 12). Embora o documento não se refira diretamente aos sacerdotes, mas aos religiosos, tem a ver com os sacerdotes em tudo o que se refere à maturidade afetiva para uma opção celibatária.

Encíclica Sacerdotalis coelibatus

A encíclica *Sacerdotalis coelibatus* (SC) do papa Paulo VI, publicada em 24 de junho de 1967, apresenta os aspectos teológicos e espirituais centrais do celibato sacerdotal e pede uma personalidade madura para este (SC 56); afirma que a formação para o celibato deve realizar-se de acordo com o progresso da psicologia e da pedagogia (SC 61). A colaboração do psicólogo não deve ser considerada como caso raro ou excepcional, mas ordinária administração (63).

Ratio formationis institutionis sacerdotalis

A *Ratio formationis institutionis sacerdotalis* (RFIS) foi publicada em 6 de janeiro de 1970 pela Congregação para a Educação Católica, com a finalidade de dar normas concretas sobre a formação sacerdotal. A RFIS menciona, em cinco ocasiões, o papel da psicologia na formação humana do sacerdote.

Primeiro, pede que se examine o candidato à vida sacerdotal valendo-se de psicólogos competentes (Rfis 71), já que "a vocação ao sacerdócio, por mais que seja um dom sobrenatural e inteiramente gratuito, se apoia também, necessariamente, nas qualidades naturais, de forma que se falta alguma delas há de se duvidar com razão de que exista vocação" (Rfis 11).

Segundo, a Rfis pede que o ambiente do seminário favoreça a formação tanto pessoal como comunitária, adaptando-se à idade e ao desenvolvimento de cada aluno, segundo sãos princípios da psicologia (Rfis 13), e que os formadores tenham preparação doutrinal nas ciências humanas (Rfis 30).

Terceiro, o documento considera que para os fins pastorais é preciso dar a devida importância à psicologia e às ciências humanas, chamando-as de ciências afins da filosofia (Rfis 94).

Quarto, a RFIS trata o tema da relação com a mulher como parte da formação na pastoral e da educação afetiva e sexual do seminarista e do sacerdote (Rfis 95).

Por último, o documento propõe que a pastoral vocacional deve dirigir-se a homens de diversas idades, tomando em consideração as normas da psicologia (Rfis 9).

Orientações educativas para a formação no celibato sacerdotal

As Orientações Educativas para a Formação no Celibato Sacerdotal (Oefcs) foram publicadas também pela Congregação para a Educação Católica em 11 de abril de 1874 e apresentam três metas: a formação da maturidade humana, da maturidade cristã e da maturidade sacerdotal.

Na maturidade humana se dá grande importância à psicologia que ajuda a integrar a personalidade, através da obra educativa, em seu ser peculiar e específico (Oefcs 19). O documento põe em destaque a formação afetiva por ser fundamental para a formação da personalidade e a considera em vários níveis "como conjunto de reações interiores e exteriores à exigência de satisfação, como capacidade de experimentar sentimentos e emoções, como capacidade de amar e como possibilidade de estabelecer relações interpessoais" (OEFCS 20). A psicologia pode ajudar a enfrentar serenamente os próprios problemas, a adquirir responsabilidade e a elaborar as soluções adequadas (OEFCS 20).

Segundo o documento, a maturidade psicoafetiva e sexual é uma meta que se adquire com esforços pessoais e sociais e com a colaboração da ação divina da graça, mas sem esquecer que a vida cristã não suprime as reações espontâneas da natureza diante do perigo, nem as anomalias psíquicas adquiridas durante a infância (OEFCS 26; 165).

Código de Direito Canônico

O novo *Código de Direito Canônico* (CDC), posto em vigência em 25 de janeiro de 1983, exige, como condição indispensável para a admissão do candidato à vida consagrada, "a existência de caráter adequado e qualidades suficientes de maturidade (...) ainda com a colaboração, se necessário, de peritos" (CDC 642); e autoriza conferir o presbiterato "unicamente aos que tenham completado 25 anos e gozem de suficiente maturidade" (CDC 1.031).

Orientações educativas sobre o amor humano

As *Orientações educativas sobre o amor humano* (OEAM) são uma Instrução da Congregação para a Educação Católica, publicada em 11 de novembro de 1983, que na perspectiva antropológica cristã põe em realce a importância da educação total de pessoa, integrada por elementos biológicos, psicoafetivos, sociais e espirituais (OEAM 35). Embora não trate do sacerdócio diretamente, apresenta a vida humana, especialmente a do consagrado pelo Reino dos Céus, como uma plenitude quando se converte num dom de si para os outros (OEAM 31). Também a instrução dá especial importância ao desenvolvimento físico e emotivo do adolescente e convida a apresentar a sexualidade como um valor (OEAM 87-97).

Potissimum institutioni (PI)

É uma instrução da Congregação para os Institutos de Vida Consagrada e Sociedades de Vida Apostólica, publicada em 2 de fevereiro de 1990. Dá orientações claras sobre a consagração religiosa, a formação e suas etapas, a ascese e a formação da sexualidade e dedica um especial cuidado à vida contemplativa e às relações dos religiosos com os bispos.

Instrumentum laboris do Sínodo de bispos e exortação Pastores dabo vobis

Tanto o documento *Instrumentum laboris* do Sínodo de bispos de 1990 como a exortação apostólica pós-sinodal de João Paulo II estão intimamente unidos pelo tema central que é a formação sacerdotal.

Instrumentum laboris do Sínodo de bispos

O Sínodo de bispos de 1990 em seu *Instrumentum laboris* (IL 570-634) trata da formação dos sacerdotes nas circunstâncias atuais e sublinha com clareza a importância dos aspectos psicológicos e da maturidade afetiva no processo vocacional. Recomenda, particularmente, se for necessária, a ajuda psicológica na educação da maturidade afetiva dos candidatos ao celibato (IL 38).

Exortação apostólica Pastores dabo vobis

A exortação apostólica de João Paulo II *Pastores dabo vobis* (PDV) sobre a formação dos sacerdotes nas circunstâncias atuais, publicada em 25 de março de 1992, retoma o material do Sínodo dos bispos e o aplica aos aspectos concretos da formação sacerdotal. É o documento mais completo do magistério sobre a formação sacerdotal, uma espécie de compêndio de doutrina sobre o sacerdócio e a formação sacerdotal.

• 47 •

Somente sublinharei alguns aspectos da "formação humana", considerada neste documento como fundamento de toda a formação do sacerdote (PDV 43). O Papa ressalta a necessidade da maturidade afetiva para viver a castidade com fidelidade e alegria (PDV 44) e afirma que a formação humana, se desenvolvida no contexto de uma antropologia que abarca toda a verdade sobre o homem, se abre e se completa na formação espiritual (PDV 45).

Durante a formação filosófica do seminarista, o Papa dá grande importância às "ciências do homem", entre elas a sociologia, a psicologia e a pedagogia (PDV 52). Aos sacerdotes formadores pede maturidade humana e preparação intelectual nas ciências humanas, especialmente na psicologia (PDV 66). Recomenda a dimensão humana da formação permanente, que é tratada amplamente (PDV 76) e chama a atenção sobre os aspectos diversos como: a solidão do sacerdote (PDV 74), a ajuda aos sacerdotes jovens (PDV 76), aos de idade média e avançada *(PDV 77)* e a preparação dos responsáveis da formação (PDV 78-82).

Já é clássica, nos documentos religiosos que tratam da formação sacerdotal e religiosa à luz da psicologia, a afirmação do Papa, segundo a qual: "Sem uma adequada formação humana, toda a formação sacerdotal estaria privada de seu fundamento necessário" (PDV 43).

Alguns documentos sobre a vida consagrada e sobre a família

Em continuação apresento três documentos, dois deles dirigidos à vida consagrada e um à família, que secundariamente têm a ver também com a formação sacerdotal, enquanto dão normas, sugestões e elementos psicológicos que podem ajudar na formação dos candidatos ao sacerdócio.

O decreto A vida fraterna em comunidade (VFC)

Este decreto foi publicado pela Congregação para Institutos de Vida Consagrada e Sociedades de Vida Apostólica (VFC 62-124) em 2 de fevereiro de 1994. Os números 35-39 tratam da comunidade religiosa e da maturidade da pessoa e insistem nos traços psicológicos de identidade, afetividade e solução de problemas. É um documento com terminologia psicológica atual, que reflete a importância desta ciência humana no processo de formação do religioso.

O documento *Sexualidade humana: verdade e significado.* *Orientações educativas para a família (SH)*

Foi publicado pelo Conselho Pontifício para a Família em 8 de dezembro de 1995. Põe em destaque os recentes avanços das ciências psicológicas e pedagógicas quanto à importância decisiva do clima afetivo familiar para o desenvolvimento emocional da criança (SF 48-56). O documento ressalta a importância da afetividade nos primeiros anos de vida (SH 77-78) e oferece recomendações aos pais sobre a formação afetiva dos filhos (SH 113-117).

Exortação apostólica Vita consecrata

A exortação apostólica *Vita consecrata* (VC) de João Paulo II, publicada em 25 de janeiro de 1996, retoma muitos aspectos da vida consagrada estudados pelo Sínodo dos bispos de 1995. Os números 65-71 tratam do processo de formação inicial e contínua e da importância da maturidade humana e afetiva. O documento não se refere diretamente ao sacerdócio, mas traz diretrizes que podem aplicar-se aos candidatos ao sacerdócio ministerial. O Papa insiste na "formação permanente" dos religiosos para um crescimento na maturidade humana e religiosa e afirma que é um processo que dura toda a vida (VC 69).

Documento da CELAM em Aparecida (Brasil)

Terminou a V Conferência do Episcopado Latino-americano e do Caribe celebrada em Aparecida (Brasil) de 13 a 31 de maio de 2007. O documento final publicado pelos bispos é seguramente, um marco na renovação da Igreja Católica (chamada a "Comunidade dos discípulos missionários") nestas latitudes. E, como era de esperar, os bispos dedicaram parágrafos especiais à formação dos candidatos ao sacerdócio (discípulos missionários de Jesus Bom Pastor) e à vida consagrada (discípulos missionários de Jesus testemunha do Pai).

O capítulo sexto do *Documento de Aparecida* delineia o itinerário formativo dos discípulos missionários, apresentado como um "processo" de formação integral, querigmático, permanente, atento a diversas dimensões e necessitado de acompanhamento (parágrafo 6.2). Os números 314 a 326 se dedicam a pontos muito concretos da primeira formação, incentivam criação de cursos de formadores e estimulam a esmerada seleção dos candidatos tendo em conta o equilíbrio psicológico (318), a sã personalidade, as motivações genuínas e a capacidade intelectual adequada às exigências do ministério no tempo atual.

Também os bispos da América Latina e do Caribe pedem a criação de projetos formativos nos seminários e casas de formação (319), a maturidade da afetividade/ sexualidade dos formandos (321), a formação "inculturada" e insistem na importância da "formação permanente" que só termina com a morte (326).[2]

Não quero terminar esta visão panorâmica dos documentos da Igreja sobre a maturidade humana e afetiva de sacerdotes e religiosos sem citar um recente "documento de trabalho" da Congregação para a Educação Católica, que ainda não foi publicado oficialmente, chamado *Orientações para a utilização dos conhecimentos psicológicos na admissão e formação dos candidatos ao sacerdócio*. Nele se admite claramente a utilidade da psicologia na formação dos seminaristas. João Paulo II, durante a reunião plenária da mesma Congregação para a Educação Católica, fez alusão ao documento e apoiou a utilização da psicologia no âmbito seminarístico, pedindo que o "auxílio da psicologia se inclua com equilíbrio dentro do itinerário vocacional e se integre na formação global do candidato" (*L'Osservatore Romano*, 5 de fevereiro de 2002, p. 7).

---

[2] Cf. Conselho Episcopal Latino-americano. *V Conferência Geral do Episcopado Latino-americano e do Caribe*. Aparecida, 13-31 de maio de 2007, Celam, Bogotá.

Contudo, até hoje não se tornou oficial nenhum documento do Vaticano que apresente o estudo e as conclusões dessa relação entre psicologia e formação sacerdotal/ vida consagrada. O tema não é de fácil abordagem devido às diversas correntes psicológicas e às variadas posturas de psicólogos e entendidos na matéria. Espero que nos próximos anos conheçamos conclusões a respeito.

Também para o presente trabalho consultei diretórios e planos de formação de diversos seminários diocesanos e institutos religiosos, entre eles os dos Missionários do Sagrado Coração (1993), dos Missionários Claretianos (1995), dos Frades Menores Conventuais (2001), dos Missionários de São Francisco de Sales (2002), dos Missionários Redentoristas (2003) e da Conferência Episcopal Italiana (2007).

A Igreja é consciente do papel da psicologia e das ciências humanas no desenvolvimento afetivo do ser humano e quer aplicar estas ciências no processo da formação sacerdotal e religiosa.[3] Admite os avanços das ciências humanas em diálogo com a fé e com a teologia e espera delas uma contribuição significativa para a formação dos candidatos ao sacerdócio e à vida consagrada e uma ajuda efetiva para a superação das crises que eles apresentam. Contudo, antes de terminar este capítulo, digamos o que se entende com a palavra "formação" ao sacerdócio e à vida consagrada.

O que entendemos por "formação"

Definição

Formação é um processo interno em que um sujeito determinado, sentindo que recebeu um dom especial de Deus, toma consciência dele e se responsabiliza por seu crescimento com a ajuda da Igreja e mediatizado

---

[3] A respeito disso afirma Arto: "A psicologia pode oferecer sua ajuda para analisar diversas esferas na formação dos seminaristas, como são: gratuidade da chamada e responsabilidade humana; o dom da vocação e a resposta pessoal; a possível dicotomia entre ministério e vida espiritual; a necessidade da obediência e a livre resposta pessoal e comunitária; a escolha do celibato como dom e como resposta livre e positiva".

por muitas variáveis psicossociais. O formando é não só destinatário de um "processo formativo", mas sujeito principal dele.

A formação, como todo fenômeno humano, é um processo de estruturação e diferenciação, composto e articulado, sempre aberto e precário.[4]

• Ao dizer *estruturação,* nos referimos à organização ou sistematização, isto é, a um processo não deixado à sua boa sorte ou à casualidade.

• Ao dizer *diferenciação,* nos referimos a um processo de menor a maior conhecimento, discriminação e compromisso.

• É *composto* no sentido de complexo, onde entra uma multidão de variáveis que se entrelaçam.

• É *articulado*, porque essas variáveis se relacionam logicamente para alcançar maiores níveis de complexidade.

• É sempre *aberto*, porque o ser humano é uma contínua busca de "ser mais" e nunca se sentirá completamente satisfeito.

• É *precário*, porque é um processo, no qual, forçosamente, há erros, equívocos, incompreensões, quedas, mas de todas elas se aprende a seguir adiante.

O dinamismo da consciência

Além da graça divina que pressupomos, o dinamismo da consciência se converte no núcleo fundamental do processo de formação ou seu operador central. Não podemos esquecer que a consciência não é somente dar-se conta, ser inteligente, racional e responsável, mas que está intimamente unida ao aspecto afetivo e emocional. Diz acertadamente P. Triani:[5] "O homem não tende somente ao que é verdadeiro e bom, mas vive ainda mais radicalmente uma autotranscendência afetiva, ou seja, uma tensão para o amável e para o desejo de sentir-se amado".

---

[4] Cf. TRIANI, Pierpaolo. "La strutura dinamica della formazione". In: *Tredimensioni 2,* 2005, p. 236-248.
[5] *Ibid.,* p. 240.

Desta maneira, "formar" significa incidir sobre o dinamismo da consciência para fazer a pessoa mais capaz de atender, compreender, julgar e escolher as próprias operações da consciência e viver assim a própria vida segundo um roteiro fixado livremente. Muda, então, o conceito tradicional de formação, para entendê-la agora com I. Seghedoni[6] como "o processo graças ao qual o sujeito desenvolve a própria consciência tornando-a progressivamente mais adaptada para se apropriar de significados e responder à realidade".

Se passa assim de uma formação centrada na norma, cujo objetivo é mudar o comportamento desviante com um método centrado na informação de conteúdos e em um contexto relacional principalmente corretivo e negativo, a uma formação centrada no desenvolvimento da consciência, cujo objetivo é ensinar a dar sentido ao comportamento, com um método centrado na pessoa e no contexto relacional de aceitação e encorajamento apesar dos erros.

Características da formação

Seguindo I. Seghedoni[7] as características desta nova maneira de ver a formação seriam:

• o sujeito da formação é a consciência mesma. O ser humano tem capacidade de autoestruturar-se: compreender, julgar, escolher, crer, agir e amar. Para isso tem a capacidade de escolher seu caminho, colocar um novo horizonte e elaborar novos significados da realidade;

• *a formação se cumpre quando se tem uma "re-significação" constitutiva do próprio mundo.* Em outras palavras, o ser humano se realiza plenamente, embora nunca de maneira definitiva, quando escolhe conscientemente, sabendo que através dessa escolha dá um novo significado a sua própria vida.

---

[6] Cf. SEGHEDONI, Ivo. "Dare buoni consigli non basta: formar ela coscienza". In: *Tredimensioni* 4, 2007, p. 144-153.
[7] *Ibid.,* p. 148-153.

• *formar, então, significa assumir uma nova forma*, ou *"encarregar--se" do novo significado da própria vida*. A "formação" se considerará primariamente a partir do ponto de vista do sujeito que se forma; a "ação formativa", desde o ângulo de todos os demais que concorrem para o desenvolvimento dessa nova forma;

• *portanto, o objetivo da formação não se centrará nos conteúdos, mas sobre todo o processo.* Não se trata de encher a consciência de ideias, valores etc., mas de verificar constantemente como funciona a consciência e segundo que procedimento;

• *o formador influirá, antes de tudo, não sobre o "dever ser", mas sobre "o processo", dando-se assim um objetivo mais significativo, embora menos imediato.* Ao verdadeiro formador importa não tanto que o formando lhe obedeça, quanto seja autêntico em fazer o que faz: dispor sua vida para entregar-se a Deus e ao Reino;

• *o novo método da "ação formativa" consistirá em construir uma ponte entre o mundo do formando e o mundo dos significados*, entre o eu da pessoa em formação e os significados implicados na experiência que vive. O formador fará um "controle de qualidade" e verificará a precisão e exatidão do encontro entre estes dois mundos do formando;

• *só num segundo momento ao formador se pede que transmita uma palavra que funcione, que fale seriamente.* "Porque o educador não tem um credo que impor e fazer respeitar, mas um Evangelho que anunciar e que pede que seja reconhecido como relevante, aqui e agora".[8]

---

[8] *Ibid*, p. 150.

Anexo 2
Teste de autoconhecimento

W. R. Parker e E. S. Johns[9] oferecem uma simples escala de autoconhecimento que pode ajudar muito num primeiro encontro consigo mesmo. Apresento-a, com certos retoques, como ajuda no processo de formação.

Instrução

Leia, por favor, cada uma das seguintes frases e escreva um "X" sobre a letra "V", se lhe parece verdadeira, ou sobre a letra "F", se é falsa.

1	Parece que na atualidade há menos amor e boa vontade.	V	F
2	Os que põem em dúvida a autoridade da Bíblia estão buscando um pretexto para fazer o que lhes agrada.	V	F
3	Embora as opiniões das outras pessoas me parecem válidas, prefiro tomar minhas próprias decisões, embora possam estar equivocadas.	V	F
4	Eu poderia mencionar quem são os culpados das dificuldades que tenho.	V	F
5	Algumas vezes trapaceio ao fazer um solitário *(jogo em que eu sou meu próprio rival)*.	V	F
6	Embora me agrade a maior parte das pessoas, há os que não me aceitam.	V	F
7	Incomoda-me se as pessoas fazem brincadeiras comigo.	V	F
8	Os que me rodeiam parecem desfrutar a vida muito mais que eu.	V	F
9	Tem havido ocasiões em que tudo parece ir mal, em que pensei tirar-me a vida.	V	F

---

[9] Há edição da Pax, México 1973, e da Lumen, Barcelona, 2007.

10	Murmuro ou critico meu próximo.	V	F
11	Não estou satisfeito com a maneira como levo minha sexualidade.	V	F
12	Em certas ocasiões e circunstâncias penso que o preconceito racial é compreensível e justificável.	V	F
13	Muitas vezes me sinto desanimado ou deficiente.	V	F
14	Desconfio das pessoas e de seus atos.	V	F
15	Quando jogo baralho, olharia as do vizinho se a oportunidade se me apresentasse.	V	F
16	Durante o dia creio que cometo um grande número de pequenos erros.	V	F
17	Sou uma pessoa ciumenta.	V	F
18	Eu creio que às crianças é preciso dar uma palmada quando desobedecem.	V	F
19	Frequentemente encontro defeitos nos que me rodeiam.	V	F
20	Às vezes meus pensamentos são tais, que não falaria a ninguém sobre eles.	V	F
21	Mesmo as pessoas a quem amo interpretam mal minhas intenções.	V	F
22	Incomodam-me muito as pessoas que não sabem comportar-se bem.	V	F
23	Meu compromisso (seminário, vida consagrada ou outro) não tem sido satisfatório como eu desejaria.	V	F
24	Quando alguém se comporta de maneira arrogante e agressiva, não censuro quem sabe colocá-lo em seu lugar.	V	F
25	Tomei em algum momento de minha vida coisas que não me pertencem.	V	F
26	Algumas vezes sou sarcástico com as pessoas que me rodeiam.	V	F
27	Incomodam-me os animais domésticos.	V	F
28	Sofro frequentes dores de cabeça e de estômago.	V	F
29	As provas psicológicas de personalidade não são tão válidas como alguns quereriam fazer crer.	V	F
30	Quando alguém me ofende sinto vontade de desforrar.	V	F

Pontuação esquerda: _____

Pontuação direita: _____

Correção e interpretação

Olhe, por favor, só as respostas "V", ou verdadeiras. Veja as frases 5, 10, 15, 20, 25 e 30 e conte as letras "V" que marcou. O resultado escreva-o na pontuação esquerda. Agora conte as "V" de todas as outras respostas e o resultado escreva-o na pontuação direita.

Nesta prova se controlam só os traços de personalidade: conhecimento de si e grau de agressividade e de aceitação dos outros.

O *número da esquerda* determina quanto você se conhece, quão honesto é consigo mesmo. Se o número é 4 ou superior significa que você se conhece bastante bem e não se engana a si mesmo. Se o número é 3 ou inferior, significa que você não se conhece ou se autoengana. Todas as respostas às frases 5, 10, 15, 20, 25 e 30 deveriam ser "V" (verdadeiras), porque não dependem da vontade, mas são automáticas e num primeiro momento nascem espontaneamente de dentro. A sociedade, por desgraça, ensinou a fingir, a aparentar, a "dar boa impressão" e, por isso, se negam muitas vezes essas reações, pensando que são más ou inconvenientes. Contudo, negá-las ou reprimi-las de nada serve, porque nos impede de ser conscientes de parte do ser e interpretar algumas das próprias experiências como más ou inconvenientes. O melhor é aceitar-se e trabalhar para melhorar.

O *número da direita* indica o grau de agressividade ou hostilidade que você tem. Todas as pessoas são agressivas em certa medida e lhes custa aceitar os outros como são. O problema é a maneira como se demonstra a agressividade ou a hostilidade, porque é a que determina as consequências. Se você crê que não tem algum grau de agressividade, se engana; mais ainda, não lhe convém, porque deixa de ser "assertivo". Se a pontuação é até 8, significa que você é pouco agressivo e pouco assertivo. Se a pontuação é 18 ou superior, você é demasiado agressivo e isso não o ajuda na assertividade. As melhores pontuações estão situadas entre 9 e 17 e significa que você é agressivo, mas utiliza essa agressividade para construir assertividade. A "assertividade" consiste em expressar suas ideias e sentimentos, mas sem ferir os outros.

Se desejar, poderá responder de novo ao teste tratando de ser o mais sincero e coerente. Depois compare os dois resultados.

III. Etapas da formação ao sacerdócio e à vida consagrada

*Cada um é uma casa com quatro habitações:
uma física, uma mental, uma emocional e uma espiritual.
A maioria de nós tende a viver numa habitação
a maior parte do tempo; mas, a menos que entremos em cada
habitação todos os dias, mesmo que só para mantê-la
arejada, não seremos uma pessoa completa.*
Provérbio índio

Neste capítulo exporei primeiro as etapas metodológicas que comumente se usam para a formação ao sacerdócio e à vida consagrada e, em segundo lugar, os possíveis estágios psicológicos pelos quais a pessoa passa em sua vida de seminarista ou candidato religioso.

Sou consciente de que em muitos países as congregações religiosas não seguem, por diversos motivos (número pequeno de candidatos, dificuldades para a formação acadêmica, escolha de uma formação mais encarnada etc.), as diversas etapas que vou expor, mas estas são as mais gerais e utilizadas segundo a mentalidade da Igreja.[10]

---

[10] Não quero discutir um tipo de formação totalmente diversa da exigida pela Igreja em seus diversos documentos. Seria nunca acabar e não é a finalidade desta obra. Prefiro aplicar os princípios da psicologia às estruturas que já temos e que deram bom resultado durante longo tempo. De todos os modos, tenha-se em conta que a formação é um "processo" e como tal, exige vivência e superação de etapas.

Antes de entrar no seminário ou na vida consagrada

A maior parte das dioceses e famílias religiosas têm uma organização de "pastoral vocacional" que privilegia e se esmera pelo primeiro contato com os possíveis candidatos. É uma equipe *ad hoc,* ou uma pessoa só, ou os leigos que intervêm como auxiliares.

Durante essa etapa, tem especial importância o estudo do ambiente familiar, da escola onde o jovem estudou e do ambiente social onde cresceu. Elementos que devem ser levados em conta do ponto de vista psicológico.

O ambiente familiar

As relações familiares são básicas para a formação, se não queremos ter mais tarde experiências de imaturidade e deserções numerosas.

Estudei, como essencial para a maturidade da afetividade, a relação que o ser humano forma em seus primeiros anos de vida com a "figura materna", aspecto que apresentarei num capítulo adiante. Cheguei à conclusão de que se alguém desenvolve um "apego seguro", terá uma base afetiva maravilhosa sobre a qual construir uma boa adesão a sua vocação. Outros tipos de apego, especialmente o desorientado-desorganizado, serão uma dificuldade quase insolúvel para uma autêntica vivência futura de sua vocação sacerdotal ou religiosa.

A "figura materna", na maioria dos casos, é a mãe, mas pode ser qualquer pessoa que ofereça à criança cuidado, amor e segurança; geralmente, se manifesta num bom ambiente familiar de amor e aceitação. Daí que os "promotores" ou equipes de pastoral vocacional devem estudar em profundidade o tipo de relação familiar que viveu o candidato, para assegurar-se uma resposta mais clara de adesão à vocação.

A escola

Uma primeira socialização é realizada pelo candidato na escola, entendendo por ela o sistema de ensino que a sociedade oferece para o desenvolvimento intelectual e social das crianças, chame-se escola materna, jardim de infância, primária, secundária etc.

Conhecer que tipo de socialização realiza o candidato na escola, com que princípios pedagógicos, com que objetivos filosóficos e com que metodologia é importante para compreender muitas maneiras de reagir do candidato. Não podemos esquecer que o "grupo de pares" começa a influenciar notavelmente a criança já depois dos 3 anos de vida e se converte em seu primeiro ponto de referência durante a puberdade e a adolescência.

O ambiente social

Cada vez mais a sociedade influi sobre o indivíduo e o faz de maneira massiva pelos meios de comunicação (televisão, rádio, cinema, periódicos, internet, videogame, celulares) e das atitudes de consumismo e relativismo que ensina. É importante conhecer o ambiente social em que cresceu o candidato ao sacerdócio e à vida consagrada, já que ele bebeu, inconscientemente, uma série de valores/ antivalores que se refletem durante toda sua vida. Ainda mais, é aqui que o candidato realizará uma verdadeira batalha, uma confrontação gigante entre os valores do Evangelho e a proposta individualista-hedonista que oferece o mundo pós-moderno.

Etapas da formação sacerdotal

Na formação dos futuros sacerdotes, geralmente, seguem-se as seguintes quatro etapas:

Pré-seminário

Chama-se também "ano propedêutico" ou "ano de pré-filosofado", que tem como finalidade conhecer o candidato em suas qualidades e deficiências humanas e facilitar-lhe o primeiro contato com a realidade que chamamos "vocação sacerdotal". Aproveita-se, igualmente, para uma "nivelação" de conhecimentos religiosos e intelectuais, de modo que ao entrar para estudar filosofia partam todos os candidatos de uma base intelectual sem maiores desequilíbrios.

O ano de pré-seminário é muito importante, porque o jovem está naturalmente "disponível" para aceitar qualquer sugestão ou disposição de seus formadores, já que a motivação vocacional é muito alta por ser parte romântica e idealista. Se esse ano não é bem organizado, perder-se-á tempo precioso e se "condicionará" negativamente o candidato para aceitar ideais ou propostas mais audazes nas etapas posteriores.

Filosofado

O seminarista estuda durante dois ou mais anos matérias de filosofia, às vezes áridas, e põe as bases espirituais, morais e intelectuais do que será sua vida sacerdotal. A maior parte do tempo se emprega no estudo, mas é importante dedicar momentos ao esporte, à oração pessoal e comunitária comprometida e ao início do trabalho pastoral.

O discernimento da autêntica vocação sacerdotal tem lugar especial nesta etapa, pois o candidato conhece o que é o estilo de vida do seminarista e pode, com a ajuda de seu diretor espiritual e dos formadores, decidir se essa é sua vocação para toda a vida.

Teologado

O teologado é uma etapa totalmente sacerdotal, no sentido de que quase todas as matérias estudadas têm a ver diretamente com o ministério sacerdotal; realiza-se frequente apostolado em diversos lugares de atividade apostólica e culmina na experiência com o diaconato e o presbiterato. Contudo, é uma etapa problemática: o candidato já não é um adolescente mas uma pessoa que pensa por si mesma, tem liberdade e desenvolve o sentido crítico sobre estruturas e instituições. Às vezes a dificuldade é que, sendo já um jovem adulto, é tratado em muitas coisas como um menino ou adolescente.

É importante que os formadores desenvolvam um verdadeiro "acompanhamento pessoal" do candidato para ajudá-lo a clarear sua vocação definitiva. Deve-se evitar que a expectativa de "reforço"[11] do já imediato presbiterato o anime a ocultar dificuldades e problemas afetivos. Anime-se o jovem a uma entrega total e definitiva a Jesus Cristo como centro de sua vida, por meio da "caridade apostólica",[12] miolo de seu futuro ministério sacerdotal.

Primeiros anos de ministério

Os primeiros anos de ministério são básicos para a fidelidade e perseverança do jovem sacerdote, como afirma D. R. Hoge.[13] O entusiasmo da ordenação sacerdotal deve canalizar-se em "aceitação dos limites" (*boundaries*) como pessoa humana e débil que é, na superação de pequenas frustrações apostólicas e em comprometer-se a viver sua vida sacerdotal em união com os outros presbíteros e em comunhão com a Igreja. É absolutamente necessário o acompanhamento pessoal e grupal dos jovens sacerdotes.

---

[11] Veremos adiante que o "reforço" é uma arma poderosíssima para incrementar a probabilidade de qualquer conduta e, usado sabiamente pelo formador, um instrumento ótimo para o processo educativo. *A ordenação sacerdotal se converte no máximo "reforçador" para o seminarista e, como tal, aumenta a probabilidade da conduta anterior.* Por isso, mal faria o bispo em dar o presbiterato a um seminarista que mostrasse nos anos anteriores má conduta ou sinais de não vocação sacerdotal, pensando que "o sacerdócio arranja tudo". Ao contrário, em caso de imaturidade ou conduta inadequada, as reforça incrementando sua probabilidade, isto é, piorando as coisas.

[12] A "caridade apostólica" é um termo bem tratado por João Paulo II em *Pastores dabo vobis,* como vimos no capítulo primeiro.

[13] D.R. Hoge oferece algumas explicações à pergunta do porquê os sacerdotes jovens dos Estados Unidos deixam o ministério. Assinala dois níveis de motivação: sentimento de solidão e de não ser apreciado, e evento ou situação que precipita uma crise em seu compromisso. Especifica quatro categorias de sacerdote que abandonam o ministério: 1. Sacerdote heterossexual que se sente só ou não apreciado e se enamora de uma mulher (20% a 30% de renunciantes). 2. Sacerdote heterossexual que se sente só ou não apreciado e decide que não pode continuar como célibe, mas não há uma mulher específica envolvida (20% a 30% de renunciantes). 3. Sacerdote heterossexual ou homossexual que se sente só ou não apreciado e se decepcionou pelas experiências de outros companheiros sacerdotes ou pela hierarquia da Igreja (30% a 40% de renunciantes). 4. Sacerdote homossexual que se sente só ou não apreciado e deseja uma relação aberta e de longa duração com um homem (5% a 15% de renunciantes).

Etapas da formação à vida consagrada

Na formação à vida consagrada se fala tradicionalmente de formação inicial e formação permanente. A primeira vai desde o aspirantado até os votos perpétuos e logo segue a formação permanente. Certamente, a formação inicial deve fazer chegar ao convencimento profundo de que a formação não é só terminar uma etapa, mas é um processo dinâmico de toda a vida. Nela se deve prestar atenção particular aos critérios de discernimento vocacional e ao processo de maturidade, percorrendo os seguintes passos formativos: aspirantado, postulantado, noviciado, juniorato etc.

Aspirantado

Consiste num ou vários anos de primeiro contato com a vida comunitária num instituto de vida consagrada. A maneira de desenvolver-se difere bastante na vida consagrada feminina e na masculina. Nesta última tende a identificar-se com o "ano propedêutico" ou pré-filosofado, já estudado anteriormente, e segue as mesmas orientações deste com maior ênfase no ensino da vida comum, base essencial da vida consagrada e numa "nivelação" dos estudos humanísticos. Na vida consagrada feminina a ênfase é mais religiosa e comunitária.

Todas as comunidades ou institutos costumam aproveitar esse período para a nivelação intelectual dos candidatos e para a finalização de seus estudos primários e secundários.

Postulantado

O candidato postulante durante esse tempo não só continua seu aprendizado de vida consagrada, no que se refere à vida em comunidade e aos três votos de castidade, pobreza e obediência, mas inicia estudos superiores universitários de filosofia ou de ciências religiosas.

É um período básico para o ensino da vida em comunidade: respeito pelos outros, busca do bem comum, ajuda mútua, participação em atos comunitários e trabalho em grupo. Particular menção quero fazer do trabalho manual como fonte de maturidade pessoal, de ascese pessoal e de amor à família religiosa à qual se pertence. O formador inteligente se servirá do trabalho físico como escola de ascetismo e de amor à própria congregação: o que se trabalha se ama.

Também é o período mais apto para fazer intervir a psicologia e realizar um perfil psicológico do candidato. Aqueles jovens que não respondam às expectativas da comunidade ou que apresentem graves problemas de personalidade devem ser convidados a não continuar no caminho da vida consagrada. Não esqueçamos que esse, desde o ponto de vista natural, é um caminho que exige uma vocação especial e uma resposta radical. Portanto, personalidades com transtornos psicológicos graves ou demasiado débeis afetivamente não devem ser admitidas a continuar o processo religioso, e esse é o período indicado para convidá-las a que se retirem do caminho iniciado sem traumas nem problemas.

Noviciado

É o período de clara e profunda formação espiritual. O noviço ou a noviça aprendem o significado dos votos religiosos, a história de sua própria família religiosa e aprofundam sua relação pessoal com Jesus Cristo pela oração.

Não é um período místico, no sentido de afastar o noviço das coisas do mundo, mas sim ascético e contemplativo, no sentido de forjar convicções, purificar as motivações vocacionais e aprofundar uma relação de amizade íntima com o Senhor, segundo o carisma do próprio instituto. Por isso, o noviciado, em minha opinião, não é tempo de experiência de metodologias de inserção em meios populares, ou trabalhos missionários prolongados, ou colaboração prolongada com obras apostólicas do instituto, ou estudos intelectuais para completar a formação acadêmica. Não nego a possibilidade de experiências curtas de apostolado nem de aulas sobre matérias religiosas nem a colaboração passageira em alguma obra do instituto. Contudo, sim, reafirmo a importância básica de dedicar esse tempo à formação, antes de tudo espiritual, do candidato. Tempo haverá para que o candidato realize apostolados, estudos e experiências. Para a maioria dos religiosos, o noviciado se converte no único tempo de sua vida em que tem a oportunidade de aprofundar as raízes de sua vocação, à luz de sua relação pessoal com o Senhor.

Juniorato

Com a emissão dos votos temporários, o candidato começa oficialmente sua vida consagrada num instituto. Muitos continuam sua preparação intelectual e colaboram em alguma obra de apostolado. É importante neste período continuar com o acompanhamento espiritual que se deveu iniciar desde os anos anteriores. O jovem religioso, deixado a sua livre direção, é fácil presa das ideologias reinantes ou de seus idealismos juvenis. É essencial que um religioso adulto sirva de acompanhante e modelo em seu caminho vocacional.

Formação permanente[14]

Com os votos perpétuos o consagrado entra definitivamente na família religiosa que o recebe. Para esse momento deve ter adquirido já em ato, e não só em intenção, as bases de uma sólida formação religiosa que lhe garanta, com a ajuda de Deus, a perseverança até a morte.

Não devemos dar os votos perpétuos a candidatos que ofereçam dúvidas sérias, e manifestem escassa relação pessoal com Jesus Cristo ou demonstrem pouco amor por seu instituto e seu carisma. Seria melhor indicar-lhes respeitosamente outro caminho. Claro está que a formação permanente será por toda a vida, mas é óbvio que durante a juventude adquire maior importância, porque quanto mais jovem, mais facilmente se aprende, memoriza e executa.

---

[14] Alguns falam de "formação permanente" referindo-se a todo o processo de formação durante toda a vida; essa é a ideia de João Paulo II em *Pastores dabo vobis* (70 ss.). No presente livro, ao usar esse termo, refiro-me à formação depois dos votos perpétuos ou do sacerdócio, e antes deles a chamo "formação inicial". Naturalmente, estou de acordo com que a formação seja uma graça e um processo que deve durar toda a vida e que se esta "não é formação permanente se converterá em frustração permanente", segundo o diz acertadamente C. Cencini.

A. Cencini[15] apresenta uma chave de leitura da formação permanente ontem e hoje.

Tabela 2: A formação ontem e hoje

	Formação ontem	Formação hoje
Motivação fundamental	pedagógica e depois teológica	teológica e depois pedagógica
Categoria interpretativa	modelo de perfeição	modelo de interpretação
Formação permanente	praticamente ausente	teoricamente presente
Conceito de formação permanente	iniciativas extraordinárias	atividades ordinárias
Condição pedagógica	"docilitas" do formador	"docibilitas do formando"

O esquema não tem necessidade de maior explicação, a não ser as expressões *docilitas* e *docibilitas*. A primeira é a *docilidade,* isto é, a aceitação e obediência do que se aconselha ou se ordena, ao passo que a *docibilitas* (docilidade?) seria viver cada momento, relação, idade, lugar e circunstância inédita ou aparentemente adversa, como tempo e oportunidade de formação.[16]

Áreas de formação em seminários e casas religiosas

Apresentarei as áreas classificando-as em setores, mas tendo em conta que só numa visão integrada são formativas para a pessoa. Não se trata de dar primazia a uma em desprezo de outra, mas de integrá-las numa vida que tenha como ponto de referência o seguimento de Jesus Cristo e de seu Reino. Com algumas diferenças, as áreas de formação que se levam em conta tanto nos seminários como nas casas religiosas são as seguintes:

---

[15] CENCINI, Amedeo. *Il respiro della vita. La grazia della formazione permanente.* San Paolo, Cinisello Balsamo, Milano, 2002, p. 50.
[16] *Idem. El árbol de la vida. Hacia um modelo de formación inicial y permanente.* San Pablo, Madrid, 2005, p. 125.

Formação humana

É a área que tem a ver com a saúde física, psicológica e as relações humanas. É importante valorizar desde o começo esses aspectos, porque se há grave déficit, dificilmente se logrará superá-lo.

Deve-se realizar uma boa avaliação psicológica, especialmente da vida afetiva. Aprofundarei o tema mais tarde e darei indicações mais concretas, oferecendo algum instrumento de ajuda para que seja o formando e o formado que tomem decisões e não o psicólogo por eles (ver anexo 11).

Também é conveniente ajudar o jovem a uma nova socialização segundo os valores do Evangelho que não são de tipo individualista nem consumista, mas de abertura e doação ao outro.

Formação intelectual

Essa área leva em conta a parte acadêmica e racional do processo formativo. O sacerdote e o religioso de hoje deixaram de ser o centro intelectual da sociedade, como o eram em séculos passados; razão pela qual é preciso assegurar-se de uma formação acadêmica muito boa que permita um diálogo frutuoso com a ciência e a filosofia modernas. Se este conhecimento e diálogo não existem, o sacerdote e o religioso dificilmente serão "sal da terra e luz do mundo" (cf. Mt 4,13-14).

A formação intelectual deve se preocupar com as áreas intelectual humana (científica-filosófica) e intelectual religiosa (teológico-bíblica). Ambas capacitam o candidato ao sacerdócio ou à vida consagrada para dialogar com o mundo e levar-lhe a mensagem da Boa-Nova.

Formação apostólica

Essa área tem em conta a formação do zelo apostólico nos futuros sacerdotes e religiosos. "Ai de mim se não evangelizar!", disse São Paulo (1Cor 9,16) recordando que é essencial ao cristão levar a Boa-Nova

(Evangelho) a todas as criaturas; e com maior razão é essencial ao sacerdote e ao religioso.

Ao falar de formação apostólica me refiro tanto ao apostolado ordinário como ao extraordinário. O ordinário é o que se realiza na vida cotidiana das estruturas comuns da Igreja, especialmente em paróquias, colégios e hospitais. O extraordinário tem a ver com situações ou momentos especiais: missões entre não cristãos (*ad gentes*) ou entre cristãos, mas em situações particulares (camponeses, população marginalizada etc.) ou com pessoas com necessidades especiais.

O formando que não sinta o desejo de pregar o Evangelho de Jesus Cristo com a palavra e com o testemunho manifesta que sua resposta vocacional é fraca ou equivocada. Contudo também, o que demonstre muito ânimo e constância deve estar atento à análise e discriminação de suas motivações apostólicas, para que seja o amor pelo Reino e não sua própria autorrealização ou seu narcisismo escondido os que deem energia a seu trabalho apostólico.

Formação comunitária

A formação para viver em comunidade foi tradicionalmente característica da vida consagrada, mas hoje em dia o é também do sacerdócio secular. O ser humano é um ser-em-comunicação e o cristão comprometido com Jesus Cristo é pessoa que encontra na vivência comunitária o ambiente para demonstrar seu amor ao Senhor.

A dimensão comunitária adquire hoje uma especial importância por encontrar-nos num mundo que exalta o individualismo e o êxito pessoal. Ter em conta os outros, respeitá-los e colaborar no grupo é sinal de maturidade humana e religiosa e se aprende, de modo especial, durante os anos de formação. Mais tarde, é impossível e os esforços serão praticamente inúteis. Por isso, a formação para viver a comunidade, programar, realizar, avaliar e celebrar em fraternidade é uma das colunas fundamentais da formação de hoje.

Formação espiritual

É a dimensão fundamental e mais importante. A vida de fé dá a razão última do porquê se deseja ser sacerdote ou religioso. Essa vida de fé é um dom primariamente do Espírito e uma resposta da liberdade humana. Sem vida de fé, o sacerdócio e a vida consagrada não têm sentido, mais ainda, são prejudiciais para a Igreja e para a realização do ser humano. Todas as demais dimensões cobram sentido precisamente porque se integram num polo de atração chamado "seguimento de Jesus Cristo" e recebem energia e motivação na vida de oração pessoal e comunitária que sustenta a relação com o Senhor.

Na vida espiritual quero sublinhar uma dimensão que se tem perdido na formação: a do respeito e veneração pelo transcendente, pelo mistério e pelo rito religioso que o manifesta. O jovem formando não pode acercar-se de Deus como o faz diante de um programa televisivo ou de uma partida de futebol ou como se participasse de um espetáculo qualquer. O rito religioso é símbolo da unificação da personalidade e manifesta uma determinada relação com a realidade transcendente. A repetição de palavras e de gestos tem o mesmo significado que o das pessoas que se amam e não se aborrecem declarando-se seu amor continuamente. O corpo manifesta, com seus movimentos e atitude, às vezes repetitivos, o desejo da pessoa de entrar no âmbito do divino, ser transformada e passar da crença imaginativa à ação simbólica.[17] Poderíamos enumerar outras áreas da formação, mas as cinco assinaladas incluem as demais e formam o eixo da formação do sacerdote e do religioso.

Diversidade de tipos de seminário e casas de formação

Até o momento foram apresentados os tipos de seminário e de casas de formação mais comuns e tradicionais, mas não são os únicos. O mundo de hoje, especialmente com a voragem de diversidade, mudanças e criatividade, suscitou novas maneiras de enfocar a formação dos semi-

---

[17] Cf. STICKLER, Gertrud e NUMUKBWA, Godelive. *Forza e fragilità delle redici. Bambini feriti da esperienze di trauma e di abbandono. La sfida dell'educazione.* LAS, Roma, 2003, p. 166-173.

naristas e dos candidatos à vida consagrada. Os documentos da Igreja já o tinham previsto, por exemplo, em *Pastores dabo vobis* (64) e no *Documento de Medellín* (13; 28). Apresento rapidamente os tipos mais conhecidos:

Seminário de vocações tardias: especial para pessoas adultas com profissões definidas ou que experimentaram já o estado matrimonial ou experiências próprias de vida adulta.

Seminário familiar: onde se faz intervir como formadora imediata a família natural do candidato, o número é pequeno e as relações muito cara a cara.

Seminários noturnos ou de fins de semana: seminários que por motivos vários, especialmente de trabalho, funcionam somente nos dias livres do fim de semana ou nos dias de trabalho durante algumas horas noturnas.

Casas de formação em meios populares: opção realizada especialmente por comunidades religiosas que desejam formar seus candidatos em contato direto com a realidade dos pobres e marginalizados, segundo o carisma do próprio instituto. Também são chamados de experiências de inserção. Essas e outras iniciativas manifestam a riqueza da Igreja e a possibilidade de responder ao Senhor de diversas maneiras, sempre sob a diretriz de "seguimento de Jesus Cristo e do Evangelho". É importante que tais iniciativas não descuidem nenhuma das dimensões antes enunciadas; em tal caso se daria uma formação desarticulada, parcial ou muito rápida. O importante não é chegar a ser sacerdote ou a fazer a profissão religiosa, mas viver um processo de "menos para mais" que leve o candidato, gradual e conscientemente, a uma resposta pessoal e madura de amor a Jesus Cristo e ao próximo.

Proposta integrativa de Cencini

A. Cencini[18] oferece uma proposta formativa integral que une todas as dimensões e sistematiza todas as etapas de maneira que apresentam como um processo organizado e integrado. Passa de um modelo muito utilizado em épocas passadas, o modelo da "perfeição", a um modelo

---

[18] CENCINI, Amedeo. *Op. cit.*, 2005, p. 122 ss.

muito mais realista e de acordo com o processo humano-religioso: o "modelo da integração".

Os modelos da perfeição e da observância regular (1A e 1B) prevaleceram em séculos passados, deram seus frutos, mas nos levaram à atual situação crítica do sacerdócio e da vida consagrada. Os modelos de autor-realização e autoaceitação (2A e 2B) estiveram muito em voga no século XX e, ainda que em princípio parecessem a resposta adequada, ao longo, complicaram a situação e a fizeram mais confusa e crítica. O modelo de módulo único (3A) começou um processo realista de revisão e, finalmente, o modelo de integração (3B) foi o que respondeu melhor às exigências do Evangelho e aos avanços da ciência moderna.

Esse modelo de integração apresentado por A. Cencini tem:

– *sua base teológica* em Cristo, com a cruz como fonte de sentido e centro de atração;

– *seu dinamismo psicológico* num modelo antropológico de homem que busca recompor e integrar suas próprias ambivalências constitutivas e o faz num movimento espiral (concêntrico, centrípeto e inclusivo) que tem como centro a própria identidade e verdade da pessoa. Este é o esquema.

Ver tabela abaixo (p. 73)

Tabela 3: modelos de Formação (da perfeição à integração)

Modelo	Objetivo	Forma	Aspectos positivos	Aspectos duvidosos
1a **Perfeição**	Esforço pessoal pela santidade e perfeição	Eliminação do que é contrário à perfeição	Clareza de métodos e de propósitos. Certa severidade	Pouco realismo. Risco de empobrecimento psíquico. Individualismo
1b **Observância Regular**	Perfeição de grupo	Uniformidade no comportamento	Uniformidade na perspectiva e na ajuda mútua	Exagerada conformidade e formalismo
2a **Auto-realização**	Autoestima e autoafirmação	Aquisição de habilidades e qualidades pessoais	Sentido do próprio eu, da própria unicidade e dignidade	Narcisismo e possíveis frustração/depressão
2b **Auto-aceitação**	Aceitação da própria realidade integral	Conhecimento de si e esforços para eliminar os aspectos negativos	Diminuição do estresse e aceitação realista das próprias limitações	Mediocridade geral e falta de motivação para a mudança
3a **Módulo único**	Proposta do que é vital na vida de cada um	Indicação de uma unidade de método	Coerência e precisão	Visão estreita, subjetiva e parcial
3b **Integração**	Recapitulação da vida de cada um ao redor da cruz.	Aceitação na fé da própria realidade	Integração pessoal e mudança de atitudes negativas	Dificuldade para integrar faltas e feridas da vida passada

Anexo 3
Critérios empírico-culturais de saúde e maturidade psíquica

A. Ronco[19] apresenta, em meu entender, uma das melhores sínteses dos critérios de saúde e maturidade mental que pude encontrar. Sigo esse autor que tem em conta as contribuições de Allport, Maslow e Frankl e apresenta tanto valores de conteúdo como de funcionamento psíquico. Eis aqui os critérios:

Um adequado quadro de referência

Quadro que responde às seguintes perguntas:

Quem sou eu?

É o fator chamado "autoconceito", que não só é externo (função social ou estima que os outros têm de mim) mas, antes de tudo, meu sentimento do valor pessoal.

Para que seja "adequado" esse autoconceito deve ser positivo, isto é, determinado por meu sentimento de que valho, de que sou capaz. Um autoconceito excessivamente crítico não construiria uma personalidade sã.

O que devo alcançar?

São os valores, as metas, os ideais que pretendo conseguir. Em outras palavras, é "a filosofia de minha vida" em que unifico e organizo o sistema de valores pelos quais pretendo guiar-me.

---

[19] Ronco, Albino. *Introduzione alla psicologia 1. Psicologia dinamica.* LAS, Roma, 1991, p. 100-104.

O que me é possível?

É o fator da confiança em minha própria liberdade e esperança que me permite "projetar-me" no futuro. Uma pessoa sã deve ter a certeza de poder criar condutas novas, de reagir de maneira não exclusivamente "reativa" ao ambiente e aos costumes, de ter a esperança de "crescer" e de possuir os meios necessários para satisfazer suas necessidades mais urgentes e perpetuar sua existência.

Essas três perguntas são respondidas no "projeto de vida" que redige o formando.

Uma maturidade emotiva

Segundo as investigações genéticas, a maturidade emotiva consiste:

Na adequação da reação emotiva: isto é, a reação deve ser adequada ou proporcionada à força e qualidade do estímulo. A frigidez ou a sensibilidade excessivas não são próprias de uma pessoa psiquicamente saudável. Esse critério deve ser tido muito em conta pelo formador.

Na diferenciação das emoções: amor não é o mesmo que desejo sexual, ou manifestação de poder ou domínio, ou desejo de ser o centro das atenções, ou desejos de cuidar, ou projeção de vazio. Neste sentido, o formador deve ajudar o formando a "aceitar e discriminar" suas emoções e sentimentos, que nunca são "maus" em si mesmos, mas reações normais que devem ser conhecidas para logo ser controladas.

No controle da expressão emotiva: que a contenha nos limites de uma "atitude construtiva" e não meramente reativa ou automática, mas sem chegar a confundir esse controle com a repressão das emoções ou sentimentos. A expressão emotiva depende das culturas e do aprendizado individual de cada pessoa.

Em cultivar um sentido do otimismo que permita sentir-se seguro e combatendo a ansiedade em qualquer de seus aspectos, buscando e superando suas raízes. Um formando negativo será um desastre como sacerdote ou religioso.

No desenvolvimento de sentimentos e atitudes positivas de bem-estar, amor, simpatia, doação etc. Uma pessoa madura se aceita e se doa com alegria.

Uma maturidade social

Como o ser humano é essencialmente "comunicação-com-o-outro", entra de cheio para construir sociedade, pequena e grande, próxima e universal. As atitudes que a manifestam são:

Conhecimento e respeito dos direitos e necessidades dos outros e das relativas responsabilidades pessoais. Muitos jovens são *simpáticos* (agradáveis), mas não *empáticos* (não se põem no lugar do outro).

Compreensão e tolerância das culturas e valores diferentes dos próprios, superando os preconceitos raciais, culturais, religiosos etc. Este é um critério preciosíssimo no mundo globalizado de hoje.

Capacidade de manter a própria posição e autonomia quando há razões suficientes, respeitando ao mesmo tempo as posições dos outros, mesmo que não as compartilhe. Isto também requer saber defender-se da pressão de grupo e ter confiança no próprio raciocínio.

Capacidade de comunicação e cooperação com os outros, que se manifesta em saber escutar, tratar de compreender, desejar colaborar e trabalhar em equipe.

Uma maturidade intelectual e operativa

O organismo humano é um sistema solucionador de problemas. Solucionando um problema se prepara para enfrentar outro mais complexo e decodificá-lo. Nessa codificação e decodificação o ser humano utiliza sua experiência para reestruturar a realidade. Por isso, deve manifestar:

uma suficiente base de experiências cognoscitivas e informações armazenadas e organizadas. A amplitude dessa base varia, naturalmente, segundo a profissão e a posição social.

Amplitude e profundidade de interesses culturais. Um sacerdote ou religioso de hoje não pode comportar-se de maneira antiquada.

Flexibilidade para aproximar-se de novas experiências e problemas e para resolvê-los criativamente. Qualidade esta muito importante no mundo de hoje, plurifacial e globalizado.

Satisfação na profissão ou trabalho que realiza. Se o formando não se sente contente com o "estilo de vida" de entrega, renúncia e serviço sacerdotal ou religioso, significa que esse não é seu caminho e deve escolher outro. Profissão que "não reforça" o amor à vida acaba amargando-a.

IV. Contribuições das teorias psicodinâmicas e da psicologia evolucionista

Um bom combate é aquele em que nos enredamos porque nosso coração vai nele. Um bom combate é aquele que empreendemos em nome de nossos sonhos.
Paulo Coelho

Os dois aspectos mais difíceis de discriminar e de ajudar no processo formativo do candidato ao sacerdócio e à vida consagrada são, no meu entender, a motivação e a afetividade/ sexualidade. Para esclarecer esses conceitos, nos valeremos da psicanálise de Freud e da psicologia evolucionista.

O inconsciente

S. Freud[1] em sua consideração topológica da personalidade dividiu esta em *consciente* (instância que percebe as estimulações internas e externas), *inconsciente* (instância que contém as recordações e impulsos reprimidos) e *pré-consciente* (instância que não é consciente, mas que facilmente sobe à consciência). A palavra *subconsciente* não foi utilizada por Freud, mas por seus seguidores, e podemos aceitá-la no sentido de que nesse termo está incluído tudo o que é consciente e

---
[1] FREUD, Sigmund. *Obras Completas.* Biblioteca Nueva, Madrid, 1973, p. 3.379-3.418.

foi reprimido e também toda a bagagem inconsciente e instintiva com que o ser humano nasce.

Mais adiante, o mesmo autor apresenta uma maneira estrutural da personalidade: *Id* (todos os impulsos inatos inconscientes e todos os elementos reprimidos que passam a ser inconscientes), *Ego* (tem elementos reprimidos conscientes, mas também inconscientes; exerce a função de controle) e *Superego* (introjeção das ordens e proibições dos pais e da sociedade; geralmente inconsciente). Quanto mais maduro e desenvolvido é o Eu, melhor controla o Id e o Superego; é como o condutor que sabe alternar muito bem o acelerador e o freio para conduzir o automóvel.

O inconsciente está presente em nossa vida de maneira inconsciente e na maioria das vezes não nos damos conta dele.

A motivação

É um termo coletivo que designa os fatores internos que, ao lado dos estímulos da situação, iniciam, dirigem e sustentam no tempo uma determinada conduta.[2] A terminologia é variada: motivação, motivo, necessidade, finalidade, incentivo... Prefiro o termo "motivação".

A motivação é uma energia interna que não se vê. Daí a dificuldade para identificá-la. É uma energia que inicia, dirige e sustenta a conduta, isto é, origina um comportamento, lhe dá metas e o sustenta no tempo. Esse aspecto de "sustentar" é talvez o mais difícil, mais sim se trata da vocação sacerdotal ou religiosa que implica toda a vida e para a qual a mentalidade relativista e passageira do mundo atual não está preparada.

Em grandes traços as motivações se dividem em fisiológicas (fome, sede, segurança...), psicossociais (pertença, amizade, domínio...) e existenciais-transcendentes (sentido da vida, valores filosóficos, artísticos, religiosos...).

A. Maslow as classificou em cinco níveis em sua conhecida "pirâmide das motivações". Vejamo-la:

---

[2] RONCO, Albino. *Op. cit.*, 1991, p. 27.

Figura 1: pirâmide das motivações de A. Maslow

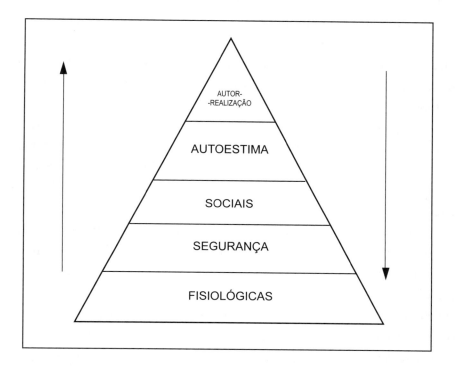

necessidades fisiológicas: constituem a primeira prioridade do indivíduo e se relacionam com a sobrevivência. Nelas estão: a homeostase, a alimentação, a sede, a manutenção da temperatura corporal, o sexo, a maternidade etc;

necessidade de segurança: com sua satisfação se busca a criação e manutenção do estado de ordem e segurança. Dentro destas encontramos a necessidade de ter ordem, estabilidade, segurança, casa, saúde etc;

necessidades sociais: se apresentam uma vez satisfeitas as necessidades fisiológicas e de segurança. Têm relação com a necessidade de companhia do ser humano, com seu aspecto afetivo e sua participação social: amizade, dar e receber afeto, viver em comunidade, pertencer a um grupo, sentir-se aceito dentro dele etc;

necessidade de reconhecimento ou autoestima: toda pessoa necessita sentir-se reconhecida e apreciada pelos outros, ter prestígio, destacar-se em algo. Daí nasce o autovalorizar-se e respeitar-se a si mesma;

necessidade de autossuperação ou autorrealização: se convertem no ideal para cada indivíduo. Nesse nível, a pessoa deseja transcender, deixar pegada, realizar sua própria obra, desenvolver seu talento ao máximo, dar sentido à vida.

Segundo A. Maslow[3] quanto mais baixo se situam as motivações mais urgente é sua satisfação, e quanto mais em cima mais "humanas" são. Se uma motivação situada numa das divisões inferiores entra em crise e exige sua satisfação imediata, as dos níveis superiores são esquecidas e a energia se concentra em baixo.

A teoria de Maslow é importante para discernir a vocação sacerdotal e religiosa. Estas se situariam no nível superior de "autorrealização"; mas se o candidato traz consigo graves deficiências fisiológicas, psicológicas ou sociais, estas em algum momento da vida exigirão sua satisfação e poderia, então, aparecer uma "crise de motivação". É o caso de um jovem muito pobre que logo busca no sacerdócio ter as satisfações materiais que não teve em sua infância ou de uma moça que aspira à vida consagrada e não teve em sua infância uma "figura materna" que lhe oferecesse carinho e proteção.

Contudo há mais ainda: as motivações podem ser *conscientes* (nos damos conta delas e as verbalizamos) ou *inconscientes* (não nos damos conta delas, mas influem em nossas decisões e comportamentos). Os psicólogos têm usado a figura de um *iceberg*, imenso tímpano de gelo cujos ¾ estão debaixo da superfície do mar e não são vistos. Recordemos o famoso navio *Titanic*, que ao chocar-se contra um *iceberg* (o ¼ que se vê) na realidade se chocou contra toda a mole do tímpano. Esta é nossa vida: não conhecemos a maioria de nossas motivações, mas agimos impulsionados por elas. Os exemplos são sem fim: o sacerdote que diz pregar por "amor de Deus" e o faz por seu desejo narcisista de ser louvado; o semi-

---

[3] MASLOW, Abraham. *Motivazione e personalità*. Armando, Roma, 2000, p. 40-250.

narista que se sacrifica no apostolado "pelo Reino de Deus" e na realidade é para partilhar afetivamente com uma moça formosa que participa na catequese; a noviça que se priva dos alimentos e das diversões para "purificar sua vocação" e no fundo está manifestando medo de seu corpo e de sua sexualidade não aceitos.

Se utilizarmos a "pirâmide de Maslow" e a "teoria das motivações inconscientes", temos um campo enorme de ajuda para nossos jovens candidatos ao sacerdócio e para os que desejam seguir Jesus Cristo na vida consagrada. Mais adiante, ao falar do "projeto de vida" e do "relato da própria história", aprofundarei mais o tema.

A sexualidade

Outro nível muito difícil da formação dos candidatos ao sacerdócio e à vida consagrada tem sido o da afetividade e o da sexualidade. Nos últimos anos multiplicaram-se as investigações a respeito. Cito algumas mais próximas de nosso meio: A. De León[4], J.R. Prada[5] e J.I. Bustos[6]. Todas as investigações, partindo de dados recolhidos em diversos ambientes, insistem na urgência de uma autêntica formação afetivo-sexual dos candidatos. É uma tarefa de primeira ordem.

O evolucionismo é, em meu entender, a teoria que apresenta uma explicação mais coerente e clara do porquê da sexualidade. C. Herrera[7] o chama acertadamente a "macroteoria" da cultura moderna.[8]

---

[4] Cf. DE LEON R., *La formación humana en los seminarios como fundamento de la salud mental del sacerdote. Aportaciones psicológicas a la luz del modelo biopsicosocial*. Dissertação para o doutorado em psicologia, datilografada, UPS, Roma, 2002.

[5] Cf. PRADA, José Rafael. *Madurez afectiva, concepto de Si y adhesión al ministerio sacerdotal.* San Pablo, Bogotá, 2004.

[6] Cf. BUSTOS, Javier I. *La formación sexual de los seminaristas desde la perspectiva de la formación tetradimensional de la conciencia en los Estados Unidos de America*. Dissertação para o doutorado em teologia moral, datilografada, Academia Alfonsiana, Roma, 2007.

[7] HERRERA, César. *Discípulos de Jesús apasionados, hoy, en la Iglesia. Introducción general a una teologia genético-transcultural*. Fraternidad Misionera del Redentor y la Palabra, Medellín, 2006.

[8] Em entrevista concedida a Luigi Dell´Aglio, o sacerdote e engenheiro Jacques Arnould, que trabalha no Centro Nacional de Estudos Espaciais da França, nos adverte que nós crentes devemos descartar toda classe de "integralismos", criacionistas ou evolucionistas. Devemos

Um dos pilares do evolucionismo é a "seleção natural", cujo objetivo principal é maximizar a eficácia reprodutiva. A maior parte dos seres vivos na natureza se reproduz por "partenogênese", isto é, por reprodução a partir de um óvulo não fecundado. Por sua vez, os mamíferos, especialmente, os seres humanos, se reproduzem por óvulos fecundados, unindo o princípio masculino com o feminino, isto é, por sexualidade. A sexualidade garante assim maior diversidade de indivíduos e esta diversidade aumenta a probabilidade de sobrevivência da espécie, que ao final é o que conta. Por isso, o macho tratará de aproveitar o maior número de cópulas, ao passo que a fêmea buscará a qualidade do casal, ambos com a finalidade de continuar seus genes, seu DNA. Assim se explica como em quase na totalidade das espécies animais, a conduta sexual do macho é bastante diferente daquela da fêmea.

A sexualidade se converte, desta maneira, no princípio constitutivo do gênero humano que serve para continuar a espécie; a ela se une o prazer ao exercitá-la, como prêmio para o duro trabalho de ter descendência, alimentá-la e educá-la, e a comunicação como meio humano de transcender o biológico e chegar a ser pessoas em relação. Isto não quer dizer que, devido aos avanços científicos e tecnológicos e a um maior desenvolvimento da filosofia e da religião, a sexualidade, com suas três finalidades de relação, prazer e procriação, se tenha diversificado e estas caminhem por rotas diferentes. O ser humano está na possibilidade de desfrutar do sexo sem reprodução, dar-se o luxo de ter reprodução sem sexo, e ainda viver sua sexualidade sem buscar a reprodução e o prazer.

Ademais, esta base biológica da sexualidade é influenciável pela história pessoal, a aprendizagem, os condicionamentos culturais etc. Hoje

---

rechaçar tanto a ideia de que o ser humano seja produto de uma simples casualidade, como de um determinismo mecânico. Sempre devemos defender a livre intervenção de Deus e do ser humano. Em seu discurso aos membros da Pontifícia Academia das Ciências, em 22 de outubro de 1996, João Paulo II dizia: "Novos conhecimentos nos levam a não considerar mais a teoria da evolução como uma mera hipótese. É digno notar o fato de que esta teoria progressivamente ganhou a atenção dos investigadores, como consequência de uma série de descobrimentos feitos em diversas disciplinas do saber. A convergência, não buscada nem provocada, de resultados de trabalhos conduzidos independentemente uns dos outros, constitui por si um argumento significativo a favor desta teoria".

não é um mero instinto determinado rigidamente pela biologia e pela finalidade reprodutiva. O eros humano tem a possibilidade de buscar e encontrar seu objeto e seu fim mais além do encontro dos corpos. É toda uma aventura difícil, mas possível.[9] A sexualidade, tendo bases muito biológicas, transcende esses níveis e se converte em energia relacional que se abre à relação e à reciprocidade da linguagem do amor, na escola de alteridade que acolhe o tu respeitando-o tal como é e em fecundidade relacional tanto das pessoas que unem, como da prole, fruto dessa relação.[10]

É essencial, para a vida sacerdotal e consagrada, compreender, analisar, aceitar e aprofundar o que significa a sexualidade do ângulo das ciências humanas e o que são o celibato e a castidade consagrada do ponto de vista religioso. É um campo que não pode ser tabu, nem onde se deve admitir uma "formação a meias".

Às vezes, se crê errônea e superficialmente que os sacerdotes e religiosos são "reprimidos" e "neuróticos", porque oferecem sua sexualidade por amor a Jesus Cristo e ao Reino de Deus. Nada mais equivocado. Uma sexualidade e afetividade maduras são possíveis dentro do celibato e da vida consagrada. É claro que não para todo mundo, mas para "os que são chamados" a essa classe de vida.

O que podem dizer a biologia, a psicologia e ciências afins a respeito? Dizem que, mesmo continuando a sexualidade reprodutiva e erótica como necessárias para a maioria dos seres humanos, pode-se apresentar uma sexualidade baseada só na dimensão da comunicação e da transcendência. W. Masters e V. Johnson[11] afirmam:

---

[9] Bento XVI definiu o amor de Deus não só como ágape, mas também como *eros*. Na encíclica *Deus caritas est* falou do *eros* de Deus (9 e 10) e na mensagem para a quaresma de 2007 disse: "Estes textos bíblicos indicam que o *eros* faz parte do próprio coração de Deus, pois o Onipotente espera o 'sim' de suas criaturas como um jovem esposo o de sua esposa": cf. "Volgeranno lo sguardo a Colui che hanno trafitto" (Jo 19,37), Messaggio di Benedetto XVI per la Quaresima 2006. Em: *L'Osservatore Romano*. Cidade do Vaticano, 14 de fevereiro de 2007, p. 5.

[10] CENCINI, Amedeo. *Op. cit;* p. 64-65.

[11] MASTERS, William e JOHNSON, Virginia. *La respuesta sexual humana*. Intermédica, Buenos Aires, 1978, p. 34.

• 85 •

A resposta sexual humana pode ser retardada em forma indefinida ou negada funcionalmente durante toda a vida. Nenhum outro processo fisiológico pode reclamar tal maleabilidade de expressão física (...). Embora seja uma função fisiológica natural, a resposta sexual pode ser sublimada, delimitada, deslocada ou distorcida pela inibição de seus componentes naturais ou alteração do meio no qual operam. Por exemplo, se a função sexual é considerada um processo natural, mas, deliberadamente, sublimada por razões suficientemente valorizadas, pode existir um alto grau de tolerância às tensões sexuais com indulgência e sem distorção (...). Esta primeira categoria exemplifica, em essência, um compromisso religioso de sucesso, mas também se encontra em relações conjugais que se baseiam na ortodoxia religiosa.

Como vemos, os autores admitem a possibilidade de uma castidade religiosa ou matrimonial, sem distorção e com êxito. Trata-se de uma situação interna em que a entrega plena a uma tarefa ou a uma pessoa, que se considera urgente e imediata, traz consigo a necessidade existencial de permanecer célibe. A virgindade se converte assim numa atitude criadora para o fomento e a realização de um valor determinado, que exige a supressão de outro tão bom e apetecível como o amor conjugal.[12]

A virgindade consagrada, a castidade e o celibato são valores humanos, não impossibilidades ou absurdos. Num colóquio do Centro Católico de Médicos Franceses se afirmou:

O celibato religioso deve inserir-se num celibato humanamente válido. Se o celibato não tem sentido algum que seja humanamente válido, não pode ser vivido religiosamente. Por isso, as motivações unicamente religiosas não bastam para fundamentar o celibato consagrado. Trata-se de reassumir na fé uma situação que já tem antes uma densidade humana. É inútil fazer uma teologia do celibato se antes não se aprofundou em sua significação humana.[13]

---

[12] AZPITARTE, Eduardo Lopez. *Simbolismo de la sexualidad humana. Critérios para una ética sexual.* Sal Terrae, Santander, 2001, p. 250.
[13] (M. Rondet – Y. Ragun 1980, 45).

Só numa aceitação clara e positiva da própria sexualidade e na formação contínua de uma consciência que busque a verdade, serão possíveis um celibato ou uma castidade consagrada recebidos como dom de Deus a serviço do Reino.[14]

J.I. Bustos,[15] baseado no enfoque tetradimensional da consciência de S. Rehrauer,[16] apresenta um caminho de formação tetradimensional ao celibato casto:

• *dimensão transcendente*: aceitação do dom de Deus e uso dos meios adequados para conservá-lo;

• *dimensão imanente*: com o uso da racionalidade nos conhecimentos da biologia, psicologia e ciências humanas, para chegar a uma autêntica "maturidade afetiva";

• *dimensão prática individual*: o formando na liberdade "de" e "para" e na internalização das leis e valores, para chegar a um celibato livremente aceito;

• *dimensão social*: tanto *ad intra* (desde sua família de origem), como *ad extra* (na vida relacional com os outros), de maneira que se converta o celibato em sinal escatológico e profético.

Contudo a formação da consciência não deixa de lado outro aspecto humano muito importante para a vivência do celibato e da castidade consagrada: saber pôr limites ("bons limites produzem bons vizinhos", diz o provérbio popular). Os anglo-saxões falam de *boundaries*. (limites) para as diversas profissões.[17] Isto significa que devo aprender a controlar

---

[14] Numa recente tese de doutorado, J.I. Bustos, falando da sexualidade e castidade, apresenta o caminho da formação da consciência segundo um modelo holístico: na verdade transcendente, imanente, prática e em comunhão. Esta proposta da *formação tetradimensional ao celibato casto* se oferece como uma autêntica integração da pessoa humana a partir de seu "núcleo secreto" (a consciência), não como algo paralelo às dimensões espiritual, intelectual e social.

[15] Cf. Bustos, Javier I. *La formación sexual de los seminaristas desde la perspectiva de la formación tetradimensional de la conciencia en los Estados Unidos de America*. Op. cit. p. 280-577.

[16] Cf. REHRAUER, Stephen. *Responsability and the human person: its nature and attribution in moral theology and the contribution of psychological theories of attribution*. Dissertação de Teologia, Instituto Superior de Ciencias Morales, Madri, 1996.

[17] MACKE, Paul. "Boundaries in Ministerial Relationships". In: *Human Development* 14, 1993, p. 23-25; EPSTEIN R. Sam. *Keeping boundaries. Maintaining Safety and Integrity in the Pschoterapeutic*, Washington DC, 1994.

os "estímulos discriminativos", que não produzem minha conduta, mas sob cujo influxo esta se acha: lugares, situações, amizades, leituras, meios de comunicação etc. Os antigos falavam de "fugir das ocasiões de pecado". Hoje em dia esta expressão é por demais negativa, mas encerra em si uma grande verdade: somos débeis, somos de carne, podemos cair, e a melhor atitude é a da humildade, da prudência e do respeito.

Não obstante todo o positivo que apresentei, quero oferecer preventivamente alguns tipos de celibato e de castidade consagrada que são caricatura do que o Senhor quer de suas testemunhas.

Quando um conteúdo sexual não é aceito pelo Eu, facilmente passa ao inconsciente e aí permanece manifestando-se sob a roupagem de sintomas. A esse processo se chama repressão e se apresenta às vezes no campo da castidade consagrada e do celibato por estar implicado em todo nosso mundo afetivo e sexual. A repressão é, talvez, o maior perigo camuflado que pode experimentar o sacerdote ou o casto consagrado.[18] Assim:

• Podemos falar de sublimação quando na realidade o que fazemos é uma fuga da sexualidade que logo explicamos através da racionalização com belas palavras e com argumentos que não logram convencer a ninguém e que antes desmascaram nosso temor e esterilidade afetivos;

• Manifestamos seriedade externa e pureza minuciosa nas coisas de sexualidade e, no fundo, por um mecanismo de formação reativa, o que realmente anelamos é precisamente o que criticamos;

• Exageramos na comida ou, ao contrário, na manutenção de nossa figura corporal, tudo isso chamado "satisfações substitutivas", utilizando um mecanismo de compensação;

---

[18] Diz López Azpitarte (*Simbolismo de la sexualidad humana. Criterios para una ética sexual.* Sal Terrae, Santander, 2001, p. 252): "A libido insatisfeita pode encontrar outras saídas, alheias inclusive ao âmbito sexual. Não se anda mendigando o amor para encher os vazios afetivos, mas se tenta supri-lo com outras múltiplas indenizações que aliviem sua ausência. O apego a pequenas riquezas; a ânsia de posse e a avareza; o desejo de dominar e influir nos outros; a necessidade de sentir-se admirado, consultado e influente; o chamar atenção de alguma maneira etc. são dinamismos presentes e necessários em qualquer psicologia, mas que podem acentuar-se com excesso na pessoa que não se sente satisfeita, adquirindo um significado distinto. O trabalho profissional e até o ministério apostólico se vivem então como uma forma de apagar com o êxito o dissabor e inquietude interior".

• Convertemo-nos em rígidos, supercríticos, exigentes e perfeccionistas com os outros (intransigentes com o pecador, o homossexual, o adúltero...) projetando ansiosamente pensamentos e sentimentos de não aceitação de nosso ser sexual;

• Buscamos na vida consagrada ou no sacerdócio, romanticamente concebidos, um modo de compensar a falta da mãe ou do pai, iludindo assim o compromisso real com o outro, mulher ou homem.

Poderíamos seguir com uma lista de "célibes e virgens consagrados por equivocação", não é o caso de aprofundar, mas sim convém recordar, especialmente aos formandos, que o conflito, o trauma, a dificuldade e, por conseguinte, a luta, o tomar consciência, o responsabilizar-se fazem parte de nossa vida corrente e nos comprometem num processo contínuo de purificação, conversão e cura, tanto em nível humano como espiritual: "Quem estiver sem pecado atire a primeira pedra" (cf. Jo 8, 7)[19] .

O papel da mãe

A "figura materna" (mãe real ou substituta), como a apresentarei no capítulo 7, tem uma importância fundamental na vida do ser humano e, de maneira particular, na formação de sua identidade e afetividade. Por isso, num formando a primeira coisa que se deve estudar é como foi a relação com a "figura materna" nos primeiros anos de vida.

Para a psicanálise a relação com a mãe (pai) é fundamental. O núcleo do chamado *complexo de Édipo* é precisamente o desejo inconsciente pela mãe e o rechaço do pai como rival.[20] O que só se resolve se é desenvolvido o Superego, isto é, se o menino interioriza as regras e normas do pai e da sociedade e pospõe seus desejos inconscientes libidinosos.

A maioria dos entendidos em psicanálise falam hoje mais de "situação edípica" do que de "complexo de Édipo". A primeira se explicaria evolucionista e culturalmente, pelo papel de cuidado da mãe ao lado de seu filho

---

[19] No capítulo 7 falaremos da afetividade, dimensão humana muito unida à sexualidade.
[20] FREUD, Sigmund. *Obras Completas*. Biblioteca Nueva, Madrid, 1973, p. 2.701-2.728.

(portador de seu genoma) e não necessariamente por um "complexo" de tipo sexual inconsciente que tenha de superar para amadurecer.[21]

Outros cientistas como R. Spitz (1974) e J. Bowlby (1999) chegaram, por meio de investigações controladas, a conclusões parecidas às que produziu a intuição freudiana: angústia pela *separação* da mãe, consequências negativas sobre a *privação* materna ou efeitos negativos sobre o descuido materno em sorrir, acariciar, cuidar, abraçar, proteger etc. A díade mãe/ filho é reconhecida por todos como a relação humana mais significativa porque é originária e porque dela o indivíduo se deve positivamente independentizar para seu desenvolvimento ou ficar negativamente detido numa relação simbiótica responsável por numerosas manifestações neuróticas e psicóticas.

Do ponto de vista religioso, é a mãe a figura que geralmente mais influi na vocação sacerdotal ou religiosa de seu filho.[22] Por isso, o formador deve investigar e discernir, junto com o formando, qual tipo de apego ou amor se desenvolveu entre ele e sua "figura materna".

Nesse ponto é preciso recordar que existem diferenças entre a afetividade do homem e a da mulher. Isso também se manifesta nas diferenças que se revelam entre sacerdotes/ religiosos e religiosas.[23] Contudo sempre ficam como fundamento afetivo para eles e elas as experiências que tiveram nos primeiros anos de vida.

A transferência e a contratransferência

Transferência e contratransferência (*transfert y contratransfert*) se converteram, nos últimos escritos de S. Freud[24] na metodologia mais utilizada para "fazer consciente o inconsciente".

---

[21] Contudo, há psicólogos que estudam, com um grande sentido do equilíbrio, o papel ambivalente da Igreja e o complexo de Édipo na instituição religiosa; por exemplo W.C. Castilho Pereira.

[22] Recordemos a importância da mãe na vida de alguns santos ou personagens religiosas. Jesus Cristo, Santo Agostinho, Santo Afonso, São João Bosco, o Cardeal Mindszenty.

[23] Cf. GIORDANI, Bruno. "Formazione dell´affetività nella donna consacrata". Em: *Vita Consacrata* 33/4, 1997, p. 426-439.

[24] FREUD, Sigmund, Op. cit. p. 2.391-2.412.

Chama-se transferência o conjunto de impulsos e sentimentos do paciente (em nosso caso do educando ou formando) referidos ao terapeuta (em nosso caso o formador) e que são derivados ou "transferidos" de outras relações do passado, geralmente, mãe, pai ou irmãos. Por exemplo, o filho de um pai dominador e violento ataca o formador acusando-o de que não lhe deixa liberdade de opção e em todo momento o coage; ou a noviça, compreendida por seu confessor ou diretor espiritual, transfere a este o amor que não pôde oferecer a seu pai. O trabalho do formador é controlar e interpretar essa transferência.

Contudo, igualmente, existe a contratransferência, isto é, surgem no terapeuta (educador ou formador em nosso caso) sentimentos e impulsos para com o paciente (em nosso caso educando ou formando), alheios a seu trabalho de psicólogo ou formador, e com raiz em experiências anteriores de sua infância. O trabalho psicoanalítico (o trabalho educativo e formativo) se realiza nesse jogo mútuo de transferência e contratransferência. O bom formador não se escandaliza nem se assusta: controla a possível transferência positiva ou negativa do formando, a interpreta e ao mesmo tempo toma as rédeas de sua própria contratransferência.[25] Afinal, o formando será o beneficiado, pois se dará conta do núcleo de seu problema, graças a que no "aqui e agora" pôde conhecê-los, aceitar e controlar transferidos a seu formador.

Esse mecanismo de transferência e contratransferência deve ser bem explicado ao formando, pois é causa de muitas atitudes de encantamentos ou de repulsa falsos na vida ordinária e particularmente no apostolado; devido a seu desconhecimento tomam-se determinações das quais a pessoa se lamenta em seu futuro imediato.

Quanto à contratransferência que faz o terapeuta, em nosso caso o formador, se é assumida na dinâmica de compreender, acolher e interpretar todos os elementos que vêm do formando, pode converter-se numa verdadeira terapia que o ajude em seu caminho para Deus. O importante

---

[25] Tanto a transferência como a contratransferência podem ser "positivas" (se se transferem sentimentos de amor e de apego) ou "negativas" (sentimentos de repulsa e ira).

é que nessa relação formando/ formador se respeite o mistério de toda pessoa e se caminhe para o mistério da vida que encontra em Deus seu último fundamento e explicação.[26]

A vida em comunidade

A vida em comunidade é uma necessidade básica para os religiosos e cada dia mais importante para os sacerdotes seculares. Vou basear-me nas ideias de Y. St-Arnaud,[27] estudioso da psicologia da percepção humana, acrescentando algumas contribuições pessoais.

No ser humano há quatro necessidades básicas que é preciso satisfazer a todo custo e que se impõem cada vez mais neste mundo globalizado:
- a necessidade de amar e ser amado;
- a necessidade de trabalhar, criar ou produzir;
- a necessidade de compreender, de dar sentido ou significado à vida.
- a necessidade de celebrar;

Todas essas necessidades têm um caráter de infinidade: nunca serão completamente satisfeitas;

A vida consagrada e o sacerdócio devem atualizar-se e dar resposta a essas necessidades básicas das pessoas que desejam ser sacerdotes ou religiosos, do contrário, a pessoa irá buscar resposta fora dos parâmetros da vocação ou ficará encerrada num círculo vicioso que a conduzirá à neurose.[28] Portanto, à necessidade de amar e ser amado, à formação, à vida consagrada ou ao sacerdócio deve responder com uma verdadeira comunidade de vida que se inicia já na vida da casa de formação e se viverá

---

[26] Cf. Bresciani, Carlo. "Controtransfert come cammino verso Dio: processo terapeutico e integrazione della dimensione spirituale". In: Manenti, A; Guarinelli, S; e Zollner, H. (ed.). *Persona e Formazione. Riflessioni per la pratica educativa e psicoterapeutica*. EDB, Bologna, 2007, p. 315-340.

[27] Cf. St-Arnaud, Yves. *Ensayo sobre los fundamentos psicológicos de la comunidad*. Atenas, Madrid, 1973, p. 27-41.

[28] Faz alguns anos B. Giordani anotava as seguintes exigências psicológicas e espirituais no processo formativo: nutrir uma justa estima de si, sentir-se seguros, ser eficientes, conhecer as próprias emoções, viver relações de amizade e ser um dom para os outros (Cf. Giordani, Bruno. "L´apporto della psicologia nella formazione vocazionale". In: *Vita Consacrata* 34/3, 1998, p. 312-326).

em plenitude na vida comunitária religiosa ou no presbitério e na comunidade de fiéis aos quais se serve.[29] O desejo, mais ou menos implícito, de uma "comunicação total" entre as pessoas não deixa de ser uma falsa ideia por excesso. Esconde, antes, um desejo de dominar o outro, de possuí-lo, de manipulá-lo. Existe em cada ser humano um espaço sagrado de solidão, intimidade e silêncio que exige ser respeitado, reconhecido e aceito tal qual é.[30] Mais além dele se realiza a verdadeira comunicação humana, a autêntica comunidade de vida que se desenvolve nas seguintes dimensões:

- na tolerância;[31]
- no desafio de aceitar o outro como distinto e complementar;
- no espírito de família;
- num modelo de governo participativo;
- na simplicidade de vida;

À necessidade de criar e produzir, o processo formativo deve responder com o trabalho apostólico segundo os diversos carismas a serviço do povo de Deus. Essa dimensão se desenvolve:

- na convicção de que todos têm qualidades e habilidades;
- na elaboração e atração por um mesmo "projeto apostólico";
- na construção pessoal e comunitária do Reino de Deus;
- na opção pelos pobres e mais humildes.

---

[29] Alguns falam já de "comunidades virtuais". Muitos homens, profissionais e peritos, cada noite entram em rede com um sobrenome fictício e ajudam com seus conhecimentos a outros. Sabem que não receberão nenhum dinheiro ou retribuição de fama, mas respondem, mesmo que seja inconscientemente, a uma grande necessidade interior (*necessidade de pertença*). Descobrem que sua vida tem um sentido próprio, porque a oferecem de uma maneira anônima a serviço da humanidade da qual se sentem parte pensante, coisa não logram sentir nas empresas ou companhias nas quais trabalham, pois nelas experimentam a inveja, o medo, o atropelo ou o autoritarismo (Cf. Pravettoni, Gabriella. "Comunità virtuali: perché?", In: *Mente & Cervello* 7, 2004, p. 91).

[30] Isingrini, Virginia. *La palabra que nace del silencio. Comunicación y vida fraternal: aspectos psicoespirituales.* Editorial Verbo Divino, Estela (Navarra), 2004, p. 78-81.

[31] Afirma J.B. Libânio *(El arte de formarse.* Sigueme, Salamanca, 2003, p. 62, 64): A tolerância tem dois níveis: o das ideias e o da prática. A moderna sociedade democrática defende o direito à liberdade de pensamento e de expressão. A tolerância encontra seu limite na intolerância e na irracionalidade das ideias defendidas. O paradoxo da tolerância é que não pode ser tolerante com as ideias e práticas intolerantes que põem em perigo a convivência humana. (...) Olhando para os jovens, deveriam ser educados para que em suas reuniões de grupo todos pudessem expressar-se livremente, sem sentir-se constrangidos ou violentados. E os sinais de violência podem ser sutis ou ostensivos. Aprender a conviver exige uma delicadeza que respeite o diferente em todas as relações.

À necessidade de dar sentido e significado à vida, o processo formativo deve responder com ávida espiritual. Essa dimensão se desenvolve:

• no seguimento de Jesus Cristo (*sequela Christi*);

• na escolha e participação ativa de um tipo particular de espiritualidade;

• na oração pessoal e comunitária;

• num sentido profundo de espiritualidade missionária.

À necessidade de celebrar, o processo formativo responde com as celebrações, tanto religiosas como humanas. Essa dimensão se desenvolve:

• na celebração da Eucaristia;

• na celebração das festas comunitárias (em nível da Igreja, da nação, da congregação ou da comunidade local);

• em dar realce a certos eventos pessoais (aniversários, títulos de estudo, êxitos ou triunfos do indivíduo...);

• no desenvolvimento de um sentido de gratuidade e de mistério, pois tudo nos vem gratuitamente de Deus, e, como dom, devemos participá-lo gratuitamente com os outros. Dado que Deus é o Transcendente, sempre estará além de nossos conceitos, medidas e linguagem: só no amor nos aproximamos dele.

Dessa maneira, a comunidade sacerdotal e a comunidade religiosa se convertem psicologicamente em organizações com sentido específico que orientam a interação dos indivíduos com o propósito de alcançar objetivos concretos,[32] isto é, em sistemas em que o movimento de uma parte (subsistema) influi no sistema inteiro.

Finalmente, todas essas dimensões da comunidade devem atualizar-se mediante uma "aposta em comum sistemática" e um "projeto de vida comunitária" (Pvc). A aposta em comum sistemática significa que todos os formandos devem intervir organizadamente, isto é, não deixando ao acaso a organização e a realização da vida comunitária, mas promovendo o discernimento, redigindo objetivos e estratégias, fixando datas, pondo

---

[32] Cf. Creak; Giuseppe. "Dinamiche psicologiche nell´organizzazione comunitaria". In: Poli, F; Crea, G; e Comodo, V. (ed.) *La sfida dell´organizzazione nelle comunità religiose*. Editrice Rogate, Roma, 2003, p. 72.

limites etc. A isto se chama projeto de vida comunitária (PVC), que em palavras de J.M.Ilarduia[33] se define como:

> Uma mediação de discernimento para despertar e pôr em movimento os dinamismos de fidelidade e de crescimento que os membros de uma comunidade trazem dentro de si em nível humano, espiritual, profissional e missionário.

Esse projeto comunitário deve ser precedido de um projeto de vida pessoal (PVP), no qual cada formando concretiza, de maneira personalizada, as três perguntas básicas: quem sou?, quais são meus objetivos?, que coisa me é possível? Se não se realizam estes processos comunitário e pessoal, tudo ficará em boas intenções e nada se cumprirá.

---

[33] ILARDUIA, Juan Mari. *El proyecto comunitário. Camino de encuentro y comunión.* Editorial Vitória/Gasteiz, 1997, p. 50.

ANEXO 4

Desenvolvimento psicossexual aplicado ao sacerdócio e à vida consagrada

Introdução

O desenvolvimento psicossexual percorre um processo de maturação que deve ser vivido e experimentado na primeira pessoa para que o ser humano se sinta realizado plenamente. É um processo que faz parte de um outro mais global, chamado "projeto humano", de cada pessoa individual e que se inicia a partir de um núcleo de patrimônio genético que encerra em si toda a herança e riqueza de que disporá o novo ser em seu intercâmbio com os outros e com o ambiente natural. Nasce como promessa, como concentrado de energia que se irá desenvolvendo pouco a pouco segundo uma ordem que lhe é própria, segundo uma sequência lógica (princípio epigenêtico): cada energia, cada possibilidade aparecerá no lugar e tempo devidos e constituirá a tarefa fundamental do desenvolvimento nas diversas etapas da vida.[34]

Sem querer negar a importância de uma visão "holística" do ser humano, creio que nesse "projeto humano" o desenvolvimento psicossexual chega a ser a parte mais delicada e definitiva, pois nela nasce e se desenvolve a afetividade e se realiza a integração da pessoa. O objetivo final de todo o processo é que o ser humano se sinta integrado em si mesmo, com os outros, com a natureza e, se é crente, com Deus.

Referindo-me às pessoas que escolhem o sacerdócio e a vida consagrada, creio que uma grande porcentagem dos problemas, crises e dificuldades que sofrem, devem-se ao crescimento psicossexual falido ou defeituoso. As causas podem ser muitas: "vínculos de apego inseguro", criados nos primeiros anos de vida em relação com a "figura materna";

---

[34] Prada, José Rafael. *Terapia a su alcance.* San Pablo, Bogotá, p. 91.

fobias sexuais na família, reforçadas, às vezes, por ensinamentos religiosos; medo da gravidez, das doenças venéreas, da aids; ideias distorcidas do que significa o pecado; ignorância e manutenção de mitos e tabus; experiências afetivas e sexuais negativas nos anos da infância e adolescência; e outras mais. Por isso me atrevo a apresentar essas pautas de desenvolvimento psicossexual aplicadas ao sacerdócio e à vida consagrada, baseadas em minhas próprias investigações[35] e nas de outros psicólogos: J. L Meza e L. Sperry.[36] Com isto não quero dizer que as dificuldades e crises se apresentem somente nos candidatos à vida religiosa e sacerdotal. De nenhuma maneira. São problemas, riscos, possibilidades e dificuldades que desafiam toda pessoa. Aqui me refiro somente ao pessoal religioso e sacerdotal, porque é o que me interessa de maneira especial na presente obra e porque desejo que as autoridades eclesiásticas e religiosas e, em particular, os formadores sejam conscientes de que sua ajuda à formação de atitudes psicossexuais positivas será decisiva para prevenir futuras crises e garantir em seus formandos pessoas integradas e realizadas.

Natureza do desenvolvimento psicossexual

Inclui pelo menos o crescimento, maturação e integração de quatro dimensões: cognitiva, emocional, social e moral.

• *Dimensão cognitiva*: faz referência à percepção e compreensão (ideias e crenças) que a pessoa tem de seu corpo, de seu gênero e dos comportamentos sexuais próprios e do sexo oposto.

• *Dimensão emocional*: faz referência a um sentimento profundo de sentir-se cômodo, confiado, competente e capaz com a sexualidade própria e com a dos outros.

---

[35] Cf. PRADA, José Rafael. *Sexualidad y amor*. San Pablo, 1997, p. 170-173; *Madurez afetiva, conecpto de Si y adhesión al ministerio sacerdotal*. Op. cit., p. 107-163.

[36] Cf. MEZA, José Luís. *La afectividad y la sexualidade em la vida religiosa*. Indo American Press, Bogotá 2001, p. 73-94; cf. também Sperry, Len. *Sexo, Sacerdocio e Iglesia*. Sal Terrae, Santander, 2004, p.54-65.

• *Dimensão social*: manifesta a capacidade da pessoa de relacionar-se com o próprio sexo e com o sexo oposto de uma maneira espontânea, aberta, satisfatória e respeitosa.

• *Dimensão moral (ética)*: refere-se à atitude de valorização, admiração e respeito de sua própria sexualidade e da dos outros. A sexualidade adquire um poder extraordinário de simbolização: "Não existe dualidade entre a alma e o corpo, já que ao adjetivá-los como humanos estamos dizendo que se trata de uma alma encarnada ou de um corpo animado, que é exatamente o mesmo."[37]

Fatores de predisposição do desenvolvimento psicossexual

Os fatores de predisposição, segundo L. Sperry,[38] são aquelas influências orientadoras que podem afetar significativamente a trajetória de uma ou mais linhas de desenvolvimento. Os fatores podem influir positiva ou negativamente, retardada ou imediatamente e predispõem, mas não determinam. L. Sperry descreve 7 fatores:

• *gravidez e experiência de nascimento*. As atitudes dos pais diante da gravidez podem influir na saúde geral da criança e em seus sentidos de confiança e autoeficácia. Uma criança que internaliza que não foi desejada por seus pais, pode desenvolver sentimentos negativos contra si mesma, contra seus pais ou desenvolver conduta má;

• *temperamento e personalidade*. Designam variáveis inatas de um indivíduo. Fala-se de "crianças fáceis" (previsíveis e de bom humor), "de adaptação lenta" (inconstantes e que requerem bastante atenção) e "difíceis" (normalmente imprevisíveis e de temperamento irascível). O temperamento de uma criança normalmente se reflete em seu estilo de personalidade como adulto;

• *constituição hormonal*. Os indivíduos com níveis altos de testosterona podem ter fantasias e pensamentos sexuais espontâneos, se excitam facilmente e desejam sexo com frequência. A oxitocina influi nos níveis de apego de crianças e adultos;

---

[37] Azpitarte, Eduardo Lopez. *Op. cit.* p. 41.
[38] Cf. Sperry, Len. *Sexo, sacerdocio e Iglesia.* Sal Terrae, Santander, 2004, p. 50-54.

• *estilos de "apego"*. O apego designa o vínculo emocional que se desenvolve entre a criança e o progenitor ou a pessoa que dela cuida, e que, depois, influi na capacidade da criança para formar relações íntimas maduras na idade adulta. Há um apego que se caracteriza pelo medo da proximidade, da intimidade e do compromisso. Outro resistente, que se manifesta em ambivalência, ansiedade e obsessões. Um terceiro desorientado/ desorganizado, típico de "figuras maternas" com patologias psicológicas ou história de dependência de drogas. Por fim, um apego seguro, que manifesta que a mãe ou a pessoa que cuidou da criança respondeu pronta e adequadamente às necessidades da criança e daí se originou uma atitude de segurança e abertura à vida;[39]

• *Nível de competência e estilo familiar*. Por "competência" se entende o nível de funcionamento de uma família, e por "estilo" a maneira como se relacionam os membros dentro de uma unidade familiar. É claro que uma família disfuncional faz mal à criança e um estilo autoritário cria indivíduos autoritários. As famílias mais sadias, geralmente, têm um alto nível de competência ou funcionalidade e um estilo democrático, de muito carinho e controle adequado;

• *Atitudes familiares diante da sexualidade e da intimidade*. Geralmente, as crianças repetem o que vêm e ouvem de seus pais quanto à intimidade e à sexualidade. Este é o conhecido "aprendizado por observação de modelos" no qual basta ver e ouvir para que se repita o comportamento observado, mesmo sem necessidade de reforço;

• *História de abandono ou abuso prematuro*. Uma história de abuso verbal, emocional, físico, espiritual ou sexual na infância ou na adolescência pode influir significativamente no desenvolvimento biopsico-social e espiritual de uma pessoa. Há estudos que afirmam que tais abusos influem negativamente no desenvolvimento do cérebro e que aumentam a probabilidade de que por sua vez os "abusados" se convertam com o tempo em "abusadores".[40]

---

[39] Cf. PRADA, José Rafael. *Madurez afectiva, concepto de Sí y adhesión al ministerio sacerdotal.* Op. cit., p. 51-105.
[40] Cf. SPERRY, Len. *Op. cit.*, p. 54.

Ter três ou mais destes fatores de predisposição negativos aumentam a probabilidade de que se apresentem transtornos psicológicos e podem sugerir que se faça um esforço considerável de seguimento personalizado do indivíduo ou que se convide para uma psicoterapia.

Etapas do desenvolvimento psicossexual

As atitudes positivas diante da sexualidade e a aceitação do novo ser começam já desde o seio materno. Durante os nove meses de gravidez a atitude positiva ou negativa da mãe ante o novo ser que está por nascer é importantíssima para seu desenvolvimento psicossexual. Alguns colocam nesse tempo pré-natal as causas de uma possível homossexualidade ou da depressão endógena ou de uma atitude negativa diante da vida.

A partir do nascimento se apresentam algumas etapas e fases que a seguir explico. Cada etapa do desenvolvimento humano proporciona aos indivíduos uma oportunidade para crescer ou diferenciar o funcionamento num grau mais alto que na etapa anterior. Em cada etapa há áreas evolutivas específicas que desafiam o indivíduo a avançar seguindo uma linha de desenvolvimento. Cada etapa pode também originar uma disfunção sexual adulta, isto é, uma influência negativa originada em tarefas não cumpridas durante a infância ou adolescência e que logo se manifesta tardiamente na vida adulta.

Pode suceder que, pelo desenvolvimento acelerado da sociedade atual em todos os níveis, alguma etapa se encurte ou se alargue, conectando-se com a anterior ou com a seguinte. Isto faz que as pautas que darei em seguida sejam meros indicadores de desenvolvimento, não axiomas ou pontos de referência imóveis.

Etapa I: sexualidade infantil

Vai desde o nascimento até os 11 ou 12 anos. É a etapa mais importante da vida para o desenvolvimento psicossexual. As investigações confirmam que a capacidade de resposta sexual está presente desde o nascimento. Progride fluidamente ou de maneira atrofiada e retardada ou se produzem fixações.

• 100 •

Fase 1: inconsciência sexual

Desenvolve-se nos dois primeiros anos de vida. Existe a sexualidade nas crianças, mas elas não são conscientes cognitiva e emocionalmente da sexualidade própria e da dos outros. Podem experimentar prazer e, de fato, o experimentam muitas vezes, mas não têm pensamentos nem sentimentos que se relacionem diretamente com a sexualidade.

Nessa fase é importantíssima a "figura materna", pois se responde adequadamente às necessidades da criança, dá a possibilidade de que esta desenvolva um "apego seguro" que a acompanhará o resto de sua vida, assegurando uma boa autoestima e uma atitude aberta e positiva diante dos outros.

Pode existir a masturbação desde o primeiro ano de vida. Os pais que reagem negativamente diante dela podem causar fixação e atitude negativa diante da sexualidade por parte da criança.

A tarefa a cumprir nessa fase é, sobretudo, passiva: deixar-se amar pelos pais ou pela "figura materna". Durante os dois ou três primeiros anos de vida não existem excessos em mostrar carinho, cuidado e amor pela criança. Uma criança assim não se converte em "mimado", mas adquire a "segurança" necessária para enfrentar o mundo com confiança em si e nos outros que a rodeiam.

Os adultos fixos nessa etapa poderiam ser assexuais (afirmar que não manifestam interesse pelo sexo) ou gozar relativamente pouco da sexualidade ou ter graves problemas se contraíssem matrimônio. Essa é a "disfunção sexual adulta" esperada e resultante.[41] Os religiosos ou seminaristas fixos nessa etapa, usualmente são vistos como "muito prometedores", porque não manifestam problemas de castidade ou celibato, isto é, confunde-se assexualidade com maturidade psicossexual e se facilita que, em idades mais avançadas, apareçam sintomas neuróticos ou transtornos psicológicos que não se esperavam.

---

[41] *Ibid.* p. 57.

Fase 2: despertar sexual

Tem lugar entre os 3 e os 7 anos. Nessa época, os meninos e as meninas se dão conta de que seus corpos são diferentes dos corpos de seus pais ou de seus irmãos do sexo oposto. Tal descoberta pode fasciná-los: olham-se, se inspecionam, correm nus, perguntam, adquirem vocabulário sexual, brincam de "papai e mamãe" ou de "doutor e enfermeira".

Nessa época, as crianças são muito sensíveis às reações de seus pais. Se os pais mostram desgosto ou surpresa diante das manifestações sexuais das crianças, podem causar-lhes regressão à fase 1. Se são demasiadamente permissivos e laxos, podem originar em seus filhos uma atitude de irresponsabilidade diante da sexualidade, mas se suas reações são de calma e tranquilidade, facilitarão o desenvolvimento psicossexual dos filhos. Se a criança, em outras áreas que não são sexuais, não experimenta suficiente êxito ou prazer, pode facilmente acudir a uma fixação sexual nessa fase.[42]

Durante esse tempo a tarefa pessoal básica continua sendo receber carinho e segurança da parte dos pais e ambiente caseiro. A tarefa relacional básica é a formação de relações a longo prazo baseadas no exemplo dos pais e o início da prática das funções de gênero (condutas e atitudes que se espera que manifestem os varões ou as mulheres).

É importante recordar que nesta fase se acrescenta o processo de separação-individuação e parece que a criança *forma uma imagem de Deus,* ou uma representação interna divina de sua união com Deus, ao refletir sobre seu vínculo com seus pais. Um vínculo (apego) parental seguro e afetuoso tende a refletir-se numa imagem de Deus segura e afetuosa, ao passo que o vínculo inseguro com pais não afetuosos e que

---

[42] Na "teoria do apego" de John Bowlby não se fala de fixação nem de regressão. Para esse autor o desenvolvimento psicossexual pode tomar desde o início roteiros equivocados que desembocam em "apegos inseguros" (evitante e resistente) ou "desorientado/desorganizado". Esta é uma maneira menos psicanalítica e mais cognitiva de considerar o desenvolvimento psicossexual da pessoa. Um roteiro equivocado pode ser corrigido mais adiante na vida, se o indivíduo experimenta uma relação de "apego seguro" com uma pessoa que faça as vezes de "figura materna". Cf. Prada, R. *Madurez afectiva, concepto de Si y adhesión al ministerio sacerdotal. Op. cit.,* p. 98-105.

têm uma visão negativa da sexualidade, se reflete numa imagem de um Deus não afetuoso ou que inspira sentimentos de culpa.

Que dizer da possível "disfunção sexual adulta"? Os adultos fixos[43] nessa fase se manifestam inadequados ou manifestam uma sexualidade ameaçadora por não ser explorada ou preferem contatos com seu próprio sexo ou com crianças, e se o fazem com adultos do outro sexo, sua relação tende a não ser duradoura. Os religiosos ou seminaristas fixos nessa etapa manifestam medo de sua sexualidade e são candidatos para que no dia de amanhã desenvolvam comportamentos de pedofilia.

Recordo que nessa fase S. Freud coloca o "complexo de Édipo", cuja não superação é causa de inumeráveis transtornos psicológicos, e especialmente, segundo o mesmo autor, do desenvolvimento da homossexualidde.

Fase 3: sexualidade oculta

Desenvolve-se entre os 7 e os 11 ou 12 anos.

Devido ao fato de que os comportamentos sexuais comuns das crianças durante a fase anterior suscitam muita ansiedade nos adultos, as crianças aprendem que é melhor fazer as coisas "clandestinamente". Chegamos assim a uma etapa em que aparentemente não há muito interesse pelo sexo oposto ("etapa de latência" para os psicodinâmicos), mas, de fato, é tudo o contrário: as crianças buscam a maneira de que os adultos não se deem conta de sua atividade sexual para evitar suas caras feias, repreensões ou castigos. O problema é que, dessa maneira, as crianças se afastam de um desenvolvimento saudável e aprendem a "ocultar" sua sexualidade.

A tarefa pessoal básica consiste em que a criança desenvolva um crescente sentido de autocontrole que inclui autodisciplina e perseve-

---

[43] Por "fixação" se entende um mecanismo psicológico que freia o desenvolvimento ulterior de qualquer dimensão da pessoa, neste caso, a psicossexual, e implica a manifestação de todas suas potencialidades.

rança. Esse autocontrole se origina num começo nas normas e proibições que seus pais e a sociedade lhe impõem e que ela lentamente interioriza; a tarefa relacional básica tem que ver com uma boa integração na vida escolar e nos ambientes de amizades que a criança já começa a criar. É importante que os pais facilitem e animem o contato da criança com seus iguais e a participação em jogos e atividades próprias de sua idade.

Possível "disfunção sexual adulta": os adultos e os religiosos que ficam fixos nessa etapa são sexuais secretamente, têm medo de que alguém se inteire de suas relações. Desta maneira criam-se medos, temores, mitos e tabus que em vez de facilitar o gozo da vida se convertem em autorrecriminações, desvalorizações e atitudes de vergonha. Facilmente, nesta fase, vivida de modo negativo, se originam comportamentos futuros de pedofilia, pornografia infantil e masturbação compulsiva.

Etapa II: sexualidade adolescente

Essa etapa vai dos 12 aos 20 anos e é muito importante, pois é anterior à cristalização quase definitiva da personalidade. Pode suceder que os aprendizados positivos realizados na infância se reafirmem ou se modifiquem por negativos ou os aprendizados negativos se fortaleçam ou mudem por positivos. Praticamente a adolescência é a última oportunidade de uma mudança profunda da personalidade; isto se poderia dar no futuro, mas com muito mais dificuldade e gasto de energia.

É muito importante reconhecer o papel da biologia no "despertar da adolescência". Nessa época começam a trabalhar genes que estavam inativos e que agora afluem sobre a hipófise, a qual por sua vez influi sobre as gônadas, glândulas endócrinas que ativam uns genes e desativam outros e assim sucessivamente. Nas meninas há predomínio da *oxitocina*, que predispõe a formar laços afetivos, nos meninos, de *vasopresina*, que os impulsiona mais à violência. Quanto ao cérebro, este alcança sua maturidade (conexão do lóbulo frontal com os demais lóbulos) depois dos 25 anos, mas já desde a puberdade está influenciado pelos neurotransmissores *noradrenalina, serotonina* e, sobretudo, *dopamina*. Todo esse influxo explica, em parte, como aos jovens falta autocontrole, capacidade de pospor a gratificação, juízo moral acertado e sentido da responsabilidade para si mesmos e para os outros. Dessa maneira os jovens podem estar maduros sexualmente, mas não cognitivamente.

Contudo, ainda, volto a recordar, pelo desenvolvimento vertiginoso da sociedade em todos os seus níveis, essa etapa sofre também de uma aceleração na idade de início das experiências e relações sexuais. A diferença que há entre alcançar a maturidade sexual e a maturidade cognitiva pode se agravar por fatores já existentes em nível genético, social ou ambiental. Um exemplo: a chamada "educação sexual" se reduz muito amiúde a só "informação sexual", que não dá importância à formação da consciência, à tomada de decisões e à opção motivada por "valores", mas somente aos conhecimentos. Eis aí uma tarefa para a ética católica. Essa etapa tem três fases.

Fase 1: fantasia sexual

Vai dos 12 aos 15 anos. É a fase da fantasia sexual exuberante, em que o adolescente é o protagonista, integrando inteligência, emoção/ sentimento e genitalidade. É também época de forte romantismo. Os adolescentes que carecem de destrezas e competências básicas para relacionar-se com o sexo oposto, como por exemplo, falta de autoestima e de auto-confiança, ou que sejam desanimados por suas famílias, ficam facilmente fixos nesta etapa de fantasia.

A tarefa pessoal básica consiste em desenvolver um sentido estável de si mesmo ainda que no meio do conflito e das dificuldades sociais contraditórias e a tarefa relacional básica consiste em iniciar e manter um nível básico de intimidade emocional.

A possível "disfunção sexual adulta"? Os adultos, seminaristas e candidatos religiosos fixos nessa etapa exercitam sua sexualidade só em nível de fantasia e, ao comparar esta com a realidade, tendem a experimentar desilusões, ressentimentos e depressões.

Fase 2: preocupação sexual

Desenvolve-se entre os 15 e os 18 anos. É uma época que poderíamos chamar de saturação sexual, masturbação, pornografia, chistes, cine vermelho, baile, *rock*, internet, celulares, modas, bandos etc. O adolescente se torna louco pelo sexo oposto. Esta explosão sexual permitirá ao adolescente mais tarde tranquilizar-se, acalmar-se e preparar-se com maior responsabilidade para o trabalho ou para a universidade.

Como o adolescente desenvolve nesta época sua capacidade de pensamento lógico formal, manifesta uma espécie de "onipotência de pensamento" com a qual tudo discute e tudo pretende explicar. Essa é uma das explicações de suas crises religiosas e de seu afastamento da Igreja. Por isso, não é fácil entrar em razão com eles, e padres e formadores devem dar-se conta de que sua tarefa nesse momento é mais a de compreender e dialogar do que de impor pela força ou pela autoridade.

A tarefa pessoal básica consiste na aquisição da identidade como fidelidade a si mesmo e a seus projetos. A tarefa relacional básica é o conhecimento e identidade de si, confrontando-o no interior do grupo adolescente no qual se vive; daí a grande importância de que o jovem participe em grupos juvenis orientados adequadamente.

Como poderia originar-se uma possível "disfunção sexual adulta"? Os adolescentes que permanecem "fixos" nesta fase não amadureceram para um "compromisso emocional" com o outro, talvez impedidos em seu desenvolvimento por "pais possessivos e superprotetores" que, baseados na autoridade e não no diálogo, lhes impedem a comunicação com o outro sexo e seu avanço à responsabilidade de adultos. Os religiosos fixos nesta fase, usualmente, estão preocupados com o sexo tanto em sua vida privada como social. O sexo se converte em seu marco de referência que os impede de ver outros valores. Dessa maneira, aparece uma tensão crescente entre castidade ou celibato e sexualidade aumentada, que se manifesta em permissividade sexual, a qual por sua vez lhes origina sentimentos de culpa, confusão de funções e tensões na comunidade.

Fase 3: relações sexuais superficiais

Dos 18 aos 20 ou 21 anos. As "saídas" do grupo de adolescentes evolucionam para as "saídas em casal", com a consequente probabilidade de beijos, carícias e coitos. A relação sexual íntima é inicialmente egocêntrica e superficial, mesclada com outras necessidades e emoções (causar boa impressão, poder, fortalecer o Eu, ser superior...). Emoções e sentimentos mais humanos e maduros, como a intimidade, o afeto, a ternura, o respeito etc. começam a lutar com a sexualidade e daí nasce facilmente certo mal-estar e instabilidade.

Quais seriam as tarefas pessoais e relacionais básicas dessa fase? É importante que o adolescente comece a conhecer suas debilidades e fortalezas e se prepare para a emancipação de seu lar ou de seus pais, reconhecendo que também há fontes de alegria e de apoio fora deles. Igualmente, é necessária a intimidade emocional como capacidade de comunicar e compartilhar os sentimentos tanto negativos como positivos com outra pessoa, normalmente com um ou vários amigos íntimos.

Qual poderia ser a possível "disfunção sexual adulta"? Se o adolescente se fixa nessa fase, é porque se rende aos temores de progredir e avançar para inter-relações mais íntimas, intensas e responsáveis, que o preparam na idade adulta para um compromisso matrimonial. Podem originar-se nessa época comportamentos homossexuais, induzidos por adultos que "se enamoram" da juventude e graça dos jovenzinhos.

Os seminaristas e candidatos a religiosos que "se fixam" nessa fase se acostumam a ter relações sexuais com o sexo oposto de maneira superficial, ambivalente, egocêntrica e conflitiva. Podem converter-se em Don Juan ou Casanova com atitude ambivalente: por uma parte são "eternos narcisos" enamorados de si mesmos e do gozo sexual da conquista; por outra, tendem a depender de "figuras de autoridade" que os animem, através de confissões sacramentais repetitivas e direções espirituais sem convicção nem conversão, com seus votos religiosos levados mediocremente. Clérigos e religiosos com esses comportamentos terminam em dificuldades, graves escândalos sexuais, comparecendo ante tribunais eclesiásticos e civis para responder por filhos ilegítimos ou por abuso sexual de menores ou por comportamentos "efebofílicos" (relações com jovens pré-púberes) ou por escândalos homossexuais.

Etapa III: sexualidade adulta

Dos 21 anos em diante. As pessoas deixam de ser infantis e centradas em si mesmas para converter-se em altruístas, psicossexualmente mais confiadas, com um projeto de vida pessoal, com ideais e objetivos que as integram. Essa etapa compreende as seguintes fases:

Fase I: mutualidade psicossexual

Dos 21 aos 25 anos mais ou menos. Essa fase marca o passo de ver as relações heterossexuais como instrumento para conseguir gratificação e afirmação, a considerá-las como oportunidades para expressar e compartilhar cuidado, afeto e confiança. Aceitam-se os limites da outra pessoa e se adoram suas qualidades. Comparte-se e se compromete, respeitando-se a individualidade de cada um e vendo-a como uma riqueza que faz crescer e que se manifesta na prole.

A *tarefa pessoal básica* consiste em integrar a identidade pessoal já adquirida, com uma identidade profissional inicial que se desenvolve na escolha de um estudo universitário, um ofício ou uma arte que ofereçam certa independência. A tarefa relacional básica consiste em desenvolver a comunicação afetiva tanto nas relações de intimidade com seu par como nas relações com seus companheiros de estudo ou de trabalho. Possíveis "problemas sexuais resultantes"? A maioria das pessoas chega a essa primeira fase adulta e aí ficam, convertendo-se assim, para a maior parte da sociedade, na expressão máxima de maturidade psicossexual. Também os seminaristas e religiosos que amadurecem até chegar a essa fase e aí se freiam, manifestam certa maturidade, mas não chegam a sua plenitude: sua sexualidade e sua vida de relação com Deus permanecem em nível de certa superficialidade.

Fase II: integração psicossexual

Dos 25 aos 40 anos. Nessa fase as necessidades psicossexuais tomam seu lugar dentro de outros valores e necessidades igualmente importantes. A pessoa se compromete e, sentindo-se integrada afetivamente, toma consciência de que todos os seus atos são "sexuados", embora não necessariamente "sexuais".

A tarefa pessoal básica é integrar a identidade pessoal com uma identidade profissional já escolhida. A tarefa relacional básica é a formação e a estabilidade de um lar ou de uma vida célibe, livremente escolhida, no interior de uma comunidade.

O sacerdote ou religioso que chega a essa fase aceita sua sexualidade, a integra nos valores do Evangelho e a vive por "amor ao Reino dos Céus".

Os possíveis "problemas resultantes" que se manifestam nesta idade são toda a gama de condutas hipersexuais ou hipossexuais originadas nas fases anteriores.

Fase III: universalidade e sabedoria

Dos 40 anos até a morte. Pouco a pouco, o ser humano aceita as mudanças e limitações de seu corpo e de sua personalidade, mas, paradoxalmente, se sente mais pleno, afetuoso, íntegro, profundo e universal. O desejo infantil de "fusão" se converte definitivamente em "intimidade" e o de "individuação" em "transcendência" que o levam a comunicar-se com a criação inteira, com a humanidade e, em definitivo, com Deus. Essa é a fase de aquisição da verdadeira sabedoria.

É normal que essa fase inclua problemas com o desejo e o rendimento sexual, pois estes não desaparecem nem se extinguem ostensivamente. Se o adulto se deixa levar por experiências de isolamento social, solidão e depressão, amiúde, reflete um sentido da sexualidade não integrada em algumas das etapas anteriores, que o fazem perder as experiências profundas e íntimas de alcançar uma autêntica paz e sabedoria. Por sua parte, o sacerdote ou religioso integrados sexualmente sentem nessa fase sua vida plenamente realizada e frutífera a serviço do Evangelho.

Algumas considerações teóricas e práticas

* *Cada etapa e fase expostas devem ser experimentadas.* Não se trata só de compreendê-las teoricamente, mas que devem ser vividas sem saltar nenhum escalão. Daí a necessidade de um "acompanhamento pessoal" (direção espiritual), integrador e não repressor, do formando que ingressa no seminário ou na vida consagrada, de maneira especial, se o faz em sua adolescência.

* *O desenvolvimento psicossexual vai intimamente unido ao desenvolvimento psicossocial.* A sociedade, o ambiente, a família, a escola, a Igreja e todos as demais agências socializadoras devem ajudar no desenvolvimento psicossexual. Poderia acontecer que uma pessoa possuísse boas habilidades psicossociais, mas não obtivesse a "permissão psicológica" necessária para seu desenvolvimento psicossexual, devido a atitudes negativas da família ou da Igreja. Ou o contrário, ter atitudes saudáveis diante da sexualidade, mas carecer das competências e habilidades psicossociais adequadas, por pobreza de estimulação em seu meio ambiente. Daqui a responsabilidade da sociedade, e em especial da escola e da Igreja, no acompanhamento da pessoa, particularmente, do adolescente e do jovem, em seu amadurecimento psicossexual. Não podemos esquecer a plasticidade do cérebro, em que influem as experiências vividas deixando sua marca; mas essa plasticidade está dirigida pelo relógio biológico e este indica que na adolescência os roteiros que se escolhem muito dificilmente poderão ser mudados no futuro.

* *O desenvolvimento psicossexual raras vezes tem um curso suave e constante.* A autorregulamentação emocional é uma "ordem através de flutuações", não um "nirvana" onde tudo está sob controle.[44] Há freadas, progressos rápidos, intentos de repressão etc. Essas flutuações se dão dentro de limites toleráveis, não dramáticos. Nesse processo, o formando vai tomando consciência experiencial de sua sexualidade e de seus estados

---

[44] PRADA, José Rafael. *Madurez afectiva, concepto de Si y adhesión al ministerio sacerdotal. Op. cit.*, p. 177.

emotivos e os vai controlando adequadamente, isto é, realiza uma organização "hierárquica", não "em cadeia", segundo os valores que escolheu livremente.[45]

    * *Nas décadas passadas era fácil encontrar certo número de religiosos que permaneceram fixos na primeira etapa e nas fases do desenvolvimento psicossexual.* A causa principal foi a atitude negativa e atemorizante da família, da Igreja e da sociedade em geral, a respeito da sexualidade. Isto deu pé à existência de certo número de religiosos não sexuais ou assexuais para toda a vida e que foram considerados modelo para os outros. O mundo evoluiu, a Igreja mudou e tal fenômeno muito dificilmente se apresenta hoje.

    * Temos visto que o "permanecer fixo" nas fases prematuras do desenvolvimento psicossexual acarreta futuros problemas na idade adulta, mas também um "desenvolvimento psicossexual atrasado", que não vá de acordo, ou a par, de outras áreas da personalidade (afetividade, inteligência, sociabilidade, moralidade...) pode provocar graves problemas. É o caso de um adulto cujo desenvolvimento psicossexual não corresponde a sua idade cronológica; e, no caso do sacerdócio ou da vida religiosa, candidatos que fazem seus compromissos perpétuos ou sacerdotais em idades muito novas e em pleno desenvolvimento psicossexual imaturo. Estes, ao chegar sua plena idade adulta, descobrem que não eram de todo conscientes e maduros quando jovens para emitir votos perpétuos ou compromissos celibatários por toda a vida e sentem que seu compromisso realmente é pelo matrimônio ou pela vida leiga. Que fazer, então? O que seria mais lógico e moral? Permanecer na vida consagrada ou no sacerdócio negando ou reprimindo ou levando uma vida dupla ou abandonar o compromisso celibatário para continuar seu crescimento psicossexual?

---

[45] Na organização "em cadeia" cada anel é um sistema comportamental independente, na organização "hierárquica" as estruturas se subordinam e se corrigem segundo uma finalidade. Este último é um sistema flexível que permite variações dentro de certos limites. O comportamento "em cadeia" é próprio dos indivíduos imaturos, o comportamento em "planos hierárquicos" é o dos indivíduos maduros. A linguagem e a comunicação facilitam a organização "hierárquica", mas isso não significa que desapareçam organizações "em cadeia" para sistemas mais simples e estáveis. O passo da organização "em cadeia" para a organização "hierárquica" constitui um aspecto muito importante do desenvolvimento filo e ontogenético.

* *Os formadores de seminaristas e candidatos à vida religiosa se encontram amiúde num paradoxo*: conhecem e aceitam os princípios da psicologia, as etapas da inteligência de Piaget, o desenvolvimento psicossocial de Erikson e o desenvolvimento moral de Kohlbert e Gilligan, mas são resistentes à aceitação das etapas psicossexuais; podem também aceitá-las, mas não aceitam os princípios da aprendizagem "por ensaio e erro" (por meio de treinos e experiências), ou não utilizam a técnica de reforços e extinções, ou creem que o "autocontrole" se explica somente pela força da vontade e da oração.

* *Péssimo conselheiro para um adequado processo psicossexual é a atitude clericalista.* O clericalismo, que também se dá na vida consagrada, pressupõe falsamente uma superioridade intelectual e moral do clérigo ou religioso sobre o leigo comum e corrente. Facilmente se origina, então, uma atitude autoritária que produz desvio claro da sexualidade e do compromisso celibatário ou de castidade consagrada. Para muitos, esta é a causa principal do abuso sexual de menores por parte de clérigos e religiosos.

Não há outro caminho que leve a uma sexualidade integrada e a uma castidade bem vivida, senão a humildade do clérigo ou religioso que aceita suas inclinações, põe limites a suas relações e sublima sua sexualidade e afetividade no amor a Deus e no serviço ao próximo.

* *Uma boa pedagogia educativa animaria a formação da afetividade (emoções, sentimentos, humores e paixões) e nela daria especial cuidado à sexualidade não como um apêndice, mas como manifestação cume através da qual se pode comunicar amor, ternura e vida.* Uma pessoa que se enfocasse positivamente para a honestidade, a justiça, o cuidado, a ternura, a liberdade, o dom de si e o amor teria o terreno mais preparado para viver uma maturidade psicossexual do que aquela que se enfocasse em evitar tentações e quedas em matéria sexual.

* *A moral católica deve reconhecer,* entre outras coisas, que:

• Os critérios para julgar a moralidade da conduta sexual adulta não podem ser os mesmos aplicados à conduta sexual em desenvolvimento. Os casos abundam nos assim chamados "pecados" de homossexualidade, masturbação, relações sexuais e outros.

• A infância e a adolescência geralmente são etapas que coincidem com idades psicológicas e cronológicas, mas nem sempre é assim. Por exemplo, uma religiosa de 50 anos, cuja vocação nasceu no campo e cuja formação e vida religiosa transcorreram detrás dos muros de um convento, pode estar experimentando *desenvolvimento sexual atrasado* e não por falta de si mesma. Deveria ser avaliada e julgada de acordo com o vivido, não sobre princípios teóricos que não experimentou.

• Não esqueçamos que o juízo moral de homens e mulheres é bastante distinto, como ensina Carol Gilligan. Os homens, em seus juízos morais, se baseiam mais na "justiça", as mulheres no "ter cuidado de". Essa atitude se manifesta também no desenvolvimento psicossexual em que o homem é mais agressivo e possessivo, ao passo que a mulher é mais receptiva, terna e empática.

• A moral católica teria mais êxito e seria mais evangélica se formasse atitudes de vida motivada por valores e não se dedicasse a medir exclusivamente atos isolados. Insistir sobre as faltas concretas e isoladas diminui a autoestima, convida ao negativismo e à depressão e o resultado final poderia ser mais desastroso que a falta determinada que se deseja corrigir. Uma moral de atitudes, positiva e centrada no seguimento de Jesus Cristo, é um convite a ser livres, coerentes e amorosos. Uma moral centrada em atitudes, valores e ideais dá mais importância ao cérebro "humano" do homem (metas, ideais e objetivos: o córtex cerebral pré-frontal) e menos ao "mamífero" (emoções passageiras: sistema límbico) ou ao "réptil" (fugir do perigo: talo cerebral...), e se enfocaria "a formação da consciência" como meio central e maravilhoso de moralidade e opção livre.

Terminarei apresentando uma tabela do desenvolvimento da psicossexualidade no ciclo vital completo:

Tabela 4: a psicossexualidade no ciclo vital concreto

Estágios ou etapas	Estágios e modos psicossexuais	Crises psicossexuais	Raio de relações significativas	Virtude ou valor	Patologia básica. Antipatias	Princípios relacionados. Ordem social
I Infância	Oral, sensorial, sinestésico, incorporativo	Confiança básica versus desconfiança básica	"Figura materna"	Esperança	Retraimento	Ordem cósmica
II Infância Precoce	Anal-uretral, muscular. (retentivo-eliminatório)	Autonomia versus vergonha e dúvida	Progenitores	Vontade	Compulsão	Lei e ordem
III Idade do Jogo	Genital-infantil Locomotor (intrusivo, Inclusivo)	Iniciativa versus culpa	Família básica	Finalidade	Inibição	Protótipos ideais
IV Idade Escolar	"Latência"	Aplicação versus culpa	Vizinhança e escola	Competência	Inércia	Ordem tecnológica
V Adolescência	Puberdade	Identidade versus confusão de identidade	Grupos-pares e exo-grupos; modelo de liderança	Fidelidade	Repúdio	Cosmovisão ideológica
VI Juventude	Genitalidade	Intimidade versus isolamento	Partícipes em amizade, competição, cooperação e sexo	Amor	Exclusividade	Pautas de cooperação e competição
VII Idade Adulta	Procriatividade	Generatividade versus estagnação	Trabalho dividido e casa compartilhada	Cuidado	Atitude rechaçante	Correntes de educação e tradição
VIII Velhice	Generalização dos modos sexuais	Integridade versus desesperança	"Espécie humana", "Minha espécie"	Sabedoria	Desdém e isolamento	Sabedoria

V. Contribuições oferecidas pelas teorias comportamentais

Nossos sofrimentos são carícias bondosas de Deus, chamando-nos para que nos voltemos a Ele e para fazer-nos reconhecer que não somos nós os que controlamos nossas vidas, mas que é Deus que tem o controle e podemos confiar plenamente nele.
Madre Teresa de Calcutá

As teorias condutivas (condicionamento clássico de Pavlov, condicionamento operante de Skinner, aprendizagem por observação de modelos de Bandura) foram criticadas como mecanicistas, automáticas e deterministas. Sem entrar em discussão nem compartilhar totalmente as críticas, quero afirmar que ditos condicionamentos, usados sobre uma plataforma humanista e cristã de dignidade e respeito da pessoa, podem resultar muito proveitosos na formação dos futuros sacerdotes e religiosos.

O condicionamento clássico

I. Pavlov (1927), como bom fisiologista, observou que um cão salivava não só quando via os alimentos, mas também diante dos indícios que anunciavam a comida (por exemplo, o toque de uma campainha ou um som), com a condição de que estes tivessem sido associados frequentemente na apresentação do alimento.

Então, Pavlov apresentou o som de um metrônomo (também tinha sido possível o som de uma campainha) unindo-o à aparição do alimento; assim, depois de repetidas associações, o som do metrônomo ficou condicionado e provocava no cão uma salivação muito semelhante à obtida pela presença só do alimento.

Explicação do condicionamento clássico

A apresentação do alimento seria o *estímulo incondicionado* (E.I.), a resposta de salivação que a dita apresentação produz se chamaria *resposta incondicionada* (R. I.), o som do metrônomo no começo seria um estímulo *neutro*, mas que, depois de repetidas associações com o estímulo incondicionado, se converteria em *estímulo condicionado* (E. C.), que evocaria uma resposta de salivação no cão ou *resposta condicionada* (R.C.).

No processo é importantíssimo o *reforço do condicionamento,* isto é, a *repetida associação* do estímulo a condicionar (neutro) com o estímulo incondicionado ou absoluto. Por sua parte, se temos um estímulo já condicionado e o apresentamos certo número de vezes sem que o siga o estímulo incondicionado, se inicia o processo de extinção: no exemplo, o cão deixaria de salivar diante da presença do som do metrônomo (ou da campainha).

Estímulos parecidos ao condicionado podem dar a mesma resposta segundo o grau de similitude, e isto se chama generalização. Por exemplo, ficamos atemorizados pela violência de um militar uniformizado e logo reagimos também com medo diante de pessoas que tenham "uniforme", como o funcionário de um hotel. Se em dois ou mais estímulos parecidos, a um se lhe une constantemente o E. I. e aos outros não, temos a discriminação; por exemplo, se diante de sons de 1.050, 1.000 e 950 Hz. damos choque elétrico somente ao de 1.000 Hz., o sujeito responderá com reflexo psicogalvânico só ao som de 1.000 Hz., e não diante dos outros.

Em algumas experiências sobre discriminação, Pavlov aumentou gradualmente a elevação dos tons baixos fazendo-os cada vez mais semelhantes aos altos. Em certo momento, a diferença era tão pequena que o cão não distinguia tom algum, mais ainda, vários cães davam mostras de *neurose experimental*: se desconcertavam, ladravam, davam dentadas. Alguns animais eram presas fáceis do *stress*, outros não.

Aplicações do condicionamento clássico à formação

Um bom formador associa uma imagem conhecida e agradável a uma ideia ou princípio que deseja que pratiquem seus formandos e, dessa maneira, dá condição para novas reações.

O uso de técnicas de relaxamento se inspira também nos princípios de Pavlov: estando a pessoa relaxada e tranquila, se apresentam a ela gradualmente imagens que produzem *stress* ou ansiedade e, dessa maneira, pouco a pouco, estes diminuem.

Em alguns casos, o condicionamento pode ser em níveis mais gerais: um ambiente em que a pessoa se encontrou particularmente a gosto pode condicionar seu humor ou seu funcionamento fisiológico. Daí que seja recomendável o descanso na "casa paterna" (se esta é recordada com agrado) ou o "mudar de ares" e ir alguns dias em retiro espiritual ou passar uma temporada em ambientes que foram agradáveis etc.

O condicionamento operante (Reforço)

O condicionamento operante é de B. Skinner (1938) e se baseia na "teoria do reforço". Este consiste em "qualquer evento que, contingente com a resposta de um organismo, altera a probabilidade futura de que ocorra a dita resposta". Há reforço positivo quando se incrementa a frequência da resposta pela apresentação de um evento. Por exemplo: os aplausos do público (reforço positivo) incrementam o bom desempenho teatral do ato (conduta). Há reforço negativo quando se incrementa a frequência da resposta pela retirada do evento. Por exemplo: tirar um espinho cravado (reforço negativo) na pata de um animal doméstico, faz com que este corra com maior entusiasmo diante da presença de quem o tirou (conduta). O reforço sempre vai depois de emitida a conduta. A maior parte de nossas condutas aprendidas adquirimos por meio desse procedimento.

O paradigma do condicionamento operante poderíamos graficamente representá-lo por:

$R \rightarrow E+$; onde **R** é a resposta ou conduta, e **E+** o reforço ou operação de reforço.

Algumas explicações

A maioria dos condicionamentos operantes ocorre com alguma frequência só sob certas condições. Por isso, a probabilidade de que se apresente uma operante é alta só na presença de certos eventos ambientais chamados "estímulos discriminativos".

No condicionamento operante os estímulos discriminativos controlam a resposta operante. Exemplo: raras vezes começarei a declamar uma poesia a não ser que tenha um auditório de gente amiga que me escute (estímulo discriminativo); ou usamos a palavra inglesa *come* (vem!) como estímulo discriminativo para que nosso cão venha a nós (operante) e o premiamos com um pedaço de pão (reforçador). Este exemplo serve para ver como se põe uma operante sob o controle de um estímulo discriminativo: reforça-se sua ocorrência em presença do estímulo (a palavra *come*) e não se reforça (não se lhe dá o pão) em sua ausência.

Há estímulos, como a água e a comida, que têm a propriedade de reforçar a conduta sem que o organismo tenha tido experiência prévia deles; estes são chamados reforçadores incondicionados ou primários. Outros estímulos adquirem a propriedade de fortalecimento ao longo da vida do organismo, e os chamamos de reforçadores condicionados ou secundários. Um exemplo claro temos no "dinheiro", que se converte no principal reforçador condicionado do homem.

Uma resposta se reforça depois de ter sido emitida, mas podemos criar condutas operantes novas ou que não existem no repertório do organismo, e a esse processo chamamos moldação, no qual usamos uma combinação de reforço e não reforço e por aproximações sucessivas vamos obtendo a conduta nova desejada. Demos um exemplo: queremos que um rato pressione uma alavanca, então reforçamos (com comida) o movimento do animal que o aproxime de uma alavanca, depois reforçamos unicamente o movimento que o faça roçar a alavanca, depois só o movimento que o faça colocar a pata sobre a alavanca e, por último, só o movimento que o faça pressioná-la para que caia o alimento.

A extinção da conduta operante se faz mediante um processo muito simples: suprime-se o reforço. A extinção não produz geralmente uma redução imediata da conduta, mas se apresenta no começo um breve incremento da conduta que se deseja extinguir, mas depois a extinção se fortalece.

No condicionamento operante se apresentam, ainda, os processos de generalização e discriminação. A generalização pode apresentar-se no estímulo ou na resposta. A generalização do estímulo se apresenta quando, diante de vários estímulos parecidos, se dá a mesma resposta. Por exemplo: se reforçamos uma criança quando diz "pa" a seu pai, no princípio essa criança também dirá "pa" a outras pessoas. A generalização da resposta se dá quando diante de um mesmo estímulo se dão respostas parecidas. Assim, seguindo o exemplo anterior: se reforçamos a criança por dizer "pa" a seu pai, facilmente dirá também "ba", "ga", "fa" como igual a "pa". A generalização é um mecanismo muito importante para nossa adaptação ao meio ambiente, pois dessa maneira não necessariamente devemos aprender todas as respostas ou conhecer todos os estímulos para adaptar-nos.

A discriminação, por sua parte, é o processo pelo qual um organismo responde às diferenças entre estímulos. Realiza-se se reforçamos as respostas que se dão diante de estímulos parecidos. Exemplos de discriminação: preferimos uma classe determinada de filmes; o provador de vinhos distingue rapidamente a colheita de um ano; o perito em música clássica identifica logo uma sinfonia. Todas essas discriminações se criaram depois de muitos reforços numa determinada conduta e não em condutas parecidas.

Algumas aplicações ao processo de formação

O formador tem no reforço uma arma poderosíssima a serviço do formando. Basta saber manejá-la inteligentemente: deve-se reforçar ou premiar (sorriso, palavras de elogio, aprovação etc.) os comportamentos adaptados e extinguir (não reforçar nem dar importância) os não adaptados. Estes últimos podem ser extintos de muitas maneiras.

Utilizando as técnicas condutivas, darei vários exemplos aplicados à formação em seminários e casas religiosas.

1) *O adestramento assertivo*: consiste em expressar as ideias e os sentimentos sem ofender a outra pessoa. Muito útil para aquelas pessoas que em sua infância não aprenderam a mostrar sentimentos de alegria, medo etc., porque seus pais as castigavam. O formador assume uma atitude didática: anima o formando a expressar seus sentimentos e ele mesmo se oferece como modelo ensinando-lhe a expressar-se sem ferir os outros. Cada pequeno avanço é reforçado (premiado) pelo formador.

2) *Saciedade*: ocorre quando uma resposta decresce devido a um estímulo anteriormente reforçador subministrado de forma contínua. Um hábito de fumar cigarro pode acabar porque a pessoa é obrigada continuamente, até que se farte e venham as náuseas ou a dor de cabeça.

3) *Moldação*: criam-se condutas não existentes ou se incrementam condutas muito débeis. O formador pode reforçar passo a passo condutas de colaboração, de limpeza ou de busca do bem comum. Não se deve confundir com a "moldação" de que falarei mais adiante.

4) *Representação de funções*: o jovem formando representa um papel ou função que na vida real não possui. A retroalimentação que oferece o formador ajuda a que o comportamento desejado vá se formando corretamente. Esta técnica pode ser utilizada para preparar os formandos em

oratória, solução de perguntas difíceis formuladas pelos fiéis ou representação de funções diversas.

5) *Técnicas de autocontrole*: nestas o formando mesmo controla seu comportamento e as consequências reforçadoras que dele possam derivar. O formando é seu próprio formador, quando assinala metas, se reforça e aplica estimulação de aversão, se é o caso.

Em geral, o autocontrole exige o abandono temporal de alguns reforçadores imediatos e à mão, para obter outros mais tardios, mas mais eficientes. Deve-se ter a capacidade, tão pouco comum hoje nos jovens, de pospor a satisfação de um desejo ou de uma necessidade.

Apresento algumas variáveis de autocontrole:

• *Controle do meio*: adestra-se o formando para que disponha seu meio de maneira que minimize as dificuldades na execução da tarefa que lhe é pedida. Assim, no estudo, que controle ruídos, distrações, lugares, para poder concentrar-se melhor.

• *Manejo de contingências*: utiliza-se a técnica "coverante"[46] ou encoberta, em que se reorganizam os comportamentos por meio de respostas verbais "encobertas" que servem de sinais de controle. Essas respostas verbais encobertas podem referir-se a imaginações, pensamentos, fantasias, relaxamento etc. Por exemplo, quando o jovem se sente tenso, se dá ordens como "relaxa"; ou, se sente medo, se repete "eu sou o dono de meus atos"; ou, se é tímido, se dirá "quero agradar aos outros e tratá-los com simpatia".

Pode-se aplicar ao mesmo tempo o "modelo de reforço de Premack", de modo que se utilizem condutas de frequência elevada como reforçadores daquelas de baixa frequência. Por exemplo: treinar uma pessoa fóbica para que emita "coverantes" de relaxamento e de autodomínio antes de responder ou chamar por telefone. Ao aproximar-se do telefone, o paciente dirá: "Estou relaxado e sou dono de meus atos". Como as chamadas e respostas por telefone são várias dezenas por dia, as "coverantes" se repetirão muito frequentemente e aumentará assim a probabilidade de domínio da situação fóbica.[47]

---

[46] [NT] Do inglês, *cover* = cobrir.
[47] Uma explicação mais extensa pode-se achar em: Wolpe, Joseph. *Práctica de la terapia de la conduta*. Trillas, México, 1979, p. 241-244.

• *Restrição sucessiva do meio* no qual se permite que ocorra um comportamento sintomático. Por exemplo, uma pessoa se permite a si mesma fumar, mas só em determinado quarto, logo só em determinada hora, depois em determinada cadeira, por último em determinada posição (de cara para a parede) etc.

• *Autorregistro*: o formando leva um registro diário de seu comportamento não adaptado e o coloca em parte visível pública. Em geral, diminuem as condutas não adaptadas.

• *Manejo contratual*: os contratos são um acordo de várias partes (em nosso caso entre o formador e o formando), que faz com que o comportamento de cada parte seja contingente com o da outra. O contrato deve especificar claramente os objetivos, os meios e as consequências que devem ser cumpridos.

• *Autoconfrontação*: faz-se subministrando ao formando as apreciações que os formadores têm sobre ele, a fim de que modifique suas distorções. Esta é uma técnica muito eficiente na formação dos futuros sacerdotes ou religiosos.

• *Autodireção*: baseia-se na observação do próprio comportamento, que deriva logo nas melhores maneiras para que a própria pessoa alcance os objetivos que se propôs. Se a isto se acrescentam as autodescrições – melhor ainda se são feitas por escrito –, aumenta a probabilidade de que a pessoa adquira uma capacidade maior de autodireção. Recordemos que se uma pessoa crê que uma mudança notável de comportamento pode ser atribuída a suas próprias ações e não a um agente externo, mostrará maior persistência nesse comportamento.

O castigo e suas alternativas

No castigo se aplica um estímulo aversivo imediatamente depois da emissão de uma conduta. Foi muitas vezes utilizado em todas as culturas e, mesmo quando se ensinam outras alternativas, ainda há defensores acérrimos do castigo.

O que dizer do castigo?

O castigo não é muito aconselhável pelos efeitos que produz:

• a conduta castigada desaparece, geralmente de modo temporal, para logo reaparecer quando o castigo cessou;

• uma conduta severamente castigada pode predispor a emoções e sentimentos negativos de culpa, baixa autoestima, vergonha, medo e ansiedade;

• por generalização se pode produzir medo à pessoa que castiga e às circunstâncias que a rodeiam: um sacerdote castigador facilmente é motivo de aversão pela Igreja ou de medo a um Deus castigador que ele representa;

• amiúde, com o castigo manifestamos nossas próprias contradições: por exemplo, castigamos uma criança porque chora e batemos nela para que deixe de chorar!

Não obstante, se no processo de formação chegamos à conclusão de que devemos castigar, não devemos esquecer que:

• não se deve castigar com ira ou soberba, pois o formando se dará conta de que o que o formador quer antes de tudo é "desafogar-se" de suas emoções negativas e não ajudar o formando;

• o formador não deve ferir a autoestima do formando, já que este sempre é digno de respeito de estima;

• não exagerar no castigo, colocando estímulos aversivos exagerados para faltas pequenas e sem muita importância;

• esclarecer e distinguir muito bem o que é que se quer castigar: o comportamento não adaptado, não a pessoa do formando.

Outras alternativas ao castigo

Em vez de castigar, podemos utilizar estímulos aversivos, mas aplicados num contexto diverso do castigo. Apresento as principais alternativas:

• *tempo fora*: consiste em suprimir o reforço contingente a uma resposta, durante um tempo prudencial. Uma mestra de noviças pode pedir e obrigar uma formanda que se comportou mal a que não veja televisão e que utilize esse tempo em leituras agradáveis;

• *condicionamento de escape*: apresenta-se um estímulo aversivo, que termina quando a pessoa executa uma conduta adaptada. Exemplo: pede--se ao formando que faça exercício ou trabalho forte, até que se lhe passe a ira ou a soberba que sente em determinado momento;

• *condicionamento de evitação*: a resposta adaptada pospõe um estímulo aversivo antes que se apresente. Exemplo: se o formando faz limpeza nos banheiros e serviços higiênicos, não terá que trabalhar toda a tarde cuidando de animais;

• *sensibilização encoberta*: pede-se à pessoa que ensaie mentalmente a conduta não adaptada que deseja corrigir e se imagine depois algum castigo. Realmente é uma técnica de autocontrole. Por exemplo: o seminarista que não consegue controlar-se nas bebidas alcoólicas se imagina consumindo álcool, mas logo com náuseas, vômitos, dor de cabeça e no meio das gozações de seus companheiros.

Como se vê, o uso dessas técnicas aversivas não é fácil. É necessário, geralmente, ter a colaboração da pessoa, e, às vezes, têm seus perigos quando se aplicam a indivíduos que sofrem fobias ou são muito delicados de saúde etc.

O aprendizado por observação de modelos

O aprendizado por observação de modelos, ou modelação ou aprendizado vicário, se deve antes de tudo a A. Bandura[48] (1969). Consiste em observar (ver ou escutar) uma pessoa que executa a resposta que quer aprender. O que observa pode executar pouco depois a conduta observada, sem tê-la executado antes e sem ter recebido reforço. Assim se aprende uma infinidade de coisas, especialmente na idade da infância e da juventude.[49]

---

[48] Cf. BANDURA, Albert. *Principles of behaviour modification*. Holt, Rinehart and Winston, Nova York, 1969.

[49] Diz A. M. Rizzuto ("Sviluppo: dal concepimento alla morte. Riflessioni di una psicoanalista contemporanea". In: *Persona e formazione: riflessioni per la pratica educativa e psicoterapeutica*. EDB, Bologna, 2007, p. 61): "Nossa configuração genética nos facilita refinados receptores que avaliam a correspondência das expressões corporais dos outros – visíveis, vocais, faciais ou gestuais – como úteis ou daninhas para um momento específico de nosso desenvolvimento pessoal. A precisão destes processos automáticos neuro-bio-psico-sociais, presentes desde o início até o fim da vida, é surpreendente. Podemos perceber uma má intenção mesmo na menor expressão de um rosto e numa fração de segundo".

Entre os fatores que intervêm no aprendizado por observação, cito os seguintes:

• *A idade, o sexo e o "status" do modelo*: aquele que observa imita mais os modelos que têm mais ou menos sua mesma idade, os de seu próprio sexo e os de "status" elevado. Os formandos, mesmo que não se deem conta, tratam de imitar seus formadores. Daí a responsabilidade destes;

• *Similaridade do modelo*: um modelo, quanto mais semelhante é o observador, mais facilmente será imitado. Há formandos que vêm em seus formadores tanta juventude, energia, alegria, simpatia entre outras qualidades que tendem inconscientemente a imitá-los em suas atitudes.

• Quanto mais complexas são as habilidades, menor será o grau de imitação. Por isso, um formador inteligente será simples, humilde e ao alcance do formando;

• Respostas hostis e agressivas se imitam mais facilmente. Nisto sim podemos afirmar que "de tal pau tal lasca": um formador agressivo e negativo forma jovens agressivos e negativos;

• Se há recompensa (reforço positivo), aumenta a probabilidade de que a conduta do modelo seja imitada. Se um formador que ora, vê também o formando orar e o reforça com palavras de aprovação, esse bom exemplo é mais facilmente imitado;

As instruções que se dão ao sujeito para que observe podem proporcionar uma motivação importante para que a conduta seja imitada. Por isso, é conveniente que o formador explique em detalhe ao formando as condutas coerentes que se esperam dele e como alcançá-las.

Os formadores, queiram ou não, são um modelo para o formando durante o processo de formação. Este interioriza os modelos adaptados ou não adaptados que observa neles. Daí a importância básica de nomear formadores coerentes e autênticos para a formação. As dioceses e congregações religiosas deveriam nomear seus melhores membros (por coerência, entusiasmo e amor por Cristo e pelos jovens) para que acompanhem os processos de formação. Seria a melhor inversão.

ANEXO 5

Exercício de "relaxamento sistemático" como ajuda terapêutica

O seguinte exercício é uma síntese que faço baseada na "resposta de relaxamento" de H. Benson e M. Klipper[50] e nas contribuições do Método Silva e do Método Phi. Utilizo os seguintes elementos:

• *relaxamento físico de todo o corpo*: um estado de ansiedade é incompatível com um estado de relaxamento;

• *respiração profunda*: não a torácico-peitoral, mas a diafragmático-abdominal; ao inalar o ar, se infla o estômago, ao exalá-lo pela boca suavemente, se desinfla;

• *produção de ondas cerebrais "alfa"*: ondas de baixa frequência (7.5-13 Hz) e unidas a relaxamento, tranquilidade e criatividade;

• *utilização de ordens mentais*: nossa energia neural pode se dirigir a diversas atividades, incluídas as terapêuticas; fazemos relaxamento mental.

• *manejo da imaginação*: é um instrumento valiosíssimo, já que o cérebro responde tanto à realidade como à imaginação;

• *técnica dos "três dedos"*: se unem pela ponta os dedos polegar, indicador e médio da mão direita. Assim ficarão "condicionados" ao estado de relaxamento e de paz;

Voz Do Terapeuta Ou Facilitador: (suponho aqui relaxamento de grupo, mas, naturalmente, se pode fazer individual):

• *"Uma saudação a todos.* Podem sentar-se comodamente, em ângulo reto ou podem estirar o corpo, boca para cima, sobre uma poltrona ou colchão. Descalcem-se, afrouxem os cintos ou correias, tirem os relógios e desliguem seus celulares.

Fechem os olhos para começar a produzir ondas alfa e não os abram até o final do exercício. Sintam-se cômodos. Não se exijam nem se obri-

---

[50] Benson, Herbert e Klipper, Miriam. *Relajación*. Pomaire, Barcelona, 1977, p. 132ss.

guem a nada. Vocês estão aqui livremente e porque querem aprender um método "agradável" de relaxamento. Se alguém quiser mover-se, mudar de posição, coçar-se ou tirar algum incômodo do corpo, pode fazê-lo sem problema algum. Respirem profundamente pelo nariz e exalem suavemente pela boca. Vamos, comecem. Uma respiração... duas respirações... três respirações. Muito bem.

• *Agora imaginem o número UM, bem grande, imenso, como um sol... De agora em diante o número um significará para vocês "relaxamento corporal".* Respirem de novo profundamente. Concentrem-se com sua imaginação na mão. Soltem-na e afrouxem-na. Que os músculos se relaxem agradavelmente, que o sangue borbulhe com suavidade pelas veias, que o oxigênio corra sem dificuldade. Sintam-se contentes e agradáveis, relaxados e tranquilos. Relaxem seus dedos e a palma, e agora sintam que o relaxamento invade seu antebraço e braço direito agradavelmente, sem dificuldade. Relaxados... Seu braço direito é como uma gelatina...

Passemos à mão esquerda. Afrouxem-na. Que os músculos se relaxem agradavelmente e o sangue borbulhe com suavidade pelas veias, que o oxigênio corra sem dificuldade. Sintam-se contentes e agradáveis, relaxados e tranquilos. E esse relaxamento se estenda ao antebraço e ao braço esquerdo. Sintam-se bem, agradáveis. Respirem profundamente, uma vez...outra vez... muito bem.

Concentrem-se agora em seu pé direito e relaxem-no. Sintam que os músculos se afrouxam, que o sangue se move, que o oxigênio percorre todas as partes do pé. Respirem profundamente... E agora façam o mesmo com sua perna direita... Relaxem-na. Isso, respirem profundamente. Sintam-se bem.

Concentrem-se agora em seu pé esquerdo. A mesma coisa. Relaxem-no. Que os músculos se soltem agradavelmente, que o sangue borbulhe com suavidade pelas veias, que o oxigênio corra sem dificuldade. Sintam-se contentes e agradáveis, relaxados e tranquilos. Respirem profundamente... vamos... outra vez. E agora o relaxamento passa para a perna esquerda. Relaxem-na. Sintam-se bem, relaxados e agradáveis.

Suas mãos e seus braços, seus pés e suas pernas, são como gelatinas, relaxados completamente e vocês se sentem cômodos.

Passamos agora ao tronco. Relaxem seus glúteos... bem, seus órgãos sexuais, suas cadeiras... Respirem profundamente. Sintam-se bem. Relaxem seu estômago: todos os órgãos que estão aí dentro e que nós muitas vezes generalizamos dizendo estômago, mas são diversos: relaxem seu pâncreas, que funcione bem; seus órgãos digestivos; seus rins, que filtrem bem; todos os órgãos internos, que funcionem às mil maravilhas... Respirem profundamente. Isso, outra vez... Dediquem-se agora a seus pulmões. Que recebam oxigênio, o purifiquem e o enviem a todo o corpo. Bem. Respirem pelo nariz e exalem pela boca suavemente... E agora a seu coração, a essa bomba potentíssima que recolhe sangue e o distribui por todo o organismo. Está trabalhando bem, harmoniosamente, sem dificuldade...é um coração potente, jovem...

Agora, nos dedicamos às costas, à coluna vertebral e a todas as suas ramificações. Relaxem seus músculos. Estão bem apoiados e se sentem bem. Como se lhes fizessem uma agradável massagem em suas costas... em seus ombros... Sintam calor ou um pouco de frescura. Não importa se um ou outro, o importante é que se sintam agradáveis. Respirem profundamente. O relaxamento sobe a seu pescoço. Ombros e pescoço, às vezes, quando estamos nervosos ou estressados, ficam tensos demasiadamente. Então, afrouxem-nos agora. Que os músculos deixem de estar tensos e que o sangue e o oxigênio se distribuam agradavelmente. Sintam-se bem. Respirem profundamente.

Passemos agora à cabeça. Relaxem seus queixos... seus pômulos... seu nariz... As pálpebras de seus olhos caem pesada e agradavelmente. Respirem profundamente. Sua testa é lisa, sem rugas. Suas orelhas se relaxam. Todo seu coro cabeludo se relaxa e vocês se sentem bem. Que os músculos de seu rosto se relaxem agradavelmente, que o sangue borbulhe com suavidade pelas veias, que o oxigênio corra sem dificuldade. Sintam-se contentes e agradáveis, relaxados e tranquilos.

E agora a maravilha de seus cérebros. São milhares de milhões de neurônios trabalhando automaticamente, sem esforço algum, bem organizados, comunicando-se entre si, irrigados pelo sangue e pelo oxigênio... sem problema algum. Como uma imensa e incomparável central de computadores...O cérebro é a matéria mais complexa e rica do universo e cada um de vocês a tem em sua cabeça. Que maravilha! Relaxem seu cérebro. Sintam-se agradáveis. Respirem profundamente. E agora vão sentir que de seu cérebro sai uma fonte ou jato de energia neural que, como uma onda, se derrama até a ponta de seus pés, enchendo todo o seu organismo de energia vital. Vamos, como uma onda... já! Uma onda... outra onda... terceira onda... desde o cérebro até a ponta dos pés... Sintam-se bem. Quarta onda... Bem... quinta onda... Respirem profundamente.

• *Imaginem, agora, o número* Dois. *Isso, bem grande, imenso! De agora em diante o número dois significará para vocês "relaxamento mental".* Respirem profundamente. Repitam internamente: "Eu, fulano(a) de tal, me sinto bem, tranquilo, relaxado, sem preocupações, com vontade de viver". Isso, respiração profunda. Outra vez repitam a frase: "Eu...". Imaginem agora um lugar belíssimo (paisagem, montanha, lago, mar, casa ou sítio) onde tenham estado e se tenham sentido à vontade. Esse lugar se chamará "lugar ideal de descanso". Imaginem-no vivamente e estejam aí durante dois minutos. Vamos, façam-no, gozem-no! Respirem profundamente.

Bem relaxado e tranquilos e com a mente despreocupada, utilizem agora a "técnica dos três dedos". Vamos, façam-na. Mantenham os dedos assim unidos durante o resto do exercício. Esse gesto ficará condicionado, doravante, para significar o relaxamento que agora sentem e vocês poderão utilizá-lo no futuro para sentir o estado de relaxamento e de ânimo que agora experimentam. Continuem com os três dedos unidos. Respirem.

Sua mente está tranquila. Repitam internamente frases de tranquilidade, relaxamento, de aceitação de si mesmos. Tratem de manter-se num estado de paz, gozo e tranquilidade, sem esforçar-se em pensar nada de extraordinário, mas em contato com seu organismo. Sintam seu organismo e todas as partes do mesmo, aceitem-no e amem-no, porque é "seu" organismo e só através dele se comunicam com o mundo e com os seres humanos. Respirem com tranquilidade.

• *Agora imaginem o número* Três. *Imenso e grande como o sol. O nú-*

• 129 •

mero três significará para vocês, de agora em diante, "laboratório" ou lugar de trabalho. Imaginem uma montanha muito linda e no cume construam uma casa formosíssima para vocês com todo o necessário, com uma vista formidável, com uma paisagem invejável. Não sejam tacanhos, façam-na formosíssima. E dentro dessa casa escolham um quarto estupendo para vocês. O quarto tem todas as comodidades imagináveis e todas as coisas úteis para vocês. Dele se vê uma paisagem formosíssima através de uma ampla janela. Agora coloquem uma poltrona muito cômoda no centro do quarto e sentem-se aí. À sua esquerda imaginem a presença de uma pessoa que vocês admiram muito. Pode ser pessoa viva ou morta, religiosa ou não, real ou imaginária, homem ou mulher... O importante é que vocês gostem dela e a admirem. Essa pessoa vai ser seu "conselheiro" (*sua consciência*) a qual podem consultar em qualquer momento para que os oriente e ajude. Saúdem seu conselheiro.

Neste momento, a ampla janela se converte numa tela maravilhosa, como de cinema ultramoderno. Projetem nessa tela todo seu corpo e percorram-no parte por parte, aceitando cada uma delas e beijando-as porque são seu "organismo" através do qual vocês se comunicam. Repitam frases de amor e aceitação de seu corpo. Vamos, trabalhem sozinhos durante um minuto e não se esqueçam de manter a "técnica dos três dedos" (dá-se esse tempo, que pode ser animado por uma música suave, como o resto do relaxamento).

Respirem profundamente. Vão uns segundos ao "lugar ideal de descanso" (dão-se esses segundos em silêncio ou com música) e premiem-se por uns segundos. Vamos! (esta última apresentação de elementos do passado, do presente ou do futuro, convém que seja projetada na tela mental ao menos umas três vezes, de maneira tranquila e agradável).

Muito bem, respirem pela boca e exalem pelo nariz. Estão trabalhando muito bem, parabéns. Sintam-se agradáveis. Agora projetem na tela mental a pessoa de Jesus Cristo e falem amorosamente com Ele que os ama incondicionalmente, não tenham temor, dialoguem confiadamente, com ternura e confiança, durante três minutos (*deixa-se este tempo, em silêncio ou com música*).

Trabalharam estupendamente. Parabéns! Agora cumprimentem-se a si mesmos com palavras positivas e comprometam-se a fazer este exercício ao menos uma vez por dia durante meia hora. Isto é importante. Fazer o exercício e repeti-lo nos ajuda a internalizá-lo e a tirar proveito dele. Comprometam-se com vocês mesmos. Façam-no já! (*dá-se algum tempo*).

Estupendo! Agora vão voltar a seu estado normal e se sentirão tranquilos, contentes, com vontade de ir adiante e de viver a vida em plenitude. Eu vou contar de 10 a 1, lentamente, e vocês vão movendo seus pés, suas mãos, seu tronco, como vocês queiram e ao dizer "um" abram os olhos e se sintam muito bem. Começamos, dez... nove..., sintam-se bem...oito... isso, movam seus pés... sete..." (e assim até o final...).

Nota: Há pessoas que ficam adormecidas, não é problema despertá-las. Outras sentem frio ou calor, não é importante, depende dos metabolismos. Quase todas sentem preguiça depois do exercício; isso significa que realmente fizeram relaxamento. Se alguma pessoa demasiadamente nervosa entra em crise, o facilitador mantém a calma, leva-a à parte e a tranquiliza fazendo-a respirar profundamente, sem insistir em que continue o relaxamento.

Os números Um, Dois, Três, depois de repetidos exercícios, ficam condicionados e podemos utilizá-los caso não tenhamos tempo e queiramos entrar rapidamente num relaxamento profundo para trabalhar um tema.

Este exercício é útil para resolver traumas, tomar decisões ou preparar-se para eventos futuros. Também pode-se utilizar para a oração, para discriminar nossos sentimentos e afetividade ou para aprofundar convicções a respeito da castidade consagrada ou outras virtudes.

VI. Elementos que nos oferecem as teorias humanistas

*O sábio não rompe jamais o silêncio,
se não é para dizer coisas mais importantes que o silêncio*
Pitágoras

As teorias humanistas estiveram muito perto da mentalidade religiosa. Os psicólogos humanistas defendem muitos princípios[51] que promovem também os crentes:
• o homem é capaz de uma relação profunda;
• possui um sistema de valores e crenças que o guiam;
• tem capacidade de consciência, simbolização, liberdade e escolha.
• não é uma colcha de retalhos, mas um sistema de unicidade configurado com um núcleo central estruturado;
• é impulsionado por uma tendência à autorrealização;
• e vive subjetivamente, isto é, tem um enfoque de vida "de-dentro-para-fora";

Certamente também há diferenças entre o enfoque humanista e o cristão, especialmente quanto à bondade original do ser humano (pecado original), à existência de um Deus pessoal e não de uma mera energia universal, à autorrealização e à autotranscendência etc. Não vou entrar nesta discussão já que não é matéria do presente livro, mas vou

---

[51] Cf. MARTÍNEZ, Miguel. *La psicologia humanista*. Trillas, México,1982, p. 102.

apresentar as ideias de quatro psicólogos humanistas (Allport, Rogers, Frankl e Maslow) que podem ser aplicadas diretamente à formação em seminários e casas religiosas.

Autorrealização ou autotranscendência?

A autorrealização é a tendência inata de todo indivíduo a realizar completamente todas as suas potencialidades, seja do ponto de vista psíquico e emotivo ou do ponto de vista do comportamento exterior. O conceito foi estudado por muitos psicólogos: Jung, Maslow, Rogers, e se tornou um *slogan* repetido por muitos sacerdotes e religiosos: "Tenho que autorrealizar-me". Por sua parte, a autotranscendência significa que o ser humano se realiza dirigindo-se para algo ou alguém que está mais além e é diverso de si mesmo. Esse "algo" ou "alguém" pode ser um "significado para realizar" ou "uma pessoa para encontrar"; e só na medida em que o ser humano se transcende a si mesmo servindo a uma causa, a um ideal ou amando a outro se realiza. Em outras palavras: a pessoa se realiza só quando se "abre" a algo, se converte em "dom" para outra e se "esquece de si mesma". A autorrealização humana se realiza através da autotranscendência: eu me encontro totalmente quando vou além de mim mesmo.

A autorrealização e a autotranscendência não se excluem. Vão na mesma direção. P. Ionata[52] nos oferece um bonito exemplo:

> A autotranscendência do homem está radicada ainda nas profundezas biológicas de seu ser, como pode demonstrar-se com um paradoxo: também o olho humano é autotranscendente. A capacidade do olho de perceber o mundo ao redor depende absolutamente da incapacidade de perceber-se a si mesmo. Quando o olho se vê a si mesmo? Só quando está enfermo. De fato, se o olho está enfermo de cataratas, vê uma neblina, ou, em outras palavras, a vista está ofuscada; também quando está enfermo de glaucoma, o olho vê ao redor da pupila uma auréola irisada, isto

---

[52] Ionata, Pasquale. *Psicoterapia e problematiche religiose. Esperienze, potenzialità e limiti.* Città Nuova, Roma, 1991, p. 138.

é, um halo com todas as cores do arco-íris. Assim, a autorrealização não é fim último do homem e nem sequer seu primeiro intento. Se permanece como fim de si mesmo, contradiz a característica autotranscendente da existência. Como o prazer, a autorrealização é um efeito, o efeito de cumprir um significado (...). Só o homem que tenha falhado no verdadeiro sentido da vida sonhará a autorrealização como fim e não como efeito; mas o retorno ou o volver-se sobre si mesmo representa uma falsa autorrealização, uma verdadeira perversão. Como o *boomerang* que volta ao caçador que o lançou só se falha o alvo, assim o homem torna a si mesmo e tende intencionalmente a autorrealizar-se só se falhou em sua missão que é a transcendência. Recordemos Mateus 10, 39: "Quem busca sua vida a perderá; e quem a perde por amor a mim, a encontrará".

O formando deve ser ajudado por seu formador a aceitar-se a si mesmo e a ser dom para os outros. O único caminho a ser percorrido humanamente e de maneira cristã é o de aceitar-se a si mesmo com imperfeições e limites, sem assustar-se com a agressividade ou com os impulsos sexuais, tendo valentia para olhar as qualidades e as riquezas pessoais e, com a ajuda de Deus, esforçar-se em ser dom para os outros e construir um mundo mais humano, um reino de Deus para todos os seres humanos.

Oxalá esteja longe da formação sacerdotal e religiosa a atitude narcisista de crer-se o centro da atenção das pessoas, dos companheiros, das pessoas do outro sexo. Admiremos e respeitemos nossa integridade e singularidade, mas nunca a separemos da entrega sincera e humilde aos outros. Quem ama autenticamente o próximo, se ama a si mesmo; quem se ama a si mesmo em verdade, ama o próximo.

Coerência, empatia e aceitação incondicionada

Essas três condições são exigidas por C. Rogers[53] para que se inicie um processo de atualização de todas as potencialidades próprias e inatas do indivíduo. São condições que o terapeuta deve demonstrar (em nosso

---

[53] Cf. ROGERS, Carl. *El proceso de convertirse en persona.* Paidos, Buenos Aires, 1974.

caso, o formador) para que o paciente (o formando) possa iniciar um caminho de realização de todas as suas potencialidades. Explico mais em detalhe as três condições aplicando-as à formação:

• *o formador deve ser congruente ou coerente,* isto é, deve mostrar-se tal qual é, sem tentar apresentar máscaras ou aspectos falsos de sua personalidade. A congruência ou autenticidade significa que o que o formador diga ou faça deve estar de acordo com o que pense ou sinta;

• *compressão empática* do formador pelo formando: significa "pôr-se no lugar de", "olhar com os olhos de", ver a situação problemática "como se" se observasse do ângulo do formador;

• *estima incondicionada* do formador pelo formando: o formador deve aceitá-lo sem pôr condições. É uma aceitação do formando profunda, autêntica, não superficial nem aparente;

Claro está que as condições necessárias devem ser percebidas pelo formando, que, por sua vez, se encontra num estado de imaturidade e vulnerabilidade, mas também de potencialidade e crescimento. Se o formando as percebe, aumentará imensamente a probabilidade de um processo formativo coerente em que o formando se responsabilizará por sua própria vida e, com a ajuda de Deus, se comprometerá com liberdade em seu futuro sacerdócio ou vida consagrada. Cumpre-se a palavra do apóstolo: "Eu plantei, Apolo regou, mas foi Deus quem fez crescer" (1Cor 3,6). Aplicarei esses princípios de C. Rogers quando tratar do "colóquio formativo" mais adiante no capítulo 12.

A busca de significado

É a motivação fundamental da logoterapia de V. Frankl (1994). Muitos pacientes que acorrem aos psicólogos e psiquiatras se queixam da falta de significado em suas vidas e isso se converte num verdadeiro desafio para os profissionais da "psique".

O animal não busca significação para sua vida, o ser humano sim. O desejo de significado não é um impulso que empurra o ser humano, mas um valor que o atrai. A vida faz uma pergunta a todo ser humano e todo ser humano deve respondê-la comprometendo-se, sendo responsável. A pessoa que não encontra sentido para sua vida se ampara no vazio existencial que se demonstra no aborrecimento, na depressão, na falta de ânimo, em não saber que fazer com o tempo e que desemboca numa frustração existencial que, por sua vez, pode estar compensada pelo desejo de poder, pelo desenfreio sexual e pela ânsia de dinheiro.

Adverte Frankl que a busca de significado, e até mesmo a desesperação pelo significado da vida, sendo um transtorno espiritual, não é estritamente um transtorno mental. A tensão na busca de significado não é patológica; pode ser um requisito necessário para alcançar a saúde mental. Mais ainda, a busca de significado é inerente a todo ser humano; e, de modo especial, aos jovens que acorrem aos seminários ou às casas religiosas, que estão buscando uma resposta que dê valor e significado profundo a suas vidas.

Para V. Frankl a religião desempenha um papel importantíssimo no desenvolvimento humano, já que ela, mais que nenhuma outra, oferece um sentido à vida. Existe uma religiosidade latente, inclusive nas pessoas declaradas totalmente irreligiosas. Essa "religiosidade inconsciente" se mostrará consciente em circunstâncias favoráveis. É preciso respeitar a "espontaneidade" da religião, isto é, sua expressão para o ritmo e o sentido de cada pessoa. Assim teremos uma religião pessoal e interiorizada, que não suprime o rito e a função pública, mas que lhes dá sentido.

Embora com objetivos distintos e independentes, religião e logoterapia podem estar intimamente unidas. Por "intenção", seus fins são distintos; mas, por "efeito", podem ser parecidos.

Figura 2: Objetivos da psicoterapia e da religião segundo V. Frankl

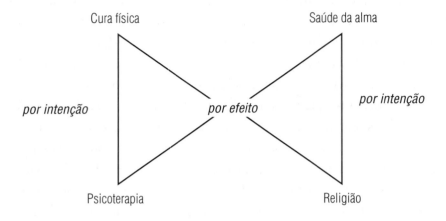

Os formandos devem compreender que os princípios psicológicos não estão contra os valores religiosos, quando se trata de maturidade e crescimento humano. Religião e psicologia, fé e ciência, afetividade e razão, biologia e aprendizagem, e binômios parecidos não se contrapõem, mas se relacionam e se complementam numa reciprocidade que faz do ser humano a síntese maravilhosa de muitas forças que evolucionam, apesar dos problemas e dificuldades, numa direção de dar mais sentido à vida e de "ser mais".

O sacerdócio e a vida consagrada são "vocações" especiais em que se encontra o verdadeiro sentido para a vida, amando a Jesus Cristo e entregando-se ao serviço do Reino; não porque as demais vocações ou profissões não deem sentido, mas porque naquelas a entrega a valores absolutos dá a energia necessária para ler o relativo em chave de amor e eternidade.

A experiência cume

O termo foi utilizado por A. Maslow.[54] A experiência cume (*peak experience*) é o resultado de profundas experiências em outros níveis: estéticos, religiosos, criativos etc. Vem a ser como a culminação ou "clímax" de felicidade, de gozo, de êxtase, de integração, de autorrealização e de autotranscendência. Na experiência cume, a pessoa se sente completamente realizada e mais intimamente unida à beleza, à simplicidade, à verdade, à justiça e à ordem. Não se sente tão condicionada pelo "aqui e agora", mas é que a espontaneidade e a liberdade se apoderam dela profundamente.

A vida sacerdotal e consagrada vão mais além. O formador deve ajudar o jovem a ter uma profunda experiência de Deus em sua vida. Se não existe essa "experiência fundadora", muito dificilmente o jovem fará de sua vida uma resposta coerente ao Senhor e um dom para os outros; não entenderá realmente o que exige sua vocação.

Em 1Rs 19,11-13 nos é narrado o encontro de Deus com o profeta Elias:

> "Sai e fica na montanha diante de Javé". E eis que Javé passou. Um grande e impetuoso furacão fendia as montanhas e quebrava os rochedos diante de Javé, mas Javé não estava no furacão; e depois do furacão houve um terremoto, mas Javé não estava no terremoto; e depois do terremoto um fogo, mas Javé não estava no fogo; e depois do fogo o murmúrio de uma brisa suave. Quando Elias o ouviu, cobriu o rosto com o manto, saiu e pôs-se à entrada da gruta. Então, veio-lhe uma voz, que disse: "Que fazes aqui, Elias?".

Daí resulta uma conversação na qual Elias desabafa: fala a Deus de seu zelo ou de seu afã para com Ele, de como as pessoas foram por mal caminho e do quanto ele está só e do perigo que corria sua vida. Então Deus passa a dar-lhe sua missão.

---

[54] Cf. MASLOW, Abraham. *Motivazione e personalità*. Armando, Roma, 2000, p. 269.

Também alguns santos nos narram sua experiência de Deus. São João da Cruz a diz em poesia:

> *Eu não soube de onde entrava,*
> *mas quando ali me vi*
> *sem saber onde estava,*
> *grandes coisas entendi;*
> *não direi o que senti*
> *que fiquei não sabendo*
> *toda ciência transcendendo...*

O encontro com Cristo morto e ressuscitado é a experiência fundadora do sacerdócio e da vida consagrada, assim devem entender os formandos em suas vidas.

O que constitui a vida ou o ser do cristão e, com maior razão, do sacerdote ou religioso, é uma experiência fundadora de encontro pessoal com Jesus Cristo, descrita indistintamente como conversão, novo nascimento, novo começo, mudança de vida etc. Não basta nascer biologicamente numa família cristã e, portanto, no seio da Igreja. Tampouco assentir formal ou intelectualmente à doutrina pregada pela Igreja. Trata-se de "viver a fé", de ter uma experiência de Deus. Usando uma imagem bíblica, pode-se dizer que cada cristão há de viver sua experiência de caminho para Damasco. A Paulo não bastou escutar a pregação dos primeiros cristãos. O que escutou causou seu rechaço e o empurrou a perseguir aquela comunidade. O que mudou o rumo de sua vida e o converteu em parte da comunidade que antes perseguia *foi seu encontro pessoal com Cristo ressuscitado* no caminho para Damasco (cf. At 9,1-16; 26,12-18).

Trata-se de uma experiência de mudança: ser cristão comprometido no sacerdócio ou na vida consagrada produz uma diferença radical para a pessoa. Não é uma mudança em categorias de nacionalidade ou grupo étnico, nem de profissão ou afiliação política. É um encontro que transforma alguém em filho predileto de Deus e produz algo completamente novo na pessoa, algo que inclui e reordena todos os demais fatores de identidade, além de transformar as relações consigo mesmo e com os outros: opção fundamental por Jesus Cristo e por seu Reino.

Essa mudança, certamente, envolve uma decisão de mudar, isto é, a decisão de aceitar o chamado de Deus que sai ao encontro; mas a mudança não é puramente o fruto de uma decisão humana. A mudança se torna possível pela força do Espírito Santo que age no ser humano. Daí a importância do tema da Igreja, que é a que recebe em seu seio e dá as indicações de como deve ser o serviço sacerdotal ou o testemunho religioso, valores que estão de acordo com a vontade de Deus, mas que não necessariamente correspondem aos valores e estilos de vida que se recebem mediante o processo de socialização humana.

A ascese na formação

No campo da ascese, a formação de candidatos ao sacerdócio e à vida consagrada foi-se de um extremo a outro. Antes do Vaticano II era muito comum falar de sacrifícios, penitências, cilícios, cruzes, mortificações etc., e o tipo modelo de sacerdote ou religioso era o da pessoa austera, rígida e mortificada em seu corpo. Com a pós-modernidade o pêndulo foi ao outro extremo: ao culto do corpo, sua força e harmonia. A frase de Dostoiévski: "A beleza salvará o mundo" se converteu num *leitmotif* utilizado para justificar qualquer evasão de um verdadeiro caminho ascético. Com isso, não estou afirmando que a beleza, a harmonia e a felicidade não sejam valores cristãos. De modo algum. São absolutamente, porque Deus é beleza, harmonia e felicidade absoluta; mas, para que o homem chegue a eles, deve fazer o caminho da cruz, aceitar voluntariamente o sacrifício, buscar o silêncio que regenera, dominar os impulsos que nos dominam.

A ascese religiosa não é somente o seguimento de um método para chegar a uma meta espiritual, mas antes de tudo uma atitude de vida de quem escolheu Jesus Cristo como seu primeiro valor na vida, e diante do qual os demais tesouros ficam em plano secundário ou desaparecem (Mt 13,45-46: a pérola de grande valor).

Neste livro vou insistir em alguns elementos práticos de ascese, próprios da etapa de formação inicial: o estudo, o apostolado, o silêncio, o esporte, o trabalho físico e a vida sóbria, deixando para um perito em ascética e mística tratar a ascética fundamental religiosa.

O estudo

O estudo se converte num campo maravilhoso de controle e de ascética. Mais que buscar sacrifícios e privações passageiras, o jovem candidato deve comprometer-se com um estudo das ciências humanas e religiosas, levado a cabo com metodologia rigorosa, dedicação de tempo e entusiasmo na preparação. Quem estuda com seriedade aprende um caminho de ascética e controle que leva a ser útil durante toda a vida.

O apostolado

Contra o que ensinam alguns, sou de opinião de que o jovem formando, em seus primeiros anos de formação, não deve escolher o campo de apostolado, mas, segundo o planejamento dos formadores, conhecer e experimentar em muitos âmbitos, para assim ter uma visão ampla do apostolado e logo especializar-se em um setor.

A ação apostólica exige planificação, execução, avaliação e celebração; passos que requerem um compromisso sério, dedicação de tempo e energia, superação de dificuldades de todo tipo e desejos de estender o reino de Deus.

O silêncio

Afirma Gianfranco Ravasi numa entrevista concedida a L. Vaccari:[55]

Deus é uma voz de silêncio sutil. Daí em diante começa o grande caminho do "silêncio branco" que não é, de maneira nenhu-

---

[55] VACCARI, Luigi. "Pascua. Dialogo sul silenzio e sulla postmodernità". In: *Avvenire. Agora Domenica*. Roma 16 de abril de 2007, p. 2-3.

ma, o terror de estar sós. O homem de hoje não é capaz de estar só, porque sempre tem diante de si o vazio. E estar no vazio é um absurdo. Os jovens, de maneira especial, têm medo do silêncio: de fato, aumentam os ingredientes do ruído, do som violento. Contudo, ao contrário, é no "silêncio branco" que se encontra uma variedade extraordinária de conteúdos, de riquezas, de experiências, de palavras e sensações.

J. Ratey e C. Johnson[56] falam de "formas leves de desordens mentais graves" e as identificam como "ruído" (*noice*) que se produz em nosso interior, molestando nossa personalidade e o bom funcionamento do cérebro. A pessoa que padece de algum tipo de "ruído" interno se caracteriza por ser autossuficiente e "autoabsorvente", fácil de cair nos mecanismos de defesa e propensa a evadir sua responsabilidade diante da vida entregando-se ao sexo, à ira, ou escapando-se na ação pela ação ou na busca do sem sentido.

Ajudemos os jovens formandos a viver esse "silêncio branco", ambiente propício para o encontro com Deus (Cf. 1Rs 19,12) e com eles mesmos.

O esporte

Ascese em grego quer dizer "exercício". O exercício no esporte não só aumenta o nível de *endorfinas* (neurônios da felicidade) no cérebro, mas ajuda a relaxar-se, a desintoxicar-se, a desenvolver a inteligência, a conhecer o corpo, a compartilhar com os outros, a competir com honestidade, a controlar-se, a saber perder etc. Atrever-me-ia a afirmar que na época de formação inicial os campos de esporte são quase tão importantes como a capela.

O trabalho físico

O trabalho físico favorece o exercício físico, fonte de benefícios para o corpo e o espírito, mas, de maneira especial, fortalece o amor à

---

[56] Cf. RATEY John e JOHNSON, Catherine. *Shadow syndromes. The mild forms of major mental disorders that sabotage us.* Bantam Books, Nova York, 1998, p. 40ss.

vocação sacerdotal e a pertença a uma comunidade religiosa. Quando se trabalha fisicamente, adquire-se amor por esse lugar, por essa obra, por essa realização. O trabalho chega a ser então vínculo de pertença para o jovem formando. É pena que alguns formadores não o entendam assim, e facilitem em excesso a vida de seus formandos. Grande equívoco que levará ao cumprimento do provérbio popular "crie corvos e lhe tirarão os olhos".

A *vida sóbria*

Por vida sóbria entendo um estilo de vida afastado do consumismo, do capitalismo desenfreado e do desejo de possuir. Antes de tudo, está motivado por "liberdade interior" para pôr-se a serviço dos pobres, mas também pelo princípio de sustentabilidade do meio ambiente, que unidos poderiam ser resumidos nesta frase: "Viver com o necessário e, se possível, com o indispensável". Tarefa esta não fácil para o jovem de hoje, convidado pelo consumismo de todos os ângulos, mas cada vez mais necessária num mundo em que os recursos se esgotam e as riquezas se concentram nas mãos de poucos.

Se o formando adquire assim um sentido equilibrado da ascese pessoal, poderá chegar a uma muito saudável maturidade humana e cristã. A atual doutrina "pseudo-democrática" (*plena liberdade*), "o permissivismo" (*faço o que quero*) e o "espontaneismo" (*faço o que surge*) não podem ser confirmados como fatores de crescimento do ponto de vista psicológico. Ainda mais, se demonstrou que não são estritamente as frustrações que fazem as pessoas neuróticas, mas a falta nessas frustrações de um significado social. Ou, em outras palavras, com a passagem dos anos a não frustração converte as crianças e os adolescentes em seres neuróticos e infelizes.[57]

---

[57] Cf. STICKLER, Gertrud e NUMUKOBWA, Godelive. *Forza e fragilità delle redici. Bambini feriti da esperienze di trauma e di abbandono. La sfida dell'educazione.* LAS, Roma, 2003, p. 147.

O acompanhamento do formando

Neste parágrafo sigo as ideias de G. Roggia.[58] O acompanhante, pai espiritual, ou diretor espiritual, era, em décadas passadas, alguém que por muitos anos se submetera à ascese e, dominando as paixões e em comunicação íntima com Deus, podia dirigir uma pessoa que iniciava seu caminho espiritual.

A figura do acompanhante espiritual

Um acompanhante espiritual:
• deve ser veraz, isto é, amar a verdade mais que tratar de dar gosto e contentar o jovem;
• deve ser sólido, isto é, não se assusta diante dos problemas e crises porque sabe, em primeira pessoa, quão fadigoso é o crescimento espiritual;
• deve amar incondicionalmente, isto é, aceitar a pessoa do jovem assim como é, com a única expectativa de que seja ele mesmo;
O acompanhante espiritual não é um homem completamente maduro. Está, como todo ser humano, em vias de amadurecimento e crescimento. Também ele se esforça por trabalhar e ser melhor, somente que por sua idade, experiência e vida espiritual pode servir de canal para que o Espírito Santo opere maravilhas na pessoa do formando. O acompanhamento se apresenta como uma ajuda dinâmica em que o acompanhante e o acompanhado estão a caminho, se "acompanham" mutuamente, ou, como a etimologia da palavra o diz (latim: *cum-panis*), "partem juntos o pão" da vida iluminada pelo Evangelho.

---

[58] Cf. Roggia, Giuseppe. "Per una maturazione affettiva che sai effettiva. Alcune linee pedagogiche di accompagnamento personale nel camino di maturazione affettiva dei Giovanni consacrati". Em: *Orientamenti Pedagogici* 48, 2001, p. 108-117.

Níveis do acompanhamento

O acompanhante espiritual deve ter em conta o contexto social e histórico em que se desempenha o formando e trabalhar com ele:

• *a dimensão psicológica,* especialmente a afetividade em todas as suas manifestações;

• *a dimensão espiritual* de comunicação com Deus, oração e prática das virtudes;

• *a dimensão vocacional* de amadurecimento no processo, análise de motivações, formação de atitudes, alcance de metas intermédias.

Pontos álgidos do comportamento

G. Roggia[59] os apresenta da seguinte maneira:

• atenção ao jovem em sua situação concreta, não só em sua situação ideal; por isso, o acompanhante deve conhecer suficientemente a história pessoal do formando;

• muita clareza sobre a finalidade (objetivo e sentido) para a qual se orienta o acompanhamento espiritual. Quem orienta e acompanha é o Espírito Santo, quem tem a primeira responsabilidade é o jovem formando; o acompanhante ajuda, acompanha, anima, fortifica, corrige, ora, mas não é a causa primeira do êxito do acompanhamento.

Na maturidade afetiva, sobretudo, pôr muita atenção ao risco de divisão entre o aspecto real e o aspecto ideal. O acompanhante está ajudando na formação de atitudes, mais que preocupando-se por comportamentos isolados. É a lei da gradualidade, que exige, mas não oprime, que põe metas e entusiasma a dar o seguinte passo, que compreende a queda, mas anima a levantar-se em seguida.

---

[59] *Ibid.*, p. 112.

Alguns estereótipos de candidatos
que buscam acompanhamento

A lista seria interminável, mas G. Roggia[60] apresenta os seguintes tipos com os quais o pai espiritual ou acompanhante terá de tratar:

• *os distraídos e desatentos*: não têm consciência suficiente em sua vida de suas próprias necessidades e das dos outros. O acompanhamento pode resultar superficial;

• *os intolerantes*: não admitem ideias ou atitudes diversas das próprias. A verdade são eles que as têm. No fundo, são pessoas autoritárias e sem suficiente autoestima e confiança em si mesmos;

• *os rígidos*: sejam retrógrados ou futuristas, que se desequilibram para um lado da balança da vida, pensando que tudo é negro ou tudo é branco. A rigidez é vizinha da neurose;

• *os especialistas*: usam os mecanismos de defesa da "compensação" ou da "formação reativa" para equilibrar, aparentemente, uma afetividade que não funciona bem, e assim se escondem detrás de um passatempo, um trabalho, os livros, o esporte, o ativismo apostólico, o complexo de querer ser o centro de atenção ou nunca perder, o comer ou beber em excesso etc. Facilmente são narcisistas;

• *os mendicantes*: têm uma imagem negativa de si mesmos e um humor muito instável, portanto, buscam continuamente o equilíbrio captando a benevolência dos outros, sua atenção, sua compaixão ou apoio afetivo;

• *os desequilibrados*: manifestam reações agitadas e desproporcionais como intento de reequilibrar-se diante da frustração. Se os problemas são notáveis, necessitam indubitavelmente de ajuda psicológica.

Passos indispensáveis do acompanhamento espiritual

O primeiro passo é a ajuda ao candidato para que se conheça pessoalmente em profundidade, em seus aspectos positivos e negati-

---

[60] *Ibid.*, p. 114.

vos, com suas motivações conscientes e inconscientes, com sua realidade atual e suas metas e ideais.

Um segundo passo é ajudar o candidato ao sacerdócio ou à vida consagrada a superar a ambivalência típica do adolescente ou do jovem que não logra ainda encontrar sua própria identidade pessoal e sexual, a responsabilidade diante da vida, a constância no agir e o enfrentamento equilibrado das situações novas.

Um terceiro passo é ajudar o jovem a liberar a própria capacidade de liberdade afetiva e relacional que passa pelo amor de Deus e pela disponibilidade de trabalho por seu Reino.

Desta maneira, o acompanhante manifesta uma verdadeira paternidade/ maternidade espiritual que gera vida e incide positivamente no processo espiritual do candidato ao sacerdócio ou à vida consagrada.

ANEXO 6

Critérios de maturidade psicológica para admitir um candidato à ordenação sacerdotal ou aos votos religiosos

Neste anexo farei uma síntese baseada nas conclusões de diversas conferências episcopais, conferências de religiosos, reuniões de sacerdotes e religiosos psicólogos, estudos de peritos etc., sobre o tema da maturidade afetiva e os critérios psicológicos que devem ser exigidos dos candidatos para acercar-se da ordem sacerdotal ou da emissão de seus votos religiosos (A. M. Pereault;[61] R. Geisinger;[62] G. De Mézerville[63]).

Geralmente, esses autores distinguem entre:

• *maturidade em geral*: capacidade de gerar;

• *maturidade biológica*: capacidade de gerar outra vida;

• *maturidade fisiológica*: maturidade de um organismo segundo a idade cronológica;

• *maturidade psicológica*: maturidade de manter-se a si mesmo para comunicar-se, dar-se, entregar-se;

• *maturidade moral*: capacidade de coerência para entregar-se;

• *maturidade espiritual*: capacidade de relação autêntica com Deus e com o próximo;

Do ponto de vista sacerdotal e de consagração religiosa, a maturidade deve entender-se como a capacidade que tem o presbítero ou o religioso de tornar-se a si mesmo para entregar-se a Deus e ao serviço do Reino.

---

[61] Cf. PEREAULT, Aimon-Marie. *"Maturité requise pour l´entrée au noviciat et pour l´émission des voeus"*. in: *Vita Evangelica* 28, 1969, p. 33-47.

[62] Cf. GEISINGER, Robert. *"Presbyteral maturity and matrimonial maturity"*. In: *Periodica* 89, 2000, p. 353-377.

[63] Cf. DE MÉZERVILLE, Gaston. *"La dimensión humana en la formación para la vida ministerial de sacerdotes y religiosos"*. In: *Medellín* 109, 2002, p. 21-50.

Maturidade requerida para ingressar
na teologia ou no noviciado

Supõe-se que os anos anteriores aos estudos teológicos ou ao ingresso no noviciado tenham sido utilizados no conhecimento e discernimento de si mesmo, da vocação e no trabalho sério para entrar num processo de formação. Nesse momento, o candidato já deve ter certo grau de maturidade que se pode medir e que se manifesta em vários aspectos:

Aspecto ontológico

Consiste em ter chegado a um ponto suficiente de realização de si, de autorrealização. Um candidato que foge do mundo, das dificuldades e desafios que pode encontrar, do esforço para superar metas de alcance mediano ou que sente que "fora" será um fracassado, porque não tem capacidades humanas para realizar-se, não pode seguir o caminho do sacerdócio ou da vida consagrada.

Aspecto fenomenológico

É a capacidade de perceber-se positivamente em quatro níveis:
• percepção realista e positiva de si;
• percepção positiva do mundo como um dom de Deus;
• percepção positiva de Deus como o valor máximo;
• percepção positiva do sacerdócio ou da vida consagrada como valores dignos de viver.

Aspecto facultativo

Trata-se de ter encontrado um "certo estilo de vida" que se adapta ao sujeito. Isto é, o candidato ao sacerdócio ou à vida consagrada se sente predisposto livremente a abraçar um estilo de vida que se adapta a ele, que corresponde a sua maneira de ver a realidade, que o ajuda a animar e estruturar sua vida. Esse "estilo de vida", por sua vez, não é o de um jovem qualquer do mundo que não persegue os mesmos ideais.

Aspecto determinante

O jovem deve mostrar a capacidade de pôr em execução, de demonstrar com a conduta, com seus atos, que tem vocação, que lhe agrada esse "estilo de vida" e que está disposto a lutar por amor a Jesus Cristo e a seu Reino.

Maturidade requerida para o presbiterato ou para os votos perpétuos

Os anos anteriores à ordenação ou os anos de votos temporários devem ter sido um período de forte formação, com progressos concretos e demonstráveis e com uma crescente convicção de que o caminho escolhido é o verdadeiro e mais conveniente para o candidato. Em outras palavras, se nos anos anteriores se poderia supor que o jovem lutaria para obter certos traços de maturidade, agora já não basta a suposição, mas é necessário demonstrar a maturidade adquirida. Daí nascem três critérios psicológicos importantes:

Percepção e aceitação de si, que se demonstra em:

sentir-se amado por Deus. Onde não há amor, não há vocação. Onde não há paixão não há convicção. É necessário que o candidato experimente em seu interior o amor de Deus, que o ama pessoal e individualmente, apesar de suas debilidades e defeitos. É amor incondicionado;

sentido do humor. O candidato ao sacerdócio ou à vida consagrada não pode viver na defensiva, deve saber gozar a vida e as circunstâncias, deve saber rir de si mesmo e de seus próprios defeitos. O sentido do humor (não do chiste, do escárnio ou da grosseria) é sinal de que se sente bem integrado em si mesmo;

sentido comum ou bom juízo. Manifesta-se na maneira de julgar pessoas, coisas e acontecimentos, com equilíbrio e agudez. Um candidato sem sentido comum, por muito boas qualidades que demonstre em outras áreas, não garante sua perseverança digna no sacerdócio ou na vida consagrada: no dia de amanhã "poderia sair com qualquer coisa";

capacidade de crítica construtiva. Manifesta-se em saber julgar e buscar os aspectos positivos e negativos dos acontecimentos e das coisas, na aceitação das pessoas, no "não comer inteiro", em saber fazer propostas positivas de mudança e comprometer-se em colaborar;

Capacidade de escolha que se manifesta em:

* *capacidade de autonomia e independência*. O candidato deve pensar com sua própria cabeça. Um jovem submisso demais e complacente, ou, no outro extremo, demais obstinado e individualista, não é bom candidato para um trabalho em equipe nem para um "sentido de Igreja". Para aceitar a autoridade da Igreja e dos superiores deve antes pensar e raciocinar por si mesmo e não entregar suas escolhas só ao argumento de autoridade, de conveniência ou de obstinação;

* *sentido da responsabilidade*. Responsável é quem mede as consequências de seus atos e "responde" por eles, não quem mente, evade ou lança a culpa sobre outros;

* *vontade de progresso*. Significa que em meio às dificuldades, aos problemas e às enfermidades, o candidato conserva seu desejo de seguir sempre avante e conserva a esperança de que o amanhã, com a ajuda de Deus e seu esforço pessoal e comunitário, será melhor que o passado ou o presente;

* *estabilidade emotiva aceitável*. Diz-se "aceitável" porque a afetividade sempre terá seus menos e seus mais, mas nunca em forma de baixas e picos exagerados e contínuos. A afetividade madura é um "equilíbrio dinâmico" de aceitar sentimentos e emoções, discriminá-los, manifestá-los e controlá-los;

Capacidade de executar o escolhido, que se manifesta em:

* *iniciativa*, isto é, saber adiantar-se na busca do bem comum e na construção do Reino de Deus. O passivo, descuidado ou preguiçoso não é "trabalhador do Reino", mas de sua própria preguiça, negligência ou egoísmo;

* *capacidade de prazer* nas atividades próprias do ministério sacerdotal ou religioso. Se a um candidato não agradam a oração, o apostolado, o sagrado, a comunicação com os outros, a ajuda aos pobres etc., de que vai gostar em sua vida? O negativo e aborrecido certamente não será garantia de perseverança;

* *capacidade de superar as frustrações.* Talvez seja esta uma das dificuldades mais difíceis para o jovem da pós-modernidade. A pior frustração é não ter frustração, porque a vida, tarde ou cedo, apresenta cruzes, dificuldades, dores e riscos. A frustração se supera com senso de humor, análise crítica do sucedido, confiança em si, otimismo no futuro e ajuda na oração;

* *constância ou fidelidade.* Significa capacidade de perseverar apesar dos problemas e dificuldades. Outra característica difícil para um jovem da pós-modernidade, mas essencial para um candidato a seguir, durante toda a vida, os valores eternos do Evangelho. A fidelidade é uma resposta no amor a Jesus Cristo;

* *capacidade de "docilidade"* ou disponibilidade inteligente e atenta para buscar, com a ajuda do formador, a vontade de Deus. Alguns autores, como A. Cencini,[64] preferem falar de *docibilitas* e não de *docilitas*: esta indicaria obediência, ao passo que a primeira significaria viver cada momento, relação, idade, lugar e circunstância inédita ou aparentemente adversa, como tempo e oportunidade de formação;

* *trabalho com os pobres.* O candidato que não sinta gosto pelo trabalho com os mais pobres e abandonados sentirá gosto pelo poder, privi-

---

[64] Cf. CENCINI, Amedeo. *El árbol de la vida. Hacia un modelo de formación inicial y permanente.* San Pablo, Madrid, 2005, p. 125.

légios, clericalismo, exceções e viverá uma vida desencarnada da realidade dos mais necessitados. A opção pelos pobres não é algo secundário, pertence ao centro da mensagem evangélica;

* *sentido do ecológico*: o candidato deve considerar a terra como a morada que Deus deu à humanidade e a todos os seres vivos. É o lar onde todos nos encontramos interdependentes. Daí nasce uma atitude positiva, profunda, de respeitar toda forma de vida, de viver com o necessário e evitar o supérfluo. "Ecologia" vem do grego *oikos* = casa e *logos* = pensamento racional; "economia" também provém do grego *oikos*, e de *nomea* = administração. Por desgraça a economia mal usada pelo homem pôs em crise a ecologia.

VII. Princípios que nos oferecem as teorias cognitivas

*Não existem palavras mais claras que a linguagem do corpo,
uma vez que se aprendeu a lê-lo.*
Alexander Lowen

As teorias cognitivas não só dão importância aos estímulos e às respostas, às motivações e ao inconsciente, mas analisam em profundidade os processos que se elaboram na mente do indivíduo e que têm como substrato fisiológico nosso sistema nervoso central (SNC). Por isso, utilizam comumente termos como: esquema, estrutura, modelo, reestruturação, processo, cognição, representação e muitos mais.

Neste capítulo vou tomar conceitos de alguns teóricos cognitivos, como Brunner, Gardner, Bowlby, Beck, Guidano e Young (B. Bara),[65] e os aplicá-los à formação dos candidatos ao sacerdócio e à vida consagrada.

---

[65] Cf. BARA, Bruno G. *Manuale di psicoterapia cognitiva*. Bollati Boringhieri, Turin, 1999.

Conceito de Si e afetividade. A inteligência afetiva

Defino o *conceito de Si* como:

> O processo dinâmico cognitivo-afetivo de diferenciação, integração, organização e consolidação do ser humano em contato com os outros e com o mundo, através do qual ele expressa sua individualidade e unicidade pessoal, o que sente, pensa e age e o que quer chegar a ser.

O processo se inicia, desde o começo da vida em relação com a *"figura materna"*, com esquemas sensomotores emocionais não verbais, se desenvolve em esquemas pré-lógicos e se abre a inter-relações cada vez mais complexas e autotranscendentes.

Por maturidade afetiva entendo:

> O produto de um processo de apego do ser humano à "figura materna" da qual obtève constantemente assistência, afeto e proteção, convertendo-se em base segura para a abertura à realidade externa e para animá-lo num caminho sempre maior de autonomia, de autocontrole e de confiança em si e no mundo.

Em outras palavras, a maturidade afetiva é o produto de um processo de reelaboração dos vínculos da criança iniciados primordialmente com a "figura materna" (mãe e ambiente de lar), em ordem a uma melhor autonomia e autocontrole, produto que logo na adolescência e na idade adulta se manifesta criativamente em novas explorações, empenhos e objetivos. Ao dizer "positivo processo" estamos sustentando uma concepção positiva da vida afetiva que vê as emoções e sentimentos como cruciais para o comportamento inteligente.[66] Uma concepção positiva das emoções e sentimentos e por isso da vida afetiva, não defende que estas sejam sempre úteis, mas afirma que a melhor receita para o êxito não é só a razão, mas a mescla de razão e emoção.

---

[66] EVANS, Dylan. *Emoción. La ciencia del sentimiento.* Taurus, Madrid, 2002, p. 47.

Tanto a afetividade como o conceito de Si são processos que têm a ver com o outro e com o mundo. "São duas faces da mesma moeda". A afetividade olha mais as emoções e sentimentos, o sentir, o experimentar, o imediato; o conceito de identidade própria, a integração, a auto-organização, o distanciamento, o pôr contornos.[67] Contudo não se excluem, mas se completam, se integram, são interdependentes e se explicam mutuamente.

A afetividade se apresenta temporalmente antes do conceito de Si, pois se inicia na vida intrauterina. O feto no seio materno, através dos hormônios que fluem para o fluxo sanguíneo, reage aos estímulos de prazer-desprazer, tranquilidade-*stress*, aceitação-rechaço que experimenta a mãe, configurando a existência de um verdadeiro e próprio "aprendizado intrauterino". O conceito de Si aparece mais tarde, na fase de separação-individuação, quando o ser "se reconhece" integrado num sentido de permanência e continuidade, de "eu nuclear"; e não se adquire antes do final do primeiro ano de vida.[68] E é aqui que aparece o papel organizativo desenvolvido pelos processos de apego à "figura materna". Através da regularidade percebida nos comportamentos e intenções dos pais, a criança começa a conectar as tonalidades emotivas difusas de base com percepções específicas, com ações e com recordações, transformando-as em esquemas emocionais responsáveis pela experiência subjetiva. Este surgir da experiência subjetiva está conectado, por sua vez, com a percepção de ser uma entidade diferente das coisas e dos outros que a circundam, isto é, a ter um próprio conceito de Si sobre a base dos esquemas emocionais experimentados na relação com as figuras significativas. Diz Guidano:[69]

> A criança, por meio do ordenamento autorreferencial que leva
> a cabo com a busca de proximidade e contato com seus pais, põe
> limites ao intercâmbio com o mundo e percebe ao mesmo tempo

---

[67] GUIDANO, Vittorio F. *Il Sè nel suo divenire. Verso una terapia cognitiva post-razionalista.* Bollati Boringhieri, Turin, p. 26.

[68] *Ibid.,* p. 63.

[69] *Ibid.,* p. 18.

o fluir de suas modulações psicofisiológicas dentro de um contínuo acercar-se/ afastar-se, centrado e equilibrado pela "figura de apego".

A.   Ruiz[70] afirma que como o ser humano é um primata, vive imerso numa dimensão "intersubjetiva", isto é, o conhecimento dos outros é sempre um conhecimento de si mesmo e o conhecimento de si mesmo é sempre um conhecimento dos outros. É só por meio da consciência dos outros que podemos alcançar uma consciência de nós mesmos e isto sucede como uma consequência afetiva.

Agora bem, a capacidade de antecipar a possível reação de outra pessoa tem como pressuposto a capacidade de tomar o ponto de vista dessa pessoa e poder reconstruir suas intenções e motivações. Se alguém tem a capacidade de reconstruir o ponto de vista de outro, também pode contemplar-se a si mesmo a partir de outro ângulo, ver-se a partir de fora, e essa capacidade permite estruturar a imagem consciente de si mesmo. A imagem consciente de si que nos construímos é a consciência que vamos construindo de nós mesmos, através de como nos vemos desde o ponto de vista de outra pessoa. Por outro lado, os seres humanos nascem com "emoções básicas" que vêm já inscritas no código genético. A maioria dos investigadores afirma que essas emoções básicas são poucas, de características muito delineadas e correspondem a padrões psico-fisiológicos de expressão facial e de conduta específicos. Essas emoções se desenvolvem com grande força de modo especial nos primeiros anos de vida e o fazem particularmente nos processos de "apego".

Assim se unem intimamente afetividade, conceito de Si e apego à "figura materna". Num marco experiencial de relação com as figuras significativas de apego, a criança reorganiza suas emoções de base para chegar a percebê-las como sentimentos e poder experimentar como um Si independente e ao mesmo tempo relacionado com o mundo e com os outros.

---

[70] Cf. Ruiz, Alfredo. *La psicoterapia en un mundo de complejidad e incertidumbre. Hacia una terapia cognitiva post-racionalista.* Inteco, Santiago de Chile, 2003, p. 49-53.

Não pode existir positiva maturidade afetiva sem conceitos de Si integrados e consolidados, como não pode existir este sem uma positiva maturidade afetiva que faça a pessoa sentir-se aceita, amada e segura, não para ficar encerrada em si mesma, mas para abrir-se ao mundo, aos outros e ao transcendente. Ambos os processos se entrelaçam ao final do primeiro ano de vida e em ambos tem um papel decisivo a relação de apego à "figura materna".

Antes de fazer aplicações aos candidatos ao sacerdócio à vida consagrada, é conveniente explicar em grandes traços a teoria do "apego à figura materna" de J. Bowlby.

A teoria do "apego à figura materna"

A teoria de J. Bowlby é admitida por quase todas as escolas psicológicas atuais. Seguirei a apresentação que faz G. Liotti.[71]

No ser humano existe uma tendência inata a buscar a proximidade protetora de uma figura bem conhecida, cada vez que apareçam situações de perigo, dor, fadiga ou solidão. Do ponto de vista evolucionista, esta é uma vantagem em termos de sobrevivência e adaptação ao meio ambiente. Durante a operação do sistema de apego se evocam potentes emoções que formam a base das futuras emoções.

O sistema motivacional de apego é inato, mas os diversos modelos de apego são aprendidos, geralmente, pelo contato da criança com as primeiras figuras de apego (que são em geral os pais, e especialmente a mãe). Os conhecimentos, emoções e experiências que derivam dessa relação entre a criança e a figura de apego se englobam progressivamente em esquemas cognitivos que chamamos de modelos operativos internos (Moi) e que influirão durante toda a vida da pessoa.

O comportamento de apego nos dois primeiros anos de vida da criança (período sensível) já foi estudado numa condição padrão de observação empírica conhecida como "situação insólita" (*Strange Situation* = SS).

---

[71] Cf. Liotti, Giovanni. "L´attacamento". em: BARA, B. (ed.). *Manuale di psicoterapia cognitiva*. Bollati Boringhieri, Turin, 1999, p. 63-79.

A criança de 12-18 meses, acompanhada geralmente pela mãe, é levada a um quarto que vê pela primeira vez. Aí são acolhidas por uma pessoa desconhecida. Depois de poucos minutos a mãe sai do quarto e se observam as reações da criança a sua separação. Passados no máximo 3 minutos, a mãe volta ao quarto e se observam as reações da criança no reencontro. Segundo a teoria de J. Bowlby, as separações ativam o sistema de apego, ao passo que os reencontros o desativam. O comportamento da criança diante da separação e do reencontro descreve, portanto, a forma em que as crianças assumem o sistema de apego e os correspondentes MOI no curso do primeiro ano de vida. Assim:

• algumas crianças reagem com aparente indiferença à separação e tratam ativamente de evitar o contato físico com a mãe. Esse apego foi chamado de evitante e se encontra facilmente em pessoas com tendências depressivas;

• outras crianças protestam vivamente no momento da separação, buscam vivamente sua mãe durante sua ausência, mas se acalmam rapidamente no momento do reencontro. Esse apego foi chamado de seguro e se encontra amiúde nas pessoas maduras e normais;

• uma terceira parte das crianças protesta vivamente durante a separação, mas não se acalmam, mais ainda, continuam seu protesto apesar de que a mãe entre no quarto e trate de abraçá-las; em outras palavras, têm necessidade da mãe e ao mesmo tempo a rechaçam. Esse apego foi chamado de resistente e pode-se encontrar nas pessoas com tendências obsessivo-compulsivas;

• finalmente, um quarto grupo de crianças se caracteriza por uma notável desorganização do comportamento de apego, tanto no momento da separação como no do reencontro: apresentam comportamentos contraditórios simultâneos ou em rápida sucessão, por exemplo, vão à mãe, mas com a cabeça virada para outro lado, ou se dirigem à mãe e de maneira imprevista se desviam de seu caminho e se colocam de cara para a parede. Esse tipo de apego foi chamado de desorientado-desorganizado e se encontra amiúde nas pessoas com graves transtornos psicológicos.

O estudo do apego foi mais longe e estudou os adultos. A Aai (*Adult Attachment Interview*) observa as atitudes da mãe ou a "figura de apego" adulto correlacionadas com os valores tipos ou modelos de apego das crianças. É uma entrevista estruturada que dá lugar a uma transcrição, que vem analisada de maneira padronizada para descobrir as propriedades formais da linguagem, da memória e do pensamento do apego adulto, mais que os conteúdos das respostas. Para maior compreensão, examine-se o seguinte quadro:

Tabela 5: Diversos tipos de apego, situação insólita (SS) e entrevista de apego adulto (AAI)

Tipos ou modelos de apego	Fase SS: Separação	Fase SS: Reunião	Estilo materno: Resposta (AAI)
A. Evitante	Não protesta	Evita o contato	Isolado (*dismissing*)
B. Seguro	Protesta	Se acalma rápido	Livre (*free*)
C. Resistente	Protesta	Resiste ao consolo oferecido	Enredado (*entangled*)
D. Desorientado desorganizado	Comportamentos incompatíveis simultâneos	Comportamentos incompatíveis simultâneos	Não resolvido (*unresolved*)

O fato de poder correlacionar, de maneira estatística significativa, as atitudes dos pais (AAI) e o comportamento de apego da criança (SS), medidos independentemente, permite formular a hipótese de como podem ser formadas no primeiro ano de vida diversas representações da pessoa com o outro, isto é, diversos "modelos operativos internos" (MOI).

A criança com apego *evitante* interagiu com uma "figura materna" que desvalorizou o significado de sua petição de ajuda e, portanto, a criança construiu um conjunto de expectativas de rechaço a respeito das próprias exigências de apego e aprende a reprimi-las.

A criança com um padrão de apego *seguro* se dedicou, em compensação, a construir memórias precoces e expectativas em que seus pedidos de ajuda e cuidado encontraram uma resposta coerente e positiva na "figura de apego".

A criança com apego *resistente* interagiu no primeiro ano de vida com uma mãe (ou pai) inconstante e incoerente ao responder a seu pedido de cuidado. Provavelmente seus MOI conterão informações discrepantes, algumas relativas a momentos em que foi atendido convenientemente e outros em que foi rechaçado ou descuidado ou a mãe não esteve disponível.

A criança com apego *desorientado-desorganizado* interagiu com uma figura materna turbada por experiências dolorosas, às vezes terroríficas, que se referem a lutos e traumas não elaborados. Essa atitude do adulto assusta a criança, que ainda não está com a capacidade de compreender o motivo e a origem deles. Cria-se assim um paradoxo: o medo a empurra para buscar a proximidade da mãe, e esta, por sua vez, lhe causa temor. Deste modo, a criança constrói um modelo representativo múltiplo de si mesma e da figura de apego, intercambiando-se, indefinidamente, os papéis de vítima, de salvador e de monstro perseguidor.

Muitas investigações confirmam a previsão teórica de que os MOI construídos nos dois primeiros anos de vida tendem a persistir, não modificados em sua estrutura e em seus conteúdos fundamentais, até a idade adulta. Naturalmente que não se trata de uma não modificabilidade absoluta, mas de uma tendência à estabilidade dos MOI aprendidos na infância. É provável, então, que na idade adulta a escolha de amigos ou de companheiro(a) sentimental, a pertença a um grupo, a escolha de um tipo de trabalho ou de uma vocação determinada estejam influenciadas pelos MOI aprendidos nos primeiros anos.

Analisemos, agora, um quadro sobre o apego e a organização da afetividade. Ponho em relação a imagem de si e a imagem do outro que a criança tem, o tipo de relação que manifesta, o tipo de cuidado que oferecem os pais e, como resultado, os quatro padrões de apego que se originam das variáveis anteriores.

Tabela 6: O apego e a organização da afetividade

Tipo de apego	Imagem de si	Imagem do outro	Tipo de relações	Tipo de cuidado (pais)
Evitante	Imagem negativa de si, Baixa autoestima, rechaço.	Não me dá calor, nem atenção, não cuida de mim.	Evito e temo a relação, fujo e me encerro em mim, me deprimo.	Pais e educadores frios e distantes que não dão importância à relação.
Seguro	Imagem positiva, "sou amável", "eu valho".	É capaz de amar, de dar atenção, de responder às minhas necessidades.	Relações de confiança, sou capaz de pedir ajuda, creio no outro.	Disponíveis, sensíveis e "respondentes" às necessidades da criança.
Resistente	Não estou seguro de mim; sou ambivalente, instável e ansioso.	É disponível só quando quer; seu cuidado é condicionado.	Sou conflitivo, tenho medo do juízo dos outros; o mundo é perigoso.	Pais e educadores imprevisíveis, que respondem às vezes sim/ não.
Desorientado/ Desorganizado	Me sinto rechaçado, confuso, mau e não adaptado.	O outro é mau, egoísta e contraditório.	Não posso confiar, minhas relações são imprevisíveis e caóticas.	Pais incoerentes por problemas psicológicos ou abuso de substâncias.

Aplicações à formação

Em continuação vou apresentar algumas sugestões práticas tanto para formadores como para formandos, baseando-me nos princípios que expliquei neste capítulo.

1) O sacerdócio e a vida consagrada são uma escolha de vida aberta a todas as vicissitudes e riscos, positivos e negativos, da existência humana. É um processo aberto e em contínuo fazer-se. E, com maior razão, o é a "maturidade afetiva" e o "conceito de Si": não têm um equilíbrio "justo" e "ótimo", mas são uma conquista contínua. Não há um formador completamente maduro, há o suficientemente maduro.

2) O "apego seguro" não é patológico na idade adulta, o contrário é necessário. O formador, como qualquer ser humano, não importa a idade que tenha, necessita de uma "base segura" na qual apoiar-se. Essa "base segura" lhe dá sua identificação com Jesus Cristo, sua pertença à Igreja, sua comunhão com o presbitério ou sua comunidade religiosa, seu ministério sacerdotal ou carisma congregacional. Essa posição estaria na linha teórica de "apego seguro" explicitada em J. Bowlby[72] e Kirkpatrick[73]. Contudo há o perigo de ficarmos numa "base segura" meramente "teórica" e não "experiencial". Enquanto não haja uma "opção fundamental por Jesus Cristo", encarnada numa vivência concreta de comunidade, sua experiência de segurança será teórica, passageira, não pessoal nem totalizante.

3) O "apego" a Jesus Cristo não deve ser meramente teórico, como não o é o apego da criança a sua mãe. Deve ser "apaixonado" no sentido etimológico da palavra. Paixão é uma inclinação entusiasta da pessoa que a induz para o que deseja. Esse "entusiasmo" significa em grego *em-theos* (em Deus), isto é, deve ser como o amor de Deus que tudo dá incondicionalmente. Somente assim se pode entender um celibato ou uma castidade sacerdotal que essencialmente não são uma "carga que suportar", mas um "entusiasmo ardoroso" por uma pessoa chamada Jesus Cristo, que se converte no eixo fundamental e atraente da vida. Se não existe esse "enamorar" por Jesus Cristo, que "fusiona" afetiva e efetivamente toda a vida ao redor dele, o apego não é seguro, a castidade é frágil e a vida do

---

[72] BOWLBY, John. *The growth of independence in the young child.* In: *Royal Society of Health Journal* 76, 1956, p. 588.
[73] KIRKPATRICK, Lee A. *The role of attachment in religious belief and behavior.* in: BARTHOLOMEW, K. e PERLMAN, D. (eds.). *Advances in personal relationships.* London, 1994, p. 239-265.

sacerdote ou consagrado se converte em exagerar controles, evitar ocasiões ou viver tristezas. Mais ainda, essa paixão por Jesus Cristo torna possível uma verdadeira evangelização e construção do reino de Deus. Diz A. Cencini:[74] "Só se transmite aos demais (e, portanto, se comparte) aquilo por que alguém está apaixonado, aquilo que internalizou profundamente no coração: aquilo... de que se está enamorado".

4) Essa "opção fundamental por Jesus Cristo" não suprime no formador a relação afetiva com outros seres humanos concretos e vizinhos, ainda mais, a exige. Por isso, a amizade no formador é algo fundamental. Amizade com eles e com elas; amizade que tenha as características de ser livre, aberta e humanizadora, não condicionadora, fechada e desumanizadora, amizade que os formandos vejam e que seja um testemunho para eles. Amizade íntima somente com Jesus Cristo, amizade aberta com todos os outros.

5) Agora bem, o ser humano está aberto à mudança, mesmo em sua idade adulta ou madura. Um formador que tenha tido experiência negativa de "apego inseguro" com sua "figura materna" pode mudar, e para isso deve buscar uma experiência positiva de "apego seguro" que o ajude a mudar seus Moi de "apego inseguro". Essa experiência pode ser encontrada numa ajuda terapêutica bem conduzida, numa orientação espiritual que o anime a um maior compromisso com Jesus Cristo, numa amizade que lhe dê a segurança de base respeitando o compromisso que já realizou. Não significa que, por serem os primeiros anos de vida os mais importantes para a formação da afetividade, a pessoa não possa mudar seus Moi mais tarde. É mais difícil, mas pode fazê-lo. Para essa mudança é necessário um ambiente adequado que facilite o trabalho de reestruturação e aquisição de novos Moi através de experiências positivas de afeto.

6) A vocação sacerdotal e religiosa, do ponto de vista psicológico, depende em grande parte da ideia que se tenha de Deus e da relação de intimidade que se queira realizar com Ele através de Jesus Cristo. E estas, por sua vez, dependem psicologicamente do tipo de apego que estabe-

---

[74] CENCINI, Amedeo. *Relacionarse para compartir. El futuro de la Vida consagrada.* Sal Terrae, Santander, 2003.

leceu nos primeiros anos com a "figura materna". G. Stickler[75] realizou uma investigação sobre 2.255 jovens em torno da relação com os pais e da representação de Deus. Resulta que a imagem positiva de Deus está intimamente vinculada com a relação positiva com a mãe e vice-versa, a representação negativa de Deus está influenciada principalmente por uma relação conflitiva com o pai.

Numa investigação que realizei faz poucos anos sobre uma mostra de 750 sacerdotes de três nacionalidades,[76] o apego seguro à "figura materna" estava intimamente relacionado com a adesão ao ministério sacerdotal e com baixos níveis de ansiedade. Os apegos evitante e resistente tinham uma regular ou deficitária relação com a adesão ao sacerdócio; por sua parte, o apego desorientado-desorganizado se relacionava negativamente com a adesão ao sacerdócio e mostrava altos níveis de ansiedade.

O formador deve ter em conta que um jovem com "apego desorientado-desorganizado" dificilmente poderá responder com serenidade à vocação sacerdotal ou religiosa. Todos os dados antes indicados demonstram que esse tipo de apego não ajuda a vocação e é fonte de altos níveis de "ansiedade". No seminário ou casa religiosa não teria nem o ambiente nem as condições aptas para uma terapia controlada e séria que o ajudaria a mudar seus MOI radicalmente inseguros.

O melhor candidato, do ponto de vista psicológico, seria o jovem que mostrasse "apego seguro". Contudo, mesmo os que manifestassem "apego evitante" e "apego resistente" poderiam ser admitidos num processo vocacional, contanto que se lhes ofereça uma ajuda personalizada do ponto de vista psicológico e religioso. Com estes últimos não bastaria uma formação de grupo, seria necessário um seguimento pessoal planificado e levado à prática com metas e objetivos concretos.

7) Os formadores e responsáveis dos seminários deveriam ter muito

---

[75] Cf. STICKLER, Gertrud. Rappresentazione di Dio e immagine dei genitori nella esperienza degli adolescenti. Ricerca effettuata su 2.255 adolescenti tra 14 ai 21 anni. In: *Revista di Scienze dell´Educacione* 1, 1974, p. 39-75.

[76] Cf. PRADA, José Rafael. *Madurez afectiva, concepto de Si y adhesión al ministerio sacerdotal.* San Pablo, Bogotá, 2004, p. 107-163.

presente que "a graça pressupõe a natureza" e que se é certo que a psicologia não diz quem tem ou não tem vocação sacerdotal ou religiosa, pode-se dizer quem está ou quem não está num processo positivo de maturidade afetiva e de conceito consolidado de Si. É desejável e necessária uma formação personalizada dos futuros sacerdotes, que tenha em conta o adequado planejamento pedagógico em que intervenham a psicologia e as ciências afins.

8) Os formadores devem dar-se conta de que são modelos para seus formandos e devem converter-se em sua "base segura". Ser "base segura" significa que o formador observe em cada momento suas próprias motivações, sentimentos e comportamentos e saiba observar respeitosamente os do formando, "sendo e deixando ser". Trata-se de responder às necessidades do formando, não às necessidades do formador ou ao que este ingênua ou comodamente "crê" que são as necessidades do formando. Essa é a regra de ouro que oferece a "teoria do apego à figura materna". Desta maneira, o formador facilita um processo de identificação que ajuda o processo de formação da própria identidade do formando.

Em outras palavras, quem não é coerente e integrado não pode ajudar na coerência e na integração; quem não caminha nos caminhos da liberdade não pode ajudar a ser livre; quem não aceita seus próprios sentimentos e emoções não pode ajudar na maturidade afetiva de outro; quem não sente humanamente não pode humanizar; quem não vive a experiência de Jesus Cristo não anima os outros a viver uma experiência similar. Essas ideias são ratificadas por M. Gahungu e V. Gambino[77] quando afirmam: "Antes de fazer-se a pergunta do como fazer, o formador no seminário deve perguntar-se *como ser*".

9) A base segura são o formador e a comunidade formativa, integrada por formandos, formadores, professores, diretores, colaboradores, colaboradores etc. É necessária uma comunidade de pertença e de referência para o jovem formando, uma comunidade em que se sinta bem e

---

[77] Cf. GAHUNGU, Méthode e GAMBINO, Vittorio. *Formare i presbiteri. Principi e linee di metodologia pedagogica*. LAS, Roma, 2003, p. 217.

possa levar adiante comunitariamente os ideais que escolheu. O que faz que um grupo seja uma comunidade que vive valores religiosos não é o caminho espiritual de cada um, mas a convergência desses caminhos para constituir-se idealmente num só. Todos e cada um devem reconhecer-se como companheiros de viagem. E é, precisamente, este caminhar juntos o que transmite serenidade, confiança, segurança e alegria de viver um ideal comum.[78] Assim, a "fraternidade formativa" e logo a "fraternidade sacerdotal ou religiosa adulta" se convertem em âmbito natural do caminho de crescimento e sujeito agente da formação, não só inicial, mas durante toda a vida do sacerdote ou consagrado.[79]

10) O formador e os responsáveis devem recordar que há momentos em que o "sistema de apego" pode se "acender" mais facilmente. São os chamados "períodos sensíveis" que coincidem com acontecimentos especiais da vida da pessoa: enfermidade, morte de um ser querido, afastamento do lar, crise sentimental, percepção de situações de perigo etc. Nesses períodos o formando é mais sensível para uma experiência de afeto da parte do formador que se apresente como "base segura". Este não deve perder a ocasião de construir, então, uma relação que ofereça segurança e confiança, e ao mesmo tempo proporcione asas e ânimo para avançar na vida.[80] A maior segurança dos vínculos afetivos, maior força emocional e resistência disponível para os momentos difíceis.

11) Tarefa muito importante para o formador será ajudar o jovem formando a discriminar entre emoções de diversos sistemas motivacionais. Não é o mesmo sentir ira porque "me desprezaram" que sentir ira porque "estou esgotado e o ruído que alguém faz ao meu redor não me

---

[78] Cf. BRONDINO, Giuseppe e MARASCA, Mauro. *La vita affettiva dei consacrati*. Esperienze, Fossano, 2002, p. 84.

[79] Cf. CENCINI, Amedeo. La comunità educativa. In: *Testimoni* 12, 1996, p. 11.

[80] Diga-se o mesmo de um bispo ou de um provincial diante do sacerdote ou do religioso em crise. Precisamente a "crise" converte o momento em "período sensível" para a formação de um "apego seguro". Uma autoridade religiosa que não saiba aproveitar a ocasião de crise (afetiva, de enfermidade, familiar etc.) de um sacerdote ou religioso, por manter diante dele uma atitude rígida da lei, da norma, ou pior ainda, depreciando-o ou humilhando-o, perde a oportunidade de fazer surgir um processo de "apego seguro" e não manifesta o amor e a benignidade de Jesus Cristo.

deixa descansar"; não é o mesmo que uma moça me admire como "base segura na qual apoiar-se" e que me admire porque "vê em mim um possível companheiro sexual". Não esqueçamos que os diversos sistemas comportamentais ou motivacionais se comunicam entre si e que facilmente suas emoções podem ser parecidas, mas pertencem a sistemas diversos. Isto é mais fácil e factível no "sistema comportamental sexual", que, por ser filogeneticamente menos evoluído, manifesta mais "labilidade ambiental" e plasticidade, podendo converter-se no lago aonde confluem muitas emoções e sentimentos que pertencem a outros sistemas. Além disso, pela complexidade das redes neurais do sistema límbico, sede neurológica de nossa afetividade, temos o risco de confundir um sinal emocional com outro e ativar o sistema inapropriado. Tudo isso nos anima e, ao mesmo tempo, nos alerta sobre um maior trabalho de discriminação de nossas emoções e sentimentos.

12) Tanto o seminarista como o formador devem dar-se conta de que só se podem "decodificar" e controlar as sensações pertencentes à gama de emoções reconhecidas como "pessoais". Do contrário, experimentar-se-ão como fenômenos estranhos. Se o jovem pode reconhecer na imagem consciente de si mesmo sua experiência imediata", isto é, pode reconhecer suas modulações psicofisiológicas, sensações e emoções como próprias e referi-las a si, não terá discrepâncias em seu conceito de Si; pelo contrário, se essas sensações e tonalidades emotivas não são reconhecidas nem referidas a si, o seminarista as viverá como estranhas e, portanto, as experimentará como sintomas.

Esse experimentar pessoalmente significa que os jovens seminaristas devem ser conscientes e conhecedores das reações de seu corpo: estados de ânimo, pressentimentos, modo de mover, de controlar o corpo, de estar no mundo etc. As emoções, de maneira especial na juventude, devem ser consideradas como ocasiões de maior aprendizado, porque durante sua ativação estão trabalhando um maior número de circuitos cerebrais. Só sentindo-as, discriminando-as e controlando-as, podemos mudar. Se não admito minhas emoções, vivo então uma exclusão defensiva que me faz negar parte de minha existência. Portanto, não há outra alternativa que viver as emoções, sem negá-las nem reprimi-las, dando-lhes um canal adequado segundo os ideais ou projeto de vida que se quer realizar.[81]

13) Formador e formando terão sempre presente que o autocontrole ou a autorregulação emocional é uma ordem através de flutuações, não um "nirvana" onde tudo está debaixo de controle. Nesse processo, com seus mais e seus menos, o formando vai tomando consciência de seus estados emotivos e os vai controlando adequadamente, isto é, realizando uma organização "hierárquica" (não "em cadeia") segundo os valores que escolheu viver.

14) Finalmente, o formador e os responsáveis da formação devem dar-se conta de que, mais que em qualquer outra época, o que não se assume pessoalmente não se vive com radicalidade. Por isso não bastam as leis e as normas. É preciso ajudar a descobrir o valor que há detrás das normas e a hierarquizá-las dentro de uma escala de valores. O formando sentirá, então, que ele é o principal responsável de sua existência e de suas opções; e que a direção do caminho de sua vida, se bem que ver com as experiências passadas, essencialmente, depende do que ele decide fazer com o que tem atualmente. Assumirá, então, um conjunto de valores porque está convencido deles e lhe interessa viver assim, embora tenha outros que poderia escolher. Compreenderá que sua vida é uma contínua escolha de caminhos e que uma encruzilhada resolvida leva a outra encruzilhada, mas, ao final, nesse saber escolher, nesse formar "apegos" e fazer luto de outros, nesse buscar o inédito e criativo sem perder o já conquistado, está a verdadeira maturidade afetiva e o conceito consolidado de Si.[82]

---

[81] As emoções são parte essencial de nossa vida. Elas são positivas para nosso desenvolvimento humano, mas se não as experimentamos como nossas, não as discriminamos, não as controlamos e não as confrontamos, podem converter-se em causa de problemas e enfermidades. Cf. LAZARUS, Richard S. e LAZARUS, Berenice N. *Pasión y razón. La comprension de nuestras emociones*. Paidós, Barcelona, 2000, p. 305-335.

[82] Impressionou-me positivamente a primeira página do diário do Vaticano, *L'Osservatore Romano* do sábado 31 de março de 2007, durante a celebração do sacramento da penitência do Papa com os jovens e na véspera da Jornada Mundial da Juventude. Aparece a fotografia, em meia página, de Bento XVI sustentando entre suas mãos as de uma moça, e na parte superior um título imenso e em negrito "Osare l'amore" (Atrevei-vos a amar). Nessa ocasião o Papa dizia aos jovens: "Vós, jovens noivos, vivei o noivado no amor verdadeiro, que comporta sempre o respeito recíproco, casto e responsável. E se o Senhor chama a algum de vós... a uma vida de particular consagração, esteja pronto a responder com um "sim" generoso e sem arranjos".

A reestruturação cognitiva (confrontação)

A reestruturação cognitiva é um método terapêutico de intervenção usado na terapia cognitiva com o fim de procurar para a pessoa recursos suficientes e adaptados para resolver seus problemas e conflitos e levar uma vida mais coerente e serena. É muito útil ensiná-la aos candidatos ao sacerdócio e à vida religiosa; eles, por sua vez, mais tarde, poderão ensiná-la a outras pessoas.

Explicação teórica

Pensar determina nosso modo de sentir, dizem os psicólogos cognitivos. É possível ajudar as pessoas a sentir-se melhor, ensinando-lhes a elaborar interpretações mais precisas das situações.[83]

Nossos problemas e dificuldades, que se manifestam em atitudes de vida, geralmente têm três níveis: cognitivo (ideias e crenças), afetivo (nossas emoções e sentimentos) e comportamental (nossas ações, palavras, comportamentos externos...). Se se quer mudar uma atitude negativa que nos impossibilita um desenvolvimento adequado, o nível comportamental e, sobretudo, o nível afetivo, são difíceis de mudar. Podemos então começar pelo nível cognitivo, com a esperança firme de que este facilitará a mudança dos outros dois.

Estritamente, e isto é importante para evitar equívocos e esforços inúteis, não se trata de mudar nossos pensamentos, mas de torná-los mais flexíveis, isto é, mais racionais: pôr em ambos os lados da balança evidências para apoiar um pensamento ou outro. Dou um exemplo: uma pessoa com ansiedade generalizada poderia ter medo de quase tudo e pensar sempre o pior (pensamento negativo), mas não poderia mudar tolamente esse pensamento por um positivo, dizendo-se: "Aprendi artes marciais e agora posso atravessar tal bairro perigoso da cidade à meia-

---

[83] Cf. Young, Jeffrey E. e Klosco, Janet S. *Reiventa tu vida. Cómo superar las actitudes negativas y sentirse bien de nuevo.* Paidós, Buenos Ares, 2001, p. 26ss.

-noite, exibindo meu relógio Rolex!". Nenhum dos dois pensamentos é adaptado e funcional.

As onze armadilhas mais comuns

J. Young e J. Klosco[84] definem como "armadilha" um padrão psicológico errado que tem sua origem na infância e influi durante o resto da vida. Seria o mesmo que os Moi (modelos operativos internos) da teoria de J. Bowlby. As armadilhas são:

Armadilhas por falta de segurança física ou psicológica da família de origem:

• *armadilha do abandono*: a pessoa vive com a ideia de que as pessoas que ama o deixarão e terminará ficando para sempre sem nenhum vínculo afetivo. A frase reveladora: "Por favor, não me deixes!";
• *armadilha da desconfiança e do abuso*: a pessoa crê que os outros lhe fazem mal e cometem abusos contra ela. Portanto, as relações são distantes ou superficiais. A frase reveladora: "Não confio em você!".

Armadilhas por incapacidade de conduzir uma vida autônoma:

• *armadilha da dependência*: o indivíduo se sente incapaz de enfrentar adequadamente as atividades cotidianas, sem um considerável apoio dos outros. De criança, quase com segurança o fizeram sentir-se incompetente. A fraude protótipo: "Eu não sou capaz de fazer sozinho";
• *armadilha da vulnerabilidade*: temor de que num momento ou outro possa acontecer algo terrível (uma calamidade natural, uma enfermidade terrível, uma agressão criminal, uma quebra econômica...). O mundo não é um lugar seguro e a pessoa não experimentou uma figura de

---

[84] *Ibid.*, p. 15ss.

apego que lhe ofereça "base segura". A frase protótipo: "Pode me suceder algo terrível de um momento para outro!".

Armadilhas por relações afetivas:

• *armadilha da privação emotiva*: o indivíduo alberga a convicção de que sua necessidade de amor nunca será adequadamente satisfeita pelos outros. Os outros são frios e incapazes de dar afeto. Faltou uma "figura de apego seguro". A frase protótipo: "Nunca encontrarei o verdadeiro amor de que necessito!";
• *armadilha da exclusão social*: a pessoa se sente diversa e isolada do resto do mundo, sem amigos e sem grupo de referência. De criança não formou parte de um grupo de coetâneos. A frase protótipo: "Não consigo integrar-me aos outros".

Armadilhas por autoestima:

• *armadilha da inadequação*: o indivíduo se sente inadequado e crê ter algo que não vai bem. Se alguém quisesse amá-lo, deixaria de fazê-lo apenas se dê conta de que algo não vai bem. A pessoa mostra assim que, de criança, não foi respeitada como devia ser, e foi duramente criticada. A frase reveladora: "Não valho nada!";
• *armadilha do fracasso*: tem a convicção de que não funciona bem em âmbitos de afirmação pessoal, como a escola, o trabalho, o esporte etc. Quando criança facilmente foi comparada com outros e a fizeram sentir--se inferior. A frase reveladora: "Sinto-me um fracassado".

Armadilhas que se referem à expressão de si, a manifestar as próprias exigências e a satisfazer as próprias necessidades:

• *armadilha da submissão*: a pessoa sacrifica suas necessidades e desejos para comprazer ou satisfazer aos outros. De pequeno, facilmente o indivíduo esteve submetido exageradamente aos pais ou a uma pessoa próxima e significativa. A frase reveladora: "Faço sempre como tu queres";

• *armadilha dos padrões severos*: a pessoa não descansa um segundo no esforço de satisfazer as altíssimas expectativas que se impôs em *status*, dinheiro, beleza, saúde, autorrealização etc. Ao indivíduo, de criança, foi-lhe exigido demonstrar que era o primeiro em tudo. A frase reveladora: "Não está suficientemente bem feito!".

A armadilha da pretensão (ou exigência excessiva):

Não se aceitam os limites reais da vida. A pessoa se sente especial e crê poder fazer, dizer, gozar ou alcançar qualquer objetivo. Facilmente pode-se dizer que, de criança, a pessoa foi "consentida" ou "mimada" em excesso depois de seus quatro primeiros anos. A frase protótipo: "Posso fazer o que me dá vontade!".

Características das armadilhas

• Todas essas armadilhas perduram desde os anos da infância.
• Todas têm caráter autodestrutivo.
• Todas lutam por permanecer ou sobreviver.
Geralmente, afrontamos as armadilhas de maneira inadequada:
• Capitulando diante delas;
• ou fugindo;
• ou contra-atacando desordenadamente.

Como mudar as armadilhas?

Não é fácil mudá-las. Necessita-se estar dispostos a lutar, a sofrer, a ser constante e disciplinado para poder compreender a armadilha e mudá-la sistematicamente. Eis aqui alguns passos gerais para a mudança:[85]
• evitar o pensamento dicotômico (tudo ou nada), as generalizações excessivas (sempre... nunca... absolutamente... jamais...);

---

[85] *Ibid.*, p. 60ss.

• reconhecer e dar um nome às próprias armadilhas: é necessário que a pessoa identifique a armadilha e compreenda a maneira como influi em sua vida;

• compreender a origem da armadilha na infância: a pessoa deve sentir a criança ferida que tem em seu interior;

• preparar os próprios argumentos contra a armadilha: que a pessoa se mostre, em nível racional, o infundado de suas crenças;

• escrever uma carta aos pais, ao irmão ou ao coetâneo que contribuiu para dar origem a determinada armadilha, desafogando-se e manifestando os próprios sentimentos, embora a carta não seja enviada;

• examinar detidamente os elementos característicos da armadilha em menção: como se manifesta, em que circunstâncias, o que penso nesse momento, como posso mudar de concreto?

• superar os padrões negativos. Escolhe-se uma armadilha em concreto e se começa a trabalhar sobre ela. Às vezes se escolhe uma que é a mãe de todas as armadilhas, outras vezes se começa pela mais fácil de superar. Tudo depende do indivíduo;

• não se render, nem desistir. É preciso perseverar e não deixar de confrontar-se consigo mesmo;

• perdoar aos próprios pais. Perdoar não significa esquecer, mas se trata de compreender a atitude deles, que em muitíssimos casos foram os que ajudaram a originar a armadilha e excusá-los de alguma maneira veraz: não tinham suficiente educação, eram outros tempos, o fizeram buscando o bem embora equivocadamente etc.

Aprender a fazer juízos racionais

Glosando os princípios de A. Ellis,[86] fundador da TREC (Terapia Racional Emotiva Condutiva), apresento estes passos que podem ajudar a que os formandos adquiram um pensamento mais racional-emotivo autêntico:

---

[86] Cf. ELLIS, Albert. *Pregunte a Albert Ellis.* Obelisco, Barcelona, 2005, p. 110.

1. aprendamos a distinguir o necessário do desejável;

2. que recompensa extraímos de determinados logros? Nem sempre a recompensa deve ser dinheiro ou louvores externos. Às vezes, mais importante é nossa linguagem interior que nos felicita por nossa coerência e honestidade;

3. aprendamos a aceitar que às vezes nos equivocamos e falhamos, que isso é próprio do ser humano e que não deve criar-nos culpabilidade nem complexo algum;

4. aceitemos que as coisas nem sempre funcionam como alguém quer e que o mundo é como é;

5. não culpemos os outros pelos nossos sofrimentos. Somos nós que escolhemos ser ou não felizes;

6. vivamos o presente sem nos *preocupar* e nos ocupemos do desagradável quando se apresentar, não antes;

7. não evitemos nossa responsabilidade, tampouco busquemos sobrecarregar-nos com a dos outros;

8. sejamos independentes, isto é, não dependamos do entorno para sobreviver, mas tenhamos amigos;

9. manter-nos atados ao passado nos impede de gozar do momento presente;

10. ajudemos os outros, mas sem querer controlá-los. Cada qual é responsável por seus atos;

11. não sejamos perfeccionistas: formemos expectativas possíveis e realizáveis;

Anexo 7

Como medir o apego?

O seguinte questionário é uma tentativa simples de individuar o tipo de "apego à figura materna" que internalizamos em nossa vida. Basta escolher uma das três opções (A, B, C) das seguintes três perguntas:

1. Trate de individuar qual dos três "estilos sentimentais" apresentados a seguir corresponde melhor a seu ou se aproxima mais da maneira como você se sente numa relação íntima.

A. Sinto-me bem sem ter relações afetivas demasiado estreitas e comprometedoras. Sinto-me mal quando me ligo a outra pessoa, porque para mim é muito importante sentir-me independente e autossuficiente. Prefiro não depender dos outros e me sinto nervoso se alguém se mostra demasiadamente apegado a mim. Muito amiúde, meus companheiros me pedem que seja mais afetuoso do que eu, por próprio gosto, manifesto.

B. É mais fácil para mim estabelecer relações sentimentais íntimas, sinto-me à vontade dependendo de outra pessoa ou sentindo que ela depende de mim. Não se acontece frequentemente temer ser abandonado ou que pense que não sou aceito pelos outros.

C. Quisera estabelecer relações sentimentais íntimas, mas me dou conta de que os outros rechaçam essa intimidade que eu queria alcançar. Amiúde sou ansioso e penso que a outra pessoa não me quer ou não deseja estar comigo. Queria fundir-me completamente com outra pessoa e esse desejo faz que, algumas vezes, os outros me evitem. Sinto-me mal se estou em contato estreito com outras pessoas e algumas vezes ocorre-me que os outros não me estimam como eu os estimo.

2. Trate de escolher, entre as modalidades aqui apresentadas, aquela que melhor corresponde a seu modo de reagir quando você tem algum problema físico ou emocional.

A. Se estou mal, creio que devo esconder o que sinto e procurar não depender dos outros.

B. Se estou mal, creio que devo manifestar o que sinto.

C. Se estou mal, creio que devo exagerar minha sensação de desânimo para pedir ajuda e satisfazer minhas necessidades e, às vezes, sinto que pode me acontecer uma catástrofe.

3. Imagine agora a seguinte cena: uma criança de 4/5 anos, acompanhada por sua mãe, é deixada em casa de uma tia porque seus pais devem partir para um fim de semana. Trate de fazer uma hipótese do que sentiria essa criança na ausência de seus pais e do modo como enfrentaria a ausência deles.

A. Não experimenta nada, e antes está contente, porque pode fazer finalmente o que quer. Depois da partida de seus pais, por-se-á a brincar com seus brinquedos e fará o que lhe agrada.

B. Sente-se triste porque queria compartilhar com seus pais e lhe desagrada que eles tenham saído; mas, depois, se recupera e se põe a brincar com seus amiguinhos.

C. Causa-lhe muita raiva, chora e não quer que sua mãe a deixe na casa da tia. Pena que os pais não a querem. Tem medo porque na casa da tia podem entrar pessoas más e sequestrá-la. Quando a mãe vai embora, pede à tia que a chame e fica nervosa esperando-a.

Se nenhuma das respostas enunciadas corresponde perfeitamente ao que você pode sentir ou à maneira como você pode reagir ou ao que segundo sua opinião sentiria a criança, escolha, não obstante, a resposta que mais se aproxime de seu pensamento.

Chave explicativa: se você escolheu as três A, ou ao menos duas delas, seu apego tende a ser "inseguro" (evitante ou resistente); se você escolheu as três B ou ao menos duas delas, seu apego tende a ser "seguro"; se você escolheu as três C ou ao menos duas delas, seu apego tende a ser "desorientado/ desorganizado".

VIII. Contribuição das teorias psicossociais

*Os amigos são como o sangue:
quando se está ferido,
acodem sem que sejam chamados.*
Anônimo

Por *ambiente* entendo o conjunto de elementos que constituem a realidade em que um determinado evento se verifica e que influi na vida do organismo ou do indivíduo. Os ambientes podem ser múltiplos: o lugar físico, o clima, a família, a sociedade, a escola, os amigos, os meios de comunicação etc. Por isso, é conveniente distinguir o ambiente como *lugar* onde se realiza o crescimento ou desenvolvimento e o ambiente como *fator* de crescimento. Na primeira acepção estudam-se todas as variáveis que caracterizam um determinado ambiente; na segunda, se investiga a força de influência que as características ambientais exercem sobre o indivíduo. Portanto, em minha exposição, o ambiente é tomado como lugar natural em que acontece a formação e como fator cultural que a condiciona.[87]

---

[87] Cf. GALIMBERTI, Humberto. *Dizionario di psicologia* 1. Gruppo Editoriale L'Espresso, Roma, 2006, p. 81.

Faz algumas décadas, o etólogo K. Lorenz,[88] em seu livro *Os oito pecados capitais de nossa civilização,* fazia uma aguda análise da situação psicológica do homem na sociedade contemporânea. A civilização do progresso demonstra uma potência enganadora e destrutiva do ambiente natural e do homem. Lorenz descreve a massificação humana em nossas metrópoles, a exploração irresponsável e destrutiva da natureza, a competição crescente do homem tecnológico, a destruição das tradições etc. Esses processos fazem o ser humano insensível e cego diante de valores específicos da humanidade: beleza, grandeza da criação, interioridade, relação pessoal, respeito pela diferença, entrega gratuita. O jovem formando que vem a nossos centros formadores é, em grande parte, produto desse ambiente, e a partir dessa constatação devemos acolhê-lo e ajudá-lo em seu processo educativo. Do estudo do ambiente e em nosso caso, dos ambientes, tomo somente alguns: ambiente sociocultural, a família, os amigos e os meios de comunicação.

Ambiente sociocultural

Indubitavelmente, há uma influência mútua entre organismo e ambiente. Atualmente falamos de *globalização*, "palavra-ídolo", enormemente ambígua, mas que nos permite acercar-nos e compreender melhor o mundo em que vivemos.

Entende-se por globalização um processo de interconexão financeira, econômica, social, política e cultural que, acelerada pelas tecnologias de informação e comunicação, pelo barateamento dos transportes, pelo questionamento cultural dos grandes ideais e pela incorporação de empresas transnacionais, induziu a um novo tipo de relação humana em que o mundo inteiro entrou para formar parte de nossa casa.

O fenômeno da globalização, iniciado como assunto econômico, ultrapassou todos os níveis, mas de maneira especial se manifesta:

---

[88] K. Lorenz foi Prêmio Nobel de medicina em 1973. Cf. LORENZ, Konrad. *Gli otto peccati capitali della nostra civiltà.* Adelphi, Milano, 1990.

• em *nível tecnoeconômico*: com novas tecnologias e novos processos de produção e distribuição; exemplo: o crescimento econômico da China e da Índia;

• em *nível sociopolítico*: quando o poder se desloca do Estado para as grandes corporações, com ausência de regras claras na sociedade e, portanto, facilidade de entrar em crise; exemplo: o domínio dos grandes grupos comerciais e sua ingerência em leis e costumes;

• em *nível cultural*: porque as pessoas perderam o sentido transcendente da vida e dos valores, vivem ao máximo o "aqui e agora" e procuram tirar o máximo proveito e prazer; exemplo: crise das instituições religiosas e dos valores tradicionais;

Dificilmente ocorrem hoje modificações transcendentes à margem do processo de globalização que envolve tudo: civilizações, povos e histórias e que ao mesmo tempo deixa muito a desejar, pois os resultados até o momento (especialmente nos países do terceiro mundo) foram mais riqueza nas mãos de uns poucos e mais pobreza nas mãos da maioria. Por isso, não podemos mitificá-lo, mas tampouco ignorá-lo.

O formando está imerso nesse processo de globalização (televisão, vídeos, celulares, música, viagens...), pelo qual se goza de tudo e tudo se relativiza. Diante desse fenômeno, o indivíduo em formação, por seu desejo de ser sacerdote ou religioso, aspira a valores estáveis e transcendentes de difícil aquisição.[89] Impõe-se, então, uma educação para a mudança e para a estabilidade. Não se trata de contrapô-las, mas de educar para um equilíbrio entre ambas. Como afirma J. Rodrigues Carballo:[90]

---

[89] Afirma acertadamente J.M. Fernández Martos: "A mudança cotiza a alta como expressão de dinamismo, avanço e capacidade criadora. A estabilidade e a permanência se desvalorizam e se fazem suspeitosas. Sem perceber, pensamos que continuar no mesmo pode ser sinal de preguiça, falta de valor ou demonstração de aborrecimento. Ao "como estás?" de antigamente sucede o "onde estiveste?". Antes admirávamos a convicção e a firmeza. Hoje a flexibilidade e a acomodação".

[90] RODRIGUEZ CARBALLO, José. "Formar a la vida en plenitud para prevenir los abandonos y reforzar la fidelidad". In: *Para una Vida Consagrada fiel Desafios antropológicos a la formación*. Unione Superiori Generali (ed.), Litos, Roma, 2007, p. 53.

A alternativa não é educar as pessoas para ser "impenetráveis ou indestrutíveis", mas educá-las para que sejam capazes de permanecer sólidas e firmemente estáveis no essencial, ao passo que, ao mesmo tempo, se está em caminho contínuo de desenvolvimento e de crescimento.

Educar nossos formandos para a globalização é educá-los para a "mundialização", que significa valorizar a própria identidade e a identidade dos outros (raças e religiões diversas). É impossível rechaçar a globalização, tampouco podemos aceitá-la de maneira incondicional. É importante adotar uma terceira via: vivemos interconectados e com mais possibilidade de relação, supondo esses riscos e oportunidades e entendendo que o processo de globalização pode ser governado ou "civilizado" pondo-o a serviço do bem-estar para todo o mundo, especialmente dos que mais sofrem. Os jovens, nossos formandos, devem se abrir a novos horizontes que ultrapassam os limites de sua região e país, mas sempre dentro de uma ordem moral que garante a busca do amor, da verdade e da solidariedade acima de toda violência, relativismo e egoísmo. É a cultura da vida e do partilhar, não da morte nem do consumir.

No capítulo terceiro apresentei o fenômeno da passagem da modernidade para a pós-modernidade e como sua compreensão nos ajuda no conhecimento do jovem de hoje. Apresentarei aqui, somente a modo de exemplo, algumas frases que os jovens (também os candidatos ao sacerdócio e à vida consagrada) pronunciam e as expectativas que a Igreja pôs neles.

Tabela 8: Diálogo Igreja e jovens

O jovem de hoje diz:	A Igreja espera do jovem candidato:
Vivo num mundo onde não se compreende a gente, onde o importante é viver bem e ser ambicioso.	Os jovens devem ser educados na responsabilidade, na liberdade, na participação e na solidariedade (GS 31).
Vivo num mundo onde por força há desigualdades, globalização da pobreza e as pessoas são medidas pelo dinheiro.	Respeito pela pessoa: todos são meu próximo e a todos devemos servir (GS 27;90). Que seja membro da Igreja universal e que esteja disposto a ajudar os outros.
Vivo num mundo de guerra e violência onde o mais forte sobrevive.	Condenação absoluta da guerra e ação internacional para evitá-la (GS 82).
Não entendo por que, com tanta riqueza, falta alimento, educação, saúde... em tantos lugares.	A obrigação dos cristãos para acabar com o grave escândalo da miséria no mundo (GS 88).
Não entendo por que a violência e porque devemos impor a outros nossos pontos de vista.	Colaboração de todos, especialmente dos jovens, na vida pública (GS 75).
Não entendo a política, as instituições, as leis...Os jovens não as levam em conta.	Os jovens têm grande importância social e política. É preciso dialogar com eles (AA 12).
Estou farto das exigências de meus pais: tenho que ser o melhor e sempre pensam por mim.	Importância dos filhos na família: diálogo, participação, educação (GS 48-50).
Incomodam-me a Igreja e as religiões: pregam, mas não cumprem. São incoerentes e hipócritas.	Que os jovens sejam os primeiros apóstolos da juventude (AA 12).
Vivo melhor enquanto posso, faço o amor e não a guerra, desfruto o momento presente e basta.	Responsabilidade dos meios de comunicação diante dos jovens, primeiros receptores (IM 11).

GS = *Gaudium et Spes* (a Igreja no mundo de hoje).
AA = *Apostolicam actuositatem* (os leigos).
IM = *Inter mirifica* (os meios de comunicação social).
Todos são documentos do Vaticano II.

A família

É o núcleo comunitário elementar que une dois indivíduos de sexos diferentes e sua prole. A família é quase universalmente reconhecida como o caminho principal para a aquisição da individualidade e para o processo de socialização. A Igreja ensina que a família é a unidade fundamental da sociedade, da comunidade cristã e o ambiente privilegiado onde nasce a vocação ao sacerdócio e à vida consagrada.

Todas as escolas psicológicas reconhecem o papel fundamental da família no desenvolvimento integral da pessoa humana. J. Bowlby e os seguidores de sua "teoria do apego", como C. Loriedo e A. Picardi,[91] apresentam a família como "base segura" sobre a qual a criança desenvolve sua personalidade e explora o mundo externo.

Mesmo quando a instituição familiar esteja em crise (divórcios, uniões "de fato", modelos novos não tradicionais de família) e seja atacada em muitas frentes por ideologias laicistas ou anticristãs, permanece firme a convicção humano-cristã da necessidade fundamental da família no crescimento do ser humano. Contudo, não podemos esquecer que certos traços que apresenta o jovem de hoje podem estar originados, ou, pelo menos, reforçados, pela situação crítica da família moderna. Apresento alguns desses traços para que o formador os tenha em conta de maneira preventiva:

1) o jovem de hoje apresenta mais instabilidade emocional do que o de outras épocas, devido à distância temporal que há entre maturidade sexual e cognitiva, à inserção tardia no trabalho e na "moratória social"[92] em que se converteram os anos de juventude;

---

[91] Cf. LORIEDO, Camillo e PICARDI, Angelo. *Dalla teoria generale dei sistemi alla teoria dell'attaccamento. Percorsi e modelli della psicoterapia sistemico-relazionale.* Franco Angeli, Milano, 2000, p. 220.

[92] Por "moratória social" entendo o conceito de E. Erickson de que os anos da adolescência e a juventude se converteram num "parque" para os jovens, já que o estudo, a falta de trabalho e o não compromisso em responsabilidades matrimoniais fazem que permaneçam muito tempo numa zona de espera que não os ajuda nem na maturidade nem na responsabilidade.

2) quer viver toda classe de experiências e vivê-las intensamente, já que vive em pleno despertar sexual e sua capacidade de pensamento lógico-formal;

3) como não há suficiente controle porque os lóbulos frontais do cérebro, encarregados do domínio geral da pessoa, não amadureceram, amiúde se mostra irreflexivo, pueril e, especialmente, angustiado;

4) a angústia é um dos fenômenos mais comuns em adolescentes e jovens. Mostra-se em forma de medos, sentimentos de estranheza e nostalgia ou em rebeldia, solidão e depressões;

5) além de angústia, o jovem sente muito amiúde insegurança, e isso faz que se torne introvertido (metido em si mesmo) e, às vezes, agressivo;

6) portanto, tende a autoafirmar-se realizando excentricidades ou pondo à prova os adultos. Estas são algumas das pinceladas psicológicas do jovem de hoje, nascidas na família e no contato com a sociedade. Os candidatos ao sacerdócio e à vida consagrada participam delas e, portanto, devem ser tidas em conta pelos formadores para compreendê-los e ajudá-los em seu processo de maturação.

Em continuação apresento um gráfico que pode ajudar-nos a compreender a importância do "amor/ apego seguro" à figura materna" (importância da família), tanto para o matrimônio como para o sacerdócio e para a vida consagrada. Há perguntas fundamentais que o ser humano se faz e de cuja resposta depende que aspecto do apego seguro está realizando. Também se indicam os hormônios que se produzem de maneira especial em cada fase.

Tabela 7: Apego "seguro": perguntas, componentes e desenvolvimento ao longo da vida

APEGO	Indicadores ou perguntas	Efeito	Desenvol-vimento	Matrimônio ou parceria	Sacerdócio ou vida consagrada
Apego Seguro: a mãe responde às necessi--dades da criança mais que as suas próprias necessidades. Mais tarde o casal ou o formador repetem/ revogam a atitude da "figura materna"	Com quem me agrada passar o tempo e de quem gosto de estar perto?	Manutenção do contato (feromo-nas).	Fase 1: os dois primeiros meses.	Atração: cortejo ou flerte.	Chamada vocacional.
	A quem me dirijo quando me sinto turbado ou a quem me dirijo quando tenho um problema e não me sinto bem?	Refúgio se-guro (feni-letilamina e dopamina)	Fase 2: do segundo ao sexto mês.	Amor ou paixão.	Formação no seminário ou na casa religiosa.
	De quem não su-porto a distância ou me falta muito quando não está a meu lado?	Ânsia de separação (oxitocina).	Fase 3: do sexto mês ao primeiro ano e meio de vida.	Amor ou intimidade.	Ordenação sacerdotal ou profissão religiosa.

Os "pares" ou iguais e seu influxo no grupo

O grupo de "pares" ou jovens mais ou menos da mesma idade é uma agregação social que reveste grande importância no crescimento dos indivíduos, uma espécie de clube onde se aprende a ser adultos.

Há muitas razões para exaltar sua importância na idade juvenil:

• quanto mais jovem é um organismo, mais facilmente se realiza a aprendizagem por imitação de modelos; diga-se o mesmo se há proximidade em idade, status social e sexo;

• os jovens recebem mais informação de seus pares do que dos adultos, especialmente a censurada ou proibida;

• os jovens se dão bem com outras pessoas que têm sua mesma idade, antecedentes, gostos, ideais e interesses;

• a afinidade cultural dos pares ajuda a que a linguagem e as mensagens utilizadas sejam pertinentes e apropriadas;

• as normas sociais e comunitárias, explícitas ou implícitas, que o grupo de iguais vive, exercem grande influxo em cada um de seus membros;

• o influxo dos pares costuma chegar não só ao grupo de companheiros, mas também aos vizinhos e parentes;

Na formação da personalidade da criança e do adolescente influem tanto os genes como o entorno. Contudo, qual entorno? J.R. Harris[93] afirma que os pais não formam parte desse entorno. O entorno relevante está composto, em essência, pelo "grupo de iguais" (*peers*).

De fato, a teoria que J.R. Harris propõe se denomina "Teoria da socialização grupal", que afirma: as crianças nascem com certas características, seus genes as predispõem a desenvolver certo tipo de personalidade, mas o entorno pode mudá-las. Esse entorno não se refere à criação ou influxo que proporcionam os pais, mas ao entorno fora do lar, ao que é partilhado com seus companheiros. Isto é, a socialização não é algo que os maiores façam às crianças e jovens, mas algo que estes fazem por si mesmos. Para demonstrar essa ideia, J. R. Harris recorre às pesquisas realizadas com animais, aos conhecimentos acumulados sobre o passado da humanidade, aos resultados obtidos pelos genéticos da conduta e a uma série de experiências sobre os grupos levadas a cabo pela psicologia social nos anos 1950.

Se temos em conta o que foi dito antes, salta à vista a grande importância dos companheiros seminaristas ou religiosos jovens na vida e na formação dos candidatos ao sacerdócio e à vida consagrada. Queiramos ou não, há dois níveis em nossas casas de formação: o nível explícito de relações organizadas segundo normas e diretivas que emanam dos adultos

---

[93] Cf. HARRIS, Judith Rich. *El mito de la educación*. Random House Mondadori, Barcelona, 2003, p. 23-38.

e o nível implícito de relações entre iguais, que nem sempre é conhecido pelos formadores.[94]

Como os jovens candidatos ao sacerdócio ou à vida consagrada não podem escapar do influxo do grupo de seus coetâneos, e estes exercem uma pressão de conformidade que faz que, muitas vezes, se adotem estereótipos e normas de conduta longe do ideal evangélico, é importante que o formador se mantenha em contínuo contato com os jovens, participe de suas atividades, estudos, esportes, passeios, interesses. Um formador afastado da vida dos jovens perde a oportunidade de influir sobre eles. Um formador que busque privilégios que o afastem do grupo de seus formandos não os conhece. Um formador que só dedique umas quantas horas do dia à formação ou que a interpreta como um "serviço militar" ou uma "obrigação que tem que cumprir", não é bom formador.

Contudo não é preciso crer que o "grupo" é uma variável perigosa ou negativa na formação dos jovens. Todo o contrário: o grupo se converte num magnífico meio de formação, talvez o melhor, para alcançar a maturidade que a Igreja quer de seus futuros ministros e religiosos. A condição essencial para que o grupo de coetâneos exerça uma boa influência sobre os jovens formandos é a presença nele contínua, coerente, democrática e positiva do formador (formador-facilitador). Não esqueçamos que os jovens são a "geração da razão". Dialogando nos beneficiaremos todos.

Estas são algumas vantagens que um bom grupo, animado por um formador facilitador, exerce na formação dos jovens:

• é importantíssimo o bom ambiente do grupo de iguais para o desenvolvimento de atitudes positivas no seminário ou casa de formação. Seguindo a teoria de J. R. Harris, influem mais os companheiros da mesma idade que os próprios formadores. Estes devem preocupar-se em fomentar um bom clima de grupo;

---

[94] Cf. PRADA, José Rafael. *Psicología de grupos*. Indo-American Press Service, Bogotá, 1998, p. 78-80.

• o grupo é necessário para desenvolver a identidade do Eu do jovem formando, numa tomada de consciência própria e da sociedade em que vive;

• o grupo facilita as relações recíprocas entre os jovens formandos, no rol ativo, sua polarização em torno de uma autoridade livremente aceita e se converte em "referência" para seus ideais e objetivos;

• o grupo ajuda na opção por Jesus Cristo e seu Reino enquanto portador e hierarquizador de valores: supõe-se que os companheiros de formação são jovens que vibram por valores autênticos, especialmente religiosos;

• o grupo oferece facilidade de experiências em que se podem elaborar traumas passados ou ajudar na tomada de decisões ou promover a aceitação incondicional dos outros.

O grupo ajuda a elaborar um projeto de vida enquanto apoia a realização de projetos comunitários e eclesiais na unidade da fé.

Os meios de comunicação

Se hoje falamos de televisão, cinema, música, *videogames*, telefones celulares, computadores, internet etc., imediatamente pensamos nos jovens; e não nos equivocamos: são eles os primeiros destinatários e consumidores dos meios de comunicação. Por que esse grande influxo e atração? Simplesmente porque os jovens, em seu despertar intelectual, sexual e afetivo se projetam e identificam mais que em qualquer outra idade com tudo aquilo que signifique imagem, ritmo, movimento, emotividade. Utilizando os meios de comunicação se vive na primeira pessoa a experiência da vida ou "vicariamente" no modelo que se observa e se imita.

Essa é a grande força e influxo dos meios de comunicação nos jovens. A Igreja é consciente disso e assim o reconhece no decreto sobre os instrumentos de comunicação social, *Inter mirifica* (10, 11, 12, 14, 16) do Concílio Vaticano II. Chama-os "maravilhosas invenções técnicas" do talento humano e os reconhece como meios estupendos a serviço da comunicação dos seres humanos e da pastoral da evangelização (IM 1, 2,

13-22). Por isso, o formador deve ter uma atitude decididamente positiva para utilizá-los na formação dos candidatos ao sacerdócio ou à vida consagrada. Contudo, se vamos à realidade concreta, damo-nos conta de que a atitude de muitos formadores diante dos meios de comunicação e dos jovens oscila entre o amor e o espanto. Tem sido antes uma história de desencontro ou pelo menos de relação pouco explorada. E algo de razão há quando se olham os meios de comunicação atuais pela ótica dos valores: podem causar muito dano.[95]

Conviria refletir se atualmente esses meios orientam clara e objetivamente a maturidade dos jovens ou se, ao contrário, suas mensagens não constroem, mas transmitem visões degradadas do ser humano e de seu entorno.

Apresento alguns aspectos negativos:

• o conteúdo de muitas mensagens dos atuais meios está animado por uma ideologia hedonista em que a única norma é a busca do prazer e do agradável e, talvez, do útil;

• o ideal dos meios é a busca da felicidade, entendida como afirmação pessoal, conforto, consumismo, sentimentalismo, emoções e diversão;

• a publicidade nos apresenta continuamente elementos e situações em que o consumo é quase obrigação e, portanto, devem concorrer para um melhor consumo;

• os meios de comunicação põem facilmente no mesmo nível a verdade e a mentira, o normal e o anormal, a paz e a violência, o amor e o sexo, e assim sucessivamente.

O formador deve saber que os meios de comunicação podem gerar conflitos nos jovens formandos, já que contrastam com modelos e coisas que não podem ou não devem ter. Ademais, muitos desses modelos apresentados nos meios são confusos, contraditórios ou violentos, mas com forte carga emotiva de atração. Dou alguns exemplos: a juniora, ao

---

[95] Cf. Corcuera, Álvaro. Media e formazione dei religiosi. In: AA.VV. *Vita consacrata & cultura della comunicazione.* San Paolo, Cinisello Balsamo, Milano, 2005, p. 198.

levantar-se de manhã, liga imediatamente o rádio e começa a ouvir canções românticas, de amor apaixonado, que se convertem "em preparação para a oração e a meditação da manhã", ou passa longas horas navegando na internet quando suas obrigações a chamam para outra coisa, ou gasta as horas da noite vendo na televisão filmes sentimentais ou telenovelas da moda como introdução a "um descanso tranquilo". Por isso, é essencial que o formador saiba o que escutam, olham e consultam os formandos.

A solução, claro está, não é suprimir ou controlar autoritariamente os meios de comunicação, mas dar-lhes sentido como serviço a um apostolado ou a um descanso e diversão sadios, sempre sob o critério do que convém mais ao Reino de Deus. O formador, em diálogo com os formandos, deve chegar a acordos comunitários de controle e utilização dos meios de comunicação. O contrário é gerar contradições e conflitos certamente.

ANEXO 8

Mecanismos de defesa
ou defesas do eu?

Neste anexo vou basear-me nas teorias psicodinâmicas. Explicarei os principais mecanismos de defesa, a possibilidade de mudá-los por defesas do Eu e me deterei, ao final, no uso da sublimação como instrumento mais para a prática da castidade consagrada ou celibato sacerdotal.

Principais mecanismos de defesa

O conceito fundamental de "mecanismo de defesa" se deve a S. Freud,[96] mas foi sua filha Ana, em seu livro *O Eu e os mecanismos de defesa*,[97] quem o centrou no Eu e lhe deu grande importância. São operações psíquicas postas em ato para assegurar a adaptação e a defesa do indivíduo, reduzindo o nível de ansiedade e conservando a autoestima.

Os mecanismos de defesa nos ajudam a não cair na neurose ou em transtornos graves de personalidade. São como uma tábua de salvação que a pessoa usa para cruzar o rio da frustração. Geralmente, são inconscientes, automáticos, repetitivos e compulsivos, mas não necessariamente negativos. Os seres humanos nem sempre estamos em capacidade de fazer opções conscientes e livres, então, para evitar cair na neurose ou na psicose, utilizamos essas técnicas ou operações que nos ajudam a ficar "bastante bem equilibrados" em ocasiões críticas ou frustrantes.

Os principais mecanismos de defesa são:

• *repressão*: é o bloqueio e o envio involuntário e automático ao inconsciente dos pensamentos e impulsos que não são aceitos pela consciência. É o mecanismo mais amplamente utilizado e está na base de quase

---

[96] Cf. FREUD, Sigmund. *Obras Completas*. Biblioteca Nueva, Madrid, 1973, p. 702ss.
[97] Cf. FREUD, Ana. *El Yo y los mecanismos de defensa*. Paidós, Buenos Aires, 1971, p. 20-144.

todos os demais. Geralmente, se reprimem conteúdos sexuais e agressivos, que não desaparecem no inconsciente, mas que se manifestam de vez em quando sob a roupagem de "sintomas". A temática sexual é muito abundante em exemplos: o jovem seminarista que, por uma espiritualidade mal entendida, não aceita seus impulsos sexuais, os passa a seu inconsciente e logo manifesta sintomatologia de mal gênio, dor de cabeça ou não aceitação de si;

• *projeção*: os pensamentos ou sentimentos que produzem ansiedade se dirigem ou projetam em outras pessoas ou em outros objetos ou circunstâncias, com o que se torna desnecessário defender-se a si mesmo. Às vezes, o formador projeta no formando a ira ou mau gênio que tem dentro dele, dizendo-lhe: "Vamos ver, controla-te e deixa essa cara zangada e de mau humor!";

• *sublimação*: as motivações ou impulsos socialmente inaceitáveis se apresentam de maneira mais aceitável aos olhos do indivíduo ou da sociedade. É comum a sublimação de material sexual ou agressivo. Miguel Ângelo sublimava sua tendência homossexual pintando quadros artísticos nus de homem na Capela Sistina. Por isso, alguns afirmam que a arte libera, sublimando, a energia sexual inibida, e o esporte a energia agressiva;

No final deste anexo, apresentarei a sublimação como possível ajuda para o celibato ou a castidade consagrada;

• *regressão*: é o processo psíquico de voltar, de modo mais ou menos simbólico, a um estado precedente que foi satisfatório para o indivíduo. Em outras palavras: a pessoa repete atualmente atividades ou atitudes que em ocasiões passadas lhe produziram prazer ou foram causa de êxito. As crianças de 5 ou 6 anos voltam a urinar quando nasce um irmãozinho; ou a jovem religiosa, a quem se lhe havia chamado a atenção, começa a mostrar comportamentos infantis de isolamento, para que a superiora lhe dê atenção e a mime;

• *formação reativa*: é o mecanismo por meio do qual se desenvolvem comportamentos ou atitudes inteiramente contrários aos que conscientemente se rechaçam. Exemplo: um sacerdote pertencente a uma "liga de decência" pode estar muito atraído pela pornografia que ele mesmo ataca em público, ou uma formadora demasiado indulgente e protetora com uma noviça que inconscientemente rechaça;

• *identificação*: é um mecanismo muito utilizado na infância e juventude e consiste em tratar, inconscientemente, de tornar-se parecido com outro. No fundo, há um desejo de aprovação, de aceitação ou de amor. Em si o processo de identificação é essencial na vida do ser humano para seu próprio desenvolvimento, mas quando chega a negar-se a si mesmo para parecer com outro, se torna patológico. Ana Freud falou de "identificação com o agressor", que logo se tornou famoso com a chamada síndrome de Estocolmo". Por exemplo, o menino que depois de estar onde o dentista propôs "brincar de dentista", será o doutor enquanto sua irmãzinha será a paciente, ou os prisioneiros que se comportam com seus companheiros com a mesma brutalidade com que os guardas os tratam.

Em época de formação, os formandos, queiram ou não, tendem a identificar-se com muitas das características de seus formadores, de tal maneira que se pode afirmar, em grandes traços, que "de tal pau (formador), tal lasca (formando)";

• *compensação*: a pessoa, inconscientemente, tende a suprir deficiências e defeitos reais ou imaginários com modelos próprios ou impostos. Assim, um formando que não é bom no esporte pode dedicar todas as suas energias ao estudo; ou, ao contrário, um que não é muito estudioso compensa com ser bom esportista. As compensações na área da castidade são bastante comuns: comer demais, ser autoritário, viver comodamente;

• *negação*: esse mecanismo é empregado para resolver conflitos emotivos e aliviar a ânsia, negando a existência de um dos elementos do conflito. Na criança se dá quando ela nega a existência de uma realidade, porque "deseja" que não exista. No jovem formando se emprega quando, diante de faltas objetivamente puníveis, responde: "Mas, que há de mau nisto?", ou quando ignora as críticas, os argumentos desagradáveis ou a verdade de sua consciência;

• *racionalização*: quando utiliza esse mecanismo, a pessoa justifica impulsos, motivações ou comportamentos inaceitáveis, transformando-os em aceitáveis e toleráveis. Este mecanismo é muito usado na vida diária.

A literatura universal apresenta exemplos como o da fábula de Esopo, em que a raposa, ao não poder alcançar o cacho de uvas, vai-se embora empolada repetindo: "Ah! As uvas estão verdes!". Outros exemplos: quem chega tarde se defende alegando que tem muito trabalho; o jovem que é repelido por uma moça, afirma que ela não vale nada; quem comprou algum objeto a um preço exagerado, o justifica dizendo que é estrangeiro. A racionalização é muito usada no período de formação, porque os jovens passam por uma etapa em que defender sua autoestima é importante e porque sua capacidade mental de passar, sem maior problema, de um nível a outro da realidade (e muitas vezes de maneira contraditória) lhes facilita buscar razões falsas que justifiquem seus comportamentos. O formador deve estar alerta para confrontá-los e ajudá-los.

• *mecanismos próprios da adolescência*. A. Freud estuda dois mecanismos próprios da puberdade e da adolescência: o ascetismo e a intelectualização.

O ascetismo na adolescência é um especial antagonismo contra os instintos que se despertam de maneira intensa nesse período. Por isso, alguns adolescentes se expõem ao frio, mortificam seu corpo, comem o mínimo possível e se obrigam a dormir poucas horas; mas, subitamente, esses mesmos adolescentes se entregam a tudo quanto tinham considerado proibido, sem restrição alguma, passando ao outro extremo do ascetismo. A vida religiosa e de seminário, se é rígida e monolítica, pode-se prestar para a formação de falsos ascetas que sobressaem pela mortificação de seu corpo, mas que, tarde ou cedo, explodem (*acting out*) em rebeldia e contra as regras estabelecidas.

A intelectualização na adolescência: se manifesta num incansável desejo de refletir e discutir sobre temas abstratos e sutilezas intelectuais; mas rapidamente se descobre que esta elevada capacidade intelectual tem pouca ou nenhuma relação com a conduta do adolescente. É um fenômeno parecido com o que J. Piaget chama de "onipotência do pensamento", que torna muito difícil e infrutuoso sustentar uma discussão intelectual com um adolescente e chegar a conclusões válidas. No fundo, a explicação não seria outra senão o esforço do Eu por dominar os instintos mediante um trabalho intelectual. O uso desse mecanismo durante a época de formação é bastante comum e explica a ambivalência do formando que sonha projetos grandiosos para transformar o mundo e, ao mesmo tempo, manifesta comportamentos egoístas para gozar a vida.

Defesas do Eu

O uso dos mecanismos de defesa não é sempre patológico. Ajudam a manter a autoestima e diminuir a ansiedade. Às vezes, é o único meio para evitar a neurose ou a desintegração psicótica; mas seu uso indiscriminado indica uma descompensação de alguma área da personalidade.

Por isso, é melhor transformar os mecanismos de defesa em defesas do Eu. N. R. F. Maier[98] distinguia entre condutas "motivadas" e condutas "reativas". A *conduta motivada* é variável, plástica, leva à adaptação; nela as ações particulares aparecem como um meio para alcançar um fim; é eletiva e a pessoa pode escolhê-la ou não; a satisfação provém de ter alcançado o fim proposto; é construtiva e leva à formação de sequências organizadas de ação; finalmente, está caracterizada pelo compromisso gozoso e pela vivacidade. Entretanto a *conduta reativa* é estereotipada e rígida. As reações que ela produz têm o caráter de fim em si mesmas; não busca um fim a longo prazo, mas a redução do mal-estar do momento, é compulsiva. Ademais, é destrutiva e desorganizada; finalmente, leva à resignação.

Essa distinção de N. Maier nos ajuda a compreender a diferença entre mecanismo de defesa e defesas do Eu. Os primeiros pertencem às condutas reativas, os segundos às condutas motivadas. Por isso, distinguimos o mecanismo de defesa como inconsciente, reativo, rígido, estereotipado, compulsivo, com finalidade de descarga emocional, desorganizado e destrutivo, o qual facilmente termina em resignação. Por sua parte, a defesa do eu é consciente, motivada, maleável, plástica, eletiva, com finalidade a longo prazo, organizada, construtiva e produz compromisso

---

[98] Cf. MAIER, Norman R. F. *Frustration: Thew studey of behavior without a goal* The University of Michigan Press, Ann Arbor (Mi), 1961, p. 107ss.

alegre e vivaz. Contudo, as circunstâncias e o material que se maneja são muito parecidos. Também M. Nikic[99] fala de defesas maduras ou "mecanismos protetores de controle".

Um exemplo pode ajudar-nos: alguém me convida para jogar basquete, e eu sou de baixa estatura. Posso reagir com zombaria dizendo que o basquete é um esporte para senhoritas ou meninas e que prefiro um mais forte e agressivo, próprio de homens (mecanismo de defesa de compensação); ou posso agradecer o convite, mas dizer que prefiro jogar futebol, porque esse esporte o pratico desde pequeno e gostei muito (defesa do Eu de compensação). Não podemos esquecer uma regra de ouro: ninguém está obrigado a falar mal de si mesmo ou a desprestigiar-se diante dos outros. Conservar nossa autoestima e diminuir a ansiedade, sem ofender os outros e conservando a verdade, é um direito que poderíamos chamar de "auto-Defesa psicológica". Dessa maneira, a pessoa pode utilizar adequadamente as defesas do Eu para sustentar sua autoestima, diminuir sua ansiedade e poder superar os momentos de frustração. Os componentes seriam os mesmos que os mecanismos de defesa, mas a maneira seria muito diversa, pois entrariam em jogo a consciência, a escolha, o objetivo a perseguir, a adequação à realidade e o gozo de quem se sente em caminho de realização.

A sublimação como possível ajuda na castidade consagrada e no celibato

Um meio psicológico para alcançar a castidade, muito acessível à pessoa consagrada, é a sublimação.[100] Ela é um mecanismo que conduz a energia sexual a uma finalidade distinta e mais aceitável culturalmente. Em nosso

---

[99] Cf. Nikic, Milos. "Formazione alla maturità affettiva e alla castità". In: *Vita Consacrata* 35,1999/2, p. 172-194.

[100] Nem todos os autores estão de acordo com esta posição: cf. Cencini, A. e Maneti, M. *(Psicologia e formazione. Struture e dinamismi.* EDB, Bologna, 1992, p. 275-279. Mesmo aceitando as objeções desses autores, creio que a sublimação pode ser utilizada como *um meio ou ajuda para a castidade.* Naturalmente, é o amor a Jesus Cristo e a seu reino o valor supremo pelo qual o ser humano faz um compromisso celibatário ou de castidade consagrada, o fundamento da motivação por valores, e não a mera mudança de objetivo para a energia sexual.

caso, a sublimação da energia sexual se faz por valores altamente importantes (amor a Jesus Cristo, ao Reino de Deus etc.), de maneira consciente e adequada à realidade, pois não se faz de modo obsessivo-compulsivo nem negando o valor do corpo. Já vimos anteriormente como os sexólogos W. Masters e V. Johnson falaram sobre a possibilidade de sublimar a sexualidade sem nenhum trauma ou transtorno e com alta probabilidade de êxito. O próprio S. Freud,[101] referindo-se à privação do exercício sexual, afirma que "há indivíduos que são capazes de infligir-se esta privação sem dano algum". Contudo para que exista autêntica sublimação, antes deve ter existido uma autêntica renúncia. Afirma-o claramente C. Domínguez[102]: "Sem renúncia não há sublimação nem simbolização possível (...). Tão somente no vazio que deixa a renúncia, no espaço livre da carência, emerge o simbólico. E é mediante a simbolização que a atividade sublimatória vai tendo lugar".

Como sublimamos?

• O primeiro passo é renunciar clara e pessoalmente (por amor a Cristo e a seu Reino) ao exercício da sexualidade e intimidade exclusiva com uma pessoa. Sem renúncia não há sublimação possível. É essencial reconhecer no amor a Cristo e a seu reino o valor supremo de nossa existência, pelos quais vale a pena entregar toda a pessoa, todo o coração, toda a existência.

• Em um segundo momento, autoafirmando-nos, isto é, fortalecendo nosso Eu, utilizando a energia do impulso sexual para a construção de uma personalidade madura com capacidade de opção.

• Em terceiro lugar, estabelecendo relações pessoais profundas, admitindo nossa separação essencial do outro, mas ao mesmo tempo, a necessidade que temos dele para conhecer-nos e realizar-nos, que inclui abrir-nos a ele, mas respeitando e afastando de nós todo desejo de domínio.

• Em quarto lugar, construindo cultura, isto é, dirigindo nossa energia sexual ao trabalho concreto que estamos realizando, nosso apostolado, em função de uma Igreja e de uma sociedade mais justa e fraterna.

---

[101] Cf. FREUD, Sigmund. *Obras Completas.* Biblioteca Nueva, Madrid, 1973, p. 2337.
[102] Cf. DOMÍNGUEZ M., Carlos. *Los registros del deseo. Del afecto, el amor y otras pasiones.* Desclée de Brouwer, Bilbao, 2001, p. 244.

Assim, nos faremos dignos da resposta de Jesus (cf. Mc 10,29-30):

> Pois eu vos digo que ninguém que tenha deixado casa, irmãos, irmãs, pai ou mãe, filhos ou terras, por amor de mim e do Evangelho, ficará sem receber, nesta vida, o cêntuplo em perseguições, casas, irmãos e irmãs, mães e filhos e terras. E no futuro a vida eterna.

Sejamos sinceros: a sublimação não pode nunca chegar a ser completa, a canalizar totalmente o que é nosso desejo pulsional. Sempre permanecerá um resto de nossa sexualidade, particularmente, em suas dimensões mais genitais, que manterá vivas suas aspirações mais originárias, sem que a sublimação possa fazer nada para transformá-lo e derivá-lo para outro tipo de atividade.[103]

Ademais, não sublima quem quer, mas quem pode – os eunucos pelo Reino dos Céus (Mt 19,12) – e utiliza os meios para isso, sublimando tanto em nível sexual como em nível afetivo. Com efeito, muitas vezes cremos erroneamente que o importante é "controlar" a genitalidade, embora nossa afetividade esteja livre e deslocada concentrando-se em "objetos" alheios e contraditórios com o reino de Deus. Uma atitude assim não só é incoerente, mas pode produzir transtornos psicológicos nas pessoas.

Convém recordar, a respeito, que o consagrado faz frente a duas classes de renúncia. A primeira é compartilhada com todo ser humano e consiste em aceitar a radical e originária carência humana de não querer estar separado, de desejar formar um todo simbiótico com a mãe, de que o "tu" realize todos os seus desejos e expectativas. O ser humano sempre será constitutivamente um "ser separado". Contudo, além disso, o casto consagrado tem uma segunda renúncia, e esta em três níveis: renúncia a encontrar um "tu" em que é reconhecido como pessoa única e exclusiva,

---

[103] Este mesmo autor (DOMÍNGUEZ M., Carlos. *La aventura del celibato evangélico. Sublimación o represión. Narcisismo o alteridad.* Instituto Teológico de Vida Religiosa, Vitoria, 2000, p. 39) afirma que sublimamos mais facilmente as pulsões pré-genitais (oral e anal) que a genital propriamente dita, portanto, aquela não pode ser completa e canalizar cem por cento do que é nosso desejo pulsional. Ainda mais, nem toda sublimação é "sublime"... poderíamos sublimar um "engrandecimento narcisista" completamente contrário à castidade consagrada.

com o qual formar um projeto de vida de intimidade sexual e afetiva, e em união com o qual continuar sua descendência manifestando-se pai ou mãe. Essa "dupla solidão", a segunda, em três dimensões, deve trabalhá-la o casto em seu esforço de sublimação. Não é fácil.

Para compreender a sublimação da energia sexual ajuda-nos o teólogo da moral M. Vidal[104] quando afirma:

> Esta transcendência criativa na sublimação da sexualidade na vida religiosa não é outra coisa senão o serviço ao outro, sobretudo, ao mais necessitado. Deste modo, a sexualidade virginal se transforma em: trabalho não lucrativo, mas serviço aos outros. Afeto gratuito, compromisso solidário com a causa da justiça, fecundidade humana que transcende os limites da fecundidade conjugal familiar, criações sociais que manifestam a função profética da vida religiosa.

---

[104] Cf. VIDAL, Marciano. *Manuale di etica teologica II: Morale dell'amore e della sessualità*. Citadella Editrice, Assisi, 1996, p. 408.

IX. Ajuda que nos oferece a neuropsicologia

*O cérebro não é um vaso por encher,
mas uma lâmpada por acender.*
Plutarco

De saída devo afirmar que o debate entre inato e aprendido, ou natureza e criação/ educação (*nature or nurture*), não tem sentido hoje em dia, pois tanto os elementos biológicos como os culturais são decisivos no desenvolvimento humano.

Diz A. Vélez:[105]

> É verdade que os genes são impenetráveis, pelo menos, para o nível tecnológico presente, mas é completamente falso que o destino esteja irremediavelmente pré-determinado por eles. (...) O *Homo Sapiens* é um ser altamente sensível ao cultural e, por isso, se o esforço educativo se organiza inteligentemente, apoiado numa concepção correta do homem (como em realidade não se tentou jamais), que tenha em conta seus impulsos inatos, seus anacronismos, a falta de virtudes cardeais, seus verdadeiros pecados originais e suas propensões e apetências naturais, esses esforços se verão, com certeza, mais bem recompensados. (...) O biológico não significa destino inexorável: é só uma força que pode

---
[105] VÉLEZ, Antonio. *Homo Sapiens.* Villegas Editores, Bogotá, 2006, p. 633.

e deve guiar-se por meio de outra força; o êxito dependerá de selecionar corretamente o ponto de aplicação desta e de alinhá-la apropriadamente com os vetores criados pelas instruções genéticas. Mais que pretender domesticar completamente o homem, devemos criar as estruturas sociais que limitem seus maus espíritos e impeçam que o animal interior se manifeste com demasiada facilidade e frequência.

A importância do Sistema Nervoso Central (SNC)

O SNC é o centro biológico de toda a nossa vida, o computador central aonde chegam todos os impulsos nervosos e de onde se originam todas as ordens que influem nas diversas partes de nosso organismo. Não há matéria mais complexa e rica em todo o universo e no ser humano chegou a maior desenvolvimento e complexidade do que em qualquer ser vivo.

Entre os vários princípios para compreender o SNC, quero deter-me em quatro que nos ajudam a compreender melhor seu funcionamento.

Princípios funcionais do SNC

• Prioridade motora

O SNC somente é necessário nos animais multicelulares que manifestem algum movimento ativo e direto, isto é, que manifestem motricidade. Os organismos "sésseis" não têm necessidade de SNC, e sim os que se movem, porque sem um plano interno, submetido a uma modulação sensorial, o movimento ativo seria perigoso.

• Predição: função central do cérebro

Predizer os eventos futuros, condição essencial para "mover-se eficazmente", é a função cerebral fundamental e mais comum. A predição se realiza em nível consciente e inconsciente, e é uma função centralizada e crítica para a sobrevivência do indivíduo e da espécie. Predizer, por outra parte, poupa tempo e esforço.

• Função holonômica: o cérebro funciona como um todo

Isto significa que se uma parte do cérebro se lesa, as outras podem vir em sua ajuda e realizar seu trabalho, até certo ponto. Pode nos ajudar a compreender essa função a fotografia tirada com "laser", onde cada parte, embora dividida em pedaços, contém toda a imagem original.

• Plasticidade do cérebro

Plasticidade, em geral, é a habilidade para adaptar-se às circunstâncias cambiantes; pois bem, a plasticidade do cérebro significa que, dentro de certos limites, suas organizações intrínsecas podem se enriquecer e transformar devido à experiência. Quanto mais jovem o cérebro, mais fácil a plasticidade. No ser humano, o cérebro chega a sua maturidade ao redor dos 25 anos de vida.

Aplicações aos formandos

Se analisamos esses quatro princípios do funcionamento do SNC, especialmente do cérebro, podemos já deduzir algumas conclusões educativas para os formandos.

• Importância de que o aprendizado nos jovens se realize intervindo todos os sentidos e o movimento corporal. Não bastam as ideias e teorias, é preciso fazê-las vida, movimento, ação.

• É básico ensinar aos jovens a predizer as consequências de seus atos. Isto se chamaria "autocontrole". Inteligente é o jovem que mede as consequências de suas ações e toma decisões acordes com elas. Dessa maneira, a responsabilidade primeira não está nas mãos de seus formadores, mas nas do jovem mesmo.

• Não há razão para ser pessimista. O cérebro humano, especialmente o dos jovens, funciona "como um todo" tanto para o bem como para o mal. A infância e a adolescência são períodos maravilhosos para diversos aprendizados.

• Como o cérebro, especialmente os lóbulos frontais, amadurece pelos 25 anos, todo esforço e atividade que se realizem antes desses anos deixa uma marca quase indelével. Daí a importância de aprender a pôr controles, aceitar a experiência dos outros e buscar conselho e sabedoria nos adultos. O jovem é por natureza imaturo e necessita de guias e formadores.

As emoções em nível cerebral

O cérebro humano começou sua evolução quando os peixes desenvolveram um tubinho para levar os nervos até um ponto de controle, que nesse momento era só uma saliência na medula espinal. Mais tarde, apareceram as partes do cérebro olfativo e o cerebelo para regular os movimentos. Depois se desenvolveram o tálamo, a amígdala, o hipocampo e o hipotálamo, e, assim, nos mamíferos se progride utilizando o sistema límbico. No ser humano se chegou a níveis superiores (a consciência, por exemplo) com o uso do córtex cerebral, especialmente dos lóbulos frontais e pré-frontais chamados neocórtex.[106]

O cérebro foi se desenvolvendo de maneira gradual e em íntima conexão, de cima para baixo, da seguinte maneira:

• *cérebro réptil*: (formado pelo prolongamento da medula espinal) que tem como principais órgãos o tronco cerebral, o sistema reticular e o cerebelo. Alguns o chamam "a mente primária" e sua função principal é a conservação da espécie e a proteção de si mesmo;

• *cérebro mamífero*: encontra-se na metade do espaço atual do cérebro e permite informações de uma parte do cérebro à outra; está formado pelo sistema límbico (amígdala, tálamo, hipotálamo e hipocampo), que é chamado "mente emotiva", e suas funções fundamentais, além da sobrevivência, são o apego à figura materna, a educação da prole e a recepção e manifestação da vida emotiva;

• *cérebro humano*: identifica-se com o córtex cerebral e é chamado de "mente racional", porque, utilizando seus dois hemisférios e seus

---

[106] O cérebro humano contém uns 100 bilhões de células nervosas (neurônios). Isto significa que temos a capacidade de armazenar em nossa mente informação equivalente a 10 bilhões de páginas de uma enciclopédia de grande tamanho. Cf. CARTER, Rita. *Mapping the Mind*. Orion, Nova York, 1998, p.11-53.

quatro lóbulos (occipital, parietal, temporal e frontal), suas funções principais são as de perceber, conhecer, compreender, relacionar, interpretar, integrar, programar, refletir, pôr-se metas etc.

Podemos concluir que nosso cérebro começou sua evolução faz milhões de anos e nosso comportamento atual reflete muito do cérebro réptil (mecanismos de cortejar, relações sexuais, fugir dos perigos etc.) e do cérebro mamífero (emoções em geral). O córtex cerebral, o mais distintivamente humano como sede de processos cognitivos superiores, tem um aparecimento tardio e daí sua dificuldade, muitas vezes, para moderar, planificar, exercer controle sobre as emoções. Podemos afirmar, então, que os processos cognitivos estão mais submetidos às emoções do que ao inverso, e que podem, em determinadas circunstâncias, ver-se dominados por estas.

Apresento um desenho simples do cérebro:

Figura 3: Os três cérebros

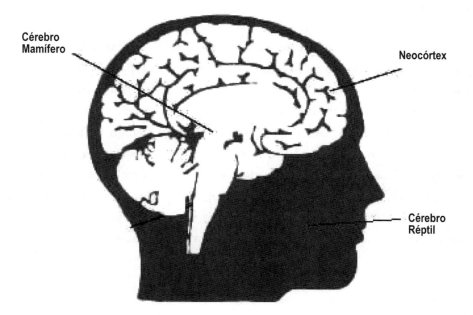

Aos estudos de Damasio[107] e LeDoux devemos a nova visão de emoção, sentimento, conhecimento e consciência, conceitos intimamente ligados. O emocional e o racional são duas faces da mesma moeda. Os estudos atuais demonstram que o ser humano passa das emoções inatas, eventos fisiológicos tidos no silêncio do corpo, aos sentimentos (enquanto experiências subjetivas), para logo converter-se progressivamente em *conhecimento* (conheço porque sinto) e em consciência (me dou conta de que conheço e posso refletir sobre o conhecido). Desse modo, se concebem as emoções como fenômenos ou elementos de um "contínuo" que vai do nível radicalmente inconsciente da fisiologia ao nível de autorregulação da plena e clara consciência.

Por isso, pensar no controle, na regulação ou na modulação das emoções como processo central da vida afetiva é muito distinto de chegar à maturidade afetiva exercitando um controle em termos de repressão, negação ou sufocamento das emoções. Para a regulação deve-se conhecer as emoções, ser conscientes delas, reconhecer suas diferenças, seus significados, seu valor e sua base inata universal. Em compensação, a repressão, a negação, o sufocamento não permitem o acesso das emoções à consciência.

Por outra parte, as emoções aparecem correlacionadas com o comportamento dirigido para conseguir um objetivo "interpessoal", objetivo que tem um valor evolucionista de sobrevivência, pois se não contamos com os outros desapareceremos deste mundo.

Aqui podemos fazer uma conexão importante com a "teoria do apego à figura materna" de J. Bowlby, pois as emoções que são eventos fisiológicos inatos são as que acendem ou ativam os diversos "sistemas motivacionais" (de competição, sexual, cooperativo, de cuidado, de apego etc.). Só num segundo momento aparecem os sentimentos como experiências subjetivas e a consciência, e, portanto, a liberdade de escolha.

---

[107] Cf. Damasio, Antonio. *Emozione e coscienza*. Adelphi, Milano, 2000, p. 51-104; cf. também Le DOUX, Joseph. *Il Sé sinaptico. Come il nostro cervello ci fa diventare quelli che siamo*. Raffaello Cortina, Milano, 2002, p. 39-44.

Ademais, em posição diversa à teoria psicoanalítica tradicional, não há nenhum "sistema motivacional primário" capaz de regular ações ou pensamentos destrutivos. Todos os sistemas motivacionais, enquanto fruto da evolução, têm a finalidade de facilitar a sobrevivência e a adaptação ao ambiente.

Cada um dos "sistemas motivacionais" tem suas próprias emoções.[108] Um bom conhecimento das próprias emoções e as dos outros permite discriminar prontamente entre cólera no sistema de competição e cólera no sistema de apego, entre medo da separação e medo do juízo do outro, entre tristeza pela perda de um ser querido e tristeza pela derrota, entre desejo de proximidade protetora e desejo de proximidade erótica. Ao contrário, um escasso conhecimento das emoções pode refletir-se na incapacidade de reconhecer o diverso significado das emoções parecidas entre si, mas pertencentes a diversos sistemas motivacionais.

A isso se acrescente que as redes neurais do sistema límbico do ser humano vão crescendo em complexidade à medida em que se desenvolvem as interações sociais, o que aumenta o número e a complexidade dos sinais que regulam os diversos sistemas de controle do comportamento social. Como consequência, aumenta o risco de confundir um sinal com outro e ativa um sistema inapropriado. Essa "falta de discriminação" pode conduzir à ativação equivocada de diversos sistemas motivacionais aos quais pertence uma emoção; por exemplo, confundir a busca de uma proximidade protetora com o desejo sexual, ou a não distinguir entre um sorriso de aprovação e um sorriso de sedução, e ativar um sistema motivacional discordante, neste caso o sexual.[109]

As emoções típicas do "sistema motivacional inato de apego" são diversas: se o sistema de apego encontra obstáculos para alcançar sua meta, surgem o medo da separação, a cólera, a tristeza, a desesperação e o desapego emocional; se logra a proximidade e alcança a meta, aparecem

---

[108] Cf. RUBERTI, Severio. "I sistema motivazionali: l'attaccamento fra psicologia evoluzionista e psicoterapia". In: *L'attaccamento nel lavoro clinico e sociale. Esplorazione e sviluppo di nuovi modelli d'intervento.* REZZONICO, G. e RUBERTI, S. (ed.). FrancoAngeli, Milano, 1996m p. 38.
[109] *Ibid.,* p. 40.

então o consolo, a alegria, a segurança e a confiança. Estas são emoções básicas das quais vão emergindo, pelos progressivos desenvolvimentos dos processos da mente humana, os sentimentos que reconhecemos em nós e nos outros. Essa base evolucionista é uma "lei universal" sobre a qual, logo, colocamos a influência do ambiente e as variáveis culturais e sociais.[110]

Do anteriormente exposto, podemos extrair várias aplicações úteis para a formação dos candidatos ao sacerdócio e à vida consagrada:

1) o formador não pode separar, como se fossem independentes, os processos afetivos e intelectuais. Não são dois momentos, um de sensibilidade e outro de inteligência; nem há um mundo próprio dos sentidos a que chamamos "mundo sensível" e outro próprio da inteligência ao qual chamamos "mundo inteligível". Não há senão um só mundo real, onde tanto o sensível como o intelectivo são conhecimentos, são atos cognoscitivos. O sensível é conhecimento intuitivo, *gnosis;* o intelectivo é cognoscitivo, que conhece e julga o que os sentidos apreendem. Apreende-se a realidade sentindo-a, assim como a sensibilidade humana sente intelectivamente;

2) as emoções têm um objetivo interpessoal: conhecimento de si mesmo e sensibilidade frente aos outros. É o que H. Gardner[111] chama "inteligência intrapessoal e interpessoal", que foi popularizado por D. Goleman[112] com o termo de "inteligência emocional". Ser inteligente requer um processo de aceitação, controle e manifestação da vida emocional e, ao mesmo tempo, um adequado e consciente conhecimento dos outros e da realidade;

3) nesse aprendizado de "inteligência emocional" jogam um papel decisivo as experiências de apego com a "figura materna", que formam com o tempo os Moi, ou modelos operativos internos de apego, que

---

[110] Liotti, Giovanni. *Le opere della coscienza. Psicopatologia e psicoterapia nella prospettiva cognitivo-evoluzionista.* Raffaello Cortina Editore, 2001, p. 114.

[111] Cf. Gardner, Howard. *Estructuras de la mente. La teoria de las inteligencias múltiples.* Fondo de Cultura Económica, Bogotá, 1999, p. 288.

[112] Cf. Goleman, Daniel. *La inteligencia emocional.* Kairós, Barcelona,1997, p. 53-139.

influirão ao longo da vida, não importa a idade, o sexo, a experiência etc. Todos estaremos buscando durante nossa existência uma figura de apego que nos sirva de "base segura" para nosso crescimento contínuo. Nota-se de imediato o papel decisivo do formador como figura de apego, para o amadurecimento da personalidade do formando;

4) como cada "sistema motivacional" (é inato) tem suas próprias emoções e desenvolve "modelos operativos internos" (MOI que são aprendidos), há de se ajudar o formando, gradual e pacientemente, não a negar ou reprimir suas emoções e sentimentos, mas a aceitá-los, valorizá-los, discriminá-los, controlá-los e canalizá-los (aqui se poderia falar de "sublimação" para o celibato e para a vida consagrada);

5) o sistema límbico é muito importante para as emoções e aumenta em complexidade através das interações sociais. Essa complexidade pode levar a uma possível falta de discriminação e risco de confusão. É necessário, então, que intervenha o córtex cerebral, especialmente os lóbulos frontais, para controlar e dar metas e objetivos a nossas emoções e sentimentos.[113] Por isso, é indispensável o diálogo formando-formador e o "autocontrole" por metas, ideais e objetivos, que o mesmo formando se fixará.

Inteligência e memória

O conceito de inteligência se encontra implicitamente incluído na memória e vice-versa. Valha uma comparação: o disco duro dos computadores, sem um sistema capaz de lê-lo, não seria mais que um troço de sucata sem maior utilidade. Tanto a inteligência como a memória necessitam de um suporte fisiológico especializado no cérebro; mas a informação genética das funções comuns de ambas é a mesma.[114]

---

[113] Cf. ROCCATACLIATA, Giuseppe. *La teoria della mente. Incontro tra filosofia e neuroscienze.* Borla, Roma, 2006, p. 293-339.

[114] Um neurônio, embora esteja destinado para uma função particular, isto é, se encontre especializado, normalmente poderá realizar outro tipo de funções. Só o fato de *fechar os olhos* nos permite aumentar de forma imediata nossa capacidade auditiva e, inclusive, nossos processos lógicos.

Hoje se fala da "complementaridade das funções cognitivas", referindo-se à inteligência e à memória. Quanto maior é nossa capacidade de relacionar, maior será a eficácia da informação trazida pela memória, mas ao mesmo tempo maior será o cúmulo de informação trazida por ter um melhor gestor da memória. Em outras palavras, a inteligência opera duas vezes: a primeira como gestor da memória e a segunda como analista da informação. Daí se deduz que unindo inteligência e memória, a medida do potencial cognitivo do ser humano se incrementa consideravelmente. Contudo, devem diferenciar-se os conceitos enfatizando a capacidade de relacionar para a inteligência e a de arquivar para a memória.

Inteligência

Por inteligência entendo um conjunto de processos mentais, especificamente humanos, que se relacionam com o raciocínio lógico, a adaptação ao ambiente e as capacidades de avaliação, de perseguir um fim a longo término escolhendo os meios apropriados, de autocorrigir-se e de autocriticar-se.

H. Gardner[115] apresenta sete tipos de inteligência: linguística, lógico-matermática, visual-espacial, musical, corporal-cinestésica, interpessoal ou social e intrapessoal ou intuitiva. Ultimamente propôs também a inteligência naturalista. Os seres humanos têm desenvolvida uma ou várias dessas inteligências múltiplas. Realmente, ninguém pode dizer que não é inteligente; o importante é saber que classe de inteligência é própria de cada um e desenvolvê-la sem esquecer as outras, está claro.

Também o conceito da inteligência por parte de J. Piaget[116] como adaptação do organismo ao ambiente e a adaptação como equilíbrio dinâmico entre assimilação e acomodação nos é muito útil. A "assimilação"

---

[115] Cf. GARDNER, Howard. *Estructuras de la mente. La teoria de las inteligencias múltiples.* Fondo de Cultura Económica, Bogotá, 1999, p. 10-44.
[116] Cf. PIAGET, Jean. *La nascita della inteligenza nel fanciullo.* Giunti-Barbera, Firenze, 1968, p. 10-23.

é um processo mediante o qual a pessoa incorpora em seus preexistentes esquemas mentais os objetos e eventos do mundo externo. A "acomodação" é o processo contrário: a pessoa produz novos esquemas mentais para integrar os novos dados que lhe chegam da experiência. J. Piaget fala de "equilíbrio dinâmico" entre ambos os processos: os seres humanos às vezes assimilamos (quando estudamos, por exemplo) e às vezes acomodamos (quando transformamos o mundo).

Podemos deduzir algumas aplicações para a formação dos candidatos ao sacerdócio e à vida consagrada:

1) o formando deve conhecer qual, entre as funções gerais da inteligência, utiliza mais e melhor e em qual está mais débil e convém reforçá-la. Por exemplo: tem grande capacidade de raciocínio lógico, mas falha na capacidade de autoavaliação;

2) cada formando deve conhecer qual (quais) é seu tipo de inteligência, para poder atualizá-la mais e para que o formador o ajude em seu desenvolvimento. É parte do conhecimento de si mesmo e da ajuda personalizada de que necessita. Um exemplo: um jovem candidato com capacidades artísticas deve ser ajudado a desenvolvê-las; um com inteligência intrapessoal se animará a estudar o que significa ajudar os outros em direção espiritual; e assim por diante;

3) como o candidato ao sacerdócio ou à vida consagrada faz uma opção por Jesus Cristo e seu Reino, deve compreender que um comportamento "inteligente" o levará a "adaptar-se" a diversos ambientes de trabalho pastoral e a não fechar-se numa só possibilidade de trabalho;

4) o candidato deve compreender que os anos de formação inicial são especialmente, não unicamente, anos de "assimilação", e que já chegará o período forte de "acomodação" quando sair para sua vida ativa. Uma atitude assim o levará a estudar seriamente, a aproveitar o tempo para adquirir conhecimentos, a planejar, trabalhar e avaliar suas ações pastorais. Não quero dizer que o candidato não tenha períodos de experiência pastoral, mas devem ser "períodos", sem perder a assimilação fundamental para a qual está neurológica e psicologicamente mais apto.

Memória

Por memória entendo a capacidade dos organismos vivos de conservar marcas das próprias experiências passadas e de servir-se delas para relacionar-se com o mundo e prever eventos futuros. A função em que se manifesta a memória se chama recordação, e sua diminuição ou desaparecimento se chama esquecimento. Segundo a maioria dos neurologistas, as recordações são codificadas por meio de modificações nas conexões sinápticas entre neurônios; e em nível de estruturas cerebrais, o corpo caloso, a amígdala, o hipocampo e o sistema límbico, em geral, desempenham um papel de primeira ordem.

Há duas classes de memória: a explícita, consciente ou declarativa (*o quê*) e a implícita, operacional ou procedimental (*o como*). A explícita pode ser, por sua vez, semântica (armazena dados, caras, nomes e significados) e episódica (registra fatos e experiências concretas de modo sequencial). A episódica parece ser patrimônio exclusivo dos seres humanos. A memória implícita nos permite saber como fazer as coisas (manejar automóvel, tocar um instrumento musical etc.) e se caracteriza por sua longa duração em contraste com a explícita, que é frágil.

É importante esclarecer que recordar não é reproduzir, mas reconstruir, isto é, ao recordar não estamos apresentando uma espécie de "foto do passado", mas uma reconstrução em que relacionamos, generalizamos, recategorizamos, numa palavra, agregamos quantidade de ingredientes pessoais. Daí que a recordação nunca é totalmente igual à realidade que se apresentou. Por isso, o psicólogo D. Schacter[117] fala dos "sete pecados da memória": fragilidade, distração, bloqueio, atribuição errônea, tendência à sugestão, nesgas e persistência indesejada.

Do ponto de vista afetivo, M.B. Arnold[118] trabalha o conceito de "memória afetiva". Define-a como o reviver um estado agradável ou de-

---

[117] Cf. SCHACTER, Daniel. *Los siete pecados de la memoria*. Ariel, Barcelona, 2003, p. 10-28.
[118] Cf. ARNOLD, Magda B. *Emotion and Personality*. Columbia University Press, Nova York, 1960, p. 20-44.

sagradável quando se está diante de uma situação parecida com aquela experimentada no passado. Assim, definir a imaturidade emocional quer dizer encontrar "a criança no adulto", pois existe um determinado número de conflitos primários derivados de tarefas do desenvolvimento que a criança deve cumprir em sua primeira infância e que se não as cumpre positivamente permanecem nela como conflitos essenciais que logo a memória afetiva conserva e projeta em toda situação nova parecida. Esse fenômeno é comum em todo ser humano. Do dito para a memória, podemos tirar algumas aplicações úteis na formação dos candidatos ao sacerdócio e à vida consagrada:

1) um sistema simples que permite recordar uma sequência de objetos ou ideias é chamado *"sistema de ligações"*. Consiste em utilizar imagens, as mais vivas possíveis, para captar o objeto ou ideia e relacioná-lo interagindo com o seguinte. Assim longas listas podem ser recordadas;

2) quantos mais sentidos se utilizam ao memorizar, tanto melhor. Se ao memorizar se faz intervir o corpo e o movimento, os dados se gravam melhor; se convertemos o que foi memorizado em algo "importante" para nós, magnífico!

3) o formador deve animar o formando a repassar amiúde o material que deseja recordar. Deixar o estudo de uma matéria para a véspera do exame não é bom método; muito melhor é repassar a matéria em intervalos de tempo;

4) o conceito de "memória afetiva" deve alertar o formador para que ajude o formando em seus possíveis traumas e experiências negativas do passado. Quase todos os temos. Em alguns casos, será necessária uma verdadeira terapia; em outros, basta o relaxamento sistemático e situar essas recordações na tela mental para que se "desensibilizem" graças ao estado de relaxamento;

5) finalmente, o formando deve ser consciente de que sua memória não é uma fiel fotografia do que aconteceu, mas uma reprodução que ele faz com elementos subjetivos e sucedidos depois do fato passado. Isso convida à humildade e à relativização de juízos, opiniões e afirmações.

Leis do desenvolvimento moral

A psicologia ensina que a moralidade no ser humano tem suas leis de desenvolvimento. Exigimos muito mais dos adultos que dos jovens ou das crianças ou aprendemos que certas circunstâncias alteram a responsabilidade sobre nossos atos. É importante ter em conta essas leis na formação de seminaristas e sacerdotes, precisamente porque estão em formação e de nenhum ponto de vista são já "pequenos sacerdotes" ou "pequenos frades". Falamos, então, de quatro leis principais:[119]

Lei da gradualidade

Há etapas de crescimento no desenvolvimento moral, porque o ser humano é histórico, dinâmico e está em contínuo crescimento. Esse crescimento se faz por graus.

Lei da evolução

Significa que o ser humano não nasce com princípios abstratos e universais, mas imerso num mundo dos sentidos e do movimento, e pouco a pouco evoluciona "epigeneticamente" para estágios mais perfeitos e abstratos, inibindo algumas tendências e promovendo outras.

Lei da integração

O desenvolvimento moral se obtém tanto graças ao que se deixa ou se priva como ao que se obtém e possui. Privação e aquisição não vão segundo a lógica do "ou isto ou aquilo", mas segundo a integração de "e isto e aquilo". Não se trata de negar, mas de integrar em níveis mais altos.

---

[119] Cf. FUMAGALLI, Aristide. "Il parametro della temporalità e la sua importanza per la teologia morale". In: MANENTI, A; GUARINELLI, S.; e ZOLLNER, H. (ed.) *Persona e Formazione. Riflessioni per la pratica educativa e psicoterapeutica.* EDB, Bologna, 2007, p. 220-227.

Por isso, às vezes é preciso voltar atrás para recuperar alguns aspectos que ficaram ligados a estágios mais imaturos, mas sempre com os olhos postos adiante, no objetivo a alcançar.

Lei da personalização

O desenvolvimento moral não é um *produto standar*, mas um bem apropriado a cada pessoa segundo sua vocação, suas características e suas circunstâncias. Cada ser humano desenvolve seu sentido original e sua incomparável responsabilidade diante da vida e diante de Deus.

Desta maneira, podemos sustentar dois princípios aparentemente contraditórios: "A moral é igual para todos" e "a moral não é igual para todos". Explica-o A. Fumagalli:[120]

> O passo subjetivo, contudo, não contradiz a objetividade do caminho. Para quem vai no caminho, o "objetivo" não é imediatamente a meta que ainda não pode alcançar, mas o passo *aqui e agora* que pode cumprir (...). Reformulando a relação entre instância objetiva e instância subjetiva, poder-se-ia dizer que a lei objetiva indica a direção do bem moral que se pretende, ao passo que a consciência subjetiva dita o ritmo para consegui-lo.

Aplicando essas leis à formação de seminaristas e candidatos religiosos, dou um exemplo: a masturbação. O jovem seminarista que a sofre deve ser compreendido e exigido, para seu controle, gradualmente, apresentando-lhe a castidade como algo mais perfeito e enriquecedor, integrando sua sexualidade dentro de outros valores humanos importantes (entrega aos outros, honestidade, alegria, capacidade de superar frustrações...) e animando-o no passo a passo diário para que se comprometa no aqui e agora a uma manifestação de amor como doação.

---

[120] *Ibid.*, p. 227.

ANEXO 9

Contar-se a história da vida
(Autobiografia)

Desde a mais remota antiguidade o ser humano trata de organizar sua própria vida "contando-a a si mesmo": narrações ao redor da fogueira, memórias, diários íntimos, autobiografias, novelas, histórias pessoais etc. O tema tem sido tratado por filósofos, santos e literatos (Santo Agostinho, Teresa de Lisieux, Thomas Merton), e a partir dos anos 70 do século passado a psicologia e a teologia o valorizaram; basta recordar alguns nomes: Paul Ricoeur, Vincent de Gaulejac, Jerome Bruner, Giovanni Liotti, Carlo Bresciani, a terapia cognitiva pós-racionalista de Vittorio Guidano, Alfredo Ruiz e mais muitos autores.

Definição

Contar a própria vida é contar, escrever, a história pessoal desde a infância, dando-lhe significado e encontrando um fio condutor que a sustente. Nem sempre é fácil: às vezes resultam pedaços de história sem nenhum nexo lógico entre si, interpretações fantasmas que não se referem estritamente à verdade, percepções completamente subjetivas e tendenciosas que reelaboram o sucedido até mudá-lo ou vazios e contradições que impossibilitam a integração de um conceito de Si. Estamos, então, no terreno da imaturidade afetiva e, às vezes, bordeando o terreno das neuroses, psicoses ou transtornos graves de personalidade. Seguir os eventos da vida, dar-lhes sentido, interpretá--los numa trama narrativa, ajuda à coerência interna e ao conceito de Si; e se algum evento não é processado, elaborado e assimilado pode converter-se em sintoma psicopatológico.

G. Liotti[121] fala de "completar as metáforas inconclusas" da vida, para reelaborar um conceito de Si desintegrado e obter a coerência interna; este seria um trabalho terapêutico.

Como o formando se conta sua própria vida?

No período de formação inicial é importante e decisivo ajudar o jovem nessa reorganização histórica de sua própria vida, não somente como um "diário" que tem que escrever, mas como uma reelaboração de sua vida para que descubra o sentido profundo e o plano de Deus nela.

É conveniente pedir ao formando que faça um inventário de sua própria vida, não no começo de sua etapa formativa, mas quando estiver mais avançado o processo, quando tiver passado um pouco a "etapa romântica" do início e começarem os momentos difíceis ou de crise. Assim, pode ser útil, não só como recordação dos acontecimentos fundamentais de sua vida, mas também como ponto de referência em momentos de dúvida e indecisão. Desta maneira, o contar a própria vida ou fazer uma autobiografia se converte num meio potente de discernimento.[122]

As instruções que se dão ao formando são simples: tem que preparar uma breve autobiografia que inclua os acontecimentos mais significativos da vida como a família, a escola, as relações significativas, as amizades, as experiências de trabalho, as enfermidades chamativas e os problemas graves. Deve-se deixar liberdade para que o indivíduo dê uma ordem cronológica ou uma ordem de importância à narração.

O candidato tem diante de si uma tarefa que não é de todo fácil:

• deve decidir como estruturar a autobiografia. A capacidade de coerência é importante e indicativa;

• escolhe, consciente ou inconscientemente, um tom otimista, pessimista ou flutuante, que reflete ao mesmo tempo o tipo de pessoa que é;

---

[121] Cf. Liotti, Giovanni. *Le opere della coscienza. Psicopatologia e psicoterapia nella prospettiva cognitivo-evouluzionista.* Op. cit., p. 266.

[122] Cf. Garvin, Mary Pat. "L'autobiografia nel discernimento di vocazione". in: *Vita Consacrata* 38, 2002/5, p. 501.

• determina se a direção de seu escrito se centra sobre seu passado ou está em prospectiva de futuro. A exageração em qualquer das duas direções é indicativa também do tipo de personalidade.

Os temas presentes ou ausentes na autobiografia são, igualmente, reveladores. A profundidade com que são tratados, se se encontram repetidas vezes, se se sugerem ou se afrontam etc., são indicadores de como a pessoa amadureceu em seu processo de vida e de vocação.

De maneira especial, dois aspectos centrais se apresentam em qualquer autobiografia: a maturidade relacional e a capacidade relacional. As emoções contadas na autobiografia põem em contato o jovem consigo mesmo, com os outros e com Deus (são as janelas da alma); por isso, são importantes na maturidade psicológica e na maturidade espiritual. Se não são levadas em conta no relato, algo passa... De maneira especial, as emoções refletem a satisfação na vida e a maneira como se afrontam as renúncias, aspectos ambos importantes para quem deseja seguir a Cristo.

A autobiografia põe manifestamente a capacidade do candidato de relacionar-se com os outros, aspecto essencial no seguimento de Cristo. O sacerdócio e a vida consagrada devem responder a essa necessidade primeira e básica do ser humano: amar e ser amado. Da maneira como o jovem tenha respondido em sua vida, dependerá sua resposta futura e sua perseverança numa instituição.

Memória bíblico-afetiva

No capítulo 9 falei da memória. No ser humano existe a memória afetiva,[123] que funciona em relação com o resíduo afetivo das experiências mais significativas da vida. Não basta recordar "o que passou", é necessário recordar a emoção, negativa ou positiva, que acompanhou esse fato passado. A memória afetiva tende a "reativar", em situações análogas, a emoção que se viveu num fato passado significativo, e muitas vezes sem que a pessoa se dê conta de tal correlação. Segundo a pesquisa de L. M.

---

[123] Cf. ARNOLD, Magda B. *Emotion and Personality*. Op. cit., p. 20-44.

Rulla, F. Imoda e J. Ridick,[124] 67% dos jovens religiosos em formação estabelecem relações transferenciais, isto é, vivem com os superiores e seus companheiros um tipo de emoções semelhantes às que viveram em seu entorno familiar.

A. Cencini afirma, não obstante, que a memória afetiva não é o único modo de recordar. Também existe a memória dos eventos que tiveram lugar no próprio passado, e essa memória não só é registro, mas também reorganização desses dados em torno de uma ideia que os explique. Aparece, então, o que ele chama memória bíblica, que lê o sucedido à luz do projeto de Deus, como o fez o povo de Israel. Dessa maneira, a pessoa, ainda que não seja responsável do que lhe sucedeu no passado, "o é da atitude que no presente assume diante desse fato". E isso é o que pode suceder se se conta agora sua própria vida ou se escreve sua autobiografia.

Então, segundo A. Cencini, se apresenta uma sorte de síntese entre as duas memórias: a memória bíblica deve chegar a ser afetiva, enquanto que esta última deve deixar-se tocar, mudar, curar por aquela. Se a memória bíblica não chega a ser bíblica, se mantém só como emoção subjetiva e instintiva.

Na autobiografia o candidato deve ser animado a realizar esse trabalho psicológico e espiritual ao mesmo tempo. Deve escrever sua vida e logo voltar a ela para descobrir o plano de Deus e poder aceitar, corrigir, aprofundar, acrescentar, reforçar etc. elementos à luz do projeto de Deus sobre ele. Dessa maneira, a própria história chega a ser lugar de encontro de Deus com o ser humano concreto.

O formador e a autobiografia do formando

Quando o formador ou acompanhante lê a autobiografia do candidato ao sacerdócio ou à vida consagrada deve fazê-lo tendo em conta a

---

[124] Cf. RULLA, Luigi M., IMODA, Franco e RIDICK, Joyce. *Struttura psicologica e vocazione. Motivazione di entrata e di abbandono.* Marietti, Torino, 1977, p. 149.

experiência pessoal que já tem do jovem e buscando a estrutura, o tom, o ponto focal, a trama e a continuidade da narração.[125]

Uma pergunta importante que deve fazer-se o formador é: qual é minha reação diante do que leio?, que pensamentos e sentimentos espontâneos me vêm?, o que leio confirma o que observo no formando?, que perguntas e intuições surgem em mim como formador deste jovem?

Se a autobiografia foi escrita na metade da fase inicial do processo de discernimento, isto é, um ou dois anos depois de iniciado o seminário ou a vida de formação, há muitos modos que podem ser usados antes de uma admissão definitiva do candidato:[126]

• como ajuda de um processo de discernimento da própria vocação.

• como diagnóstico pessoal de problemas pessoais ou familiares que devem ser tidos em conta;

• como pontos claros e necessários para um trabalho espiritual personalizado e exigente ou uma possível terapia psicológica;

• como caminho de crescimento permanente e de maior entrega com a ajuda do formador ou acompanhante;

• como trabalho de memória bíblico-afetiva no qual o candidato, com a ajuda do formador, descobre o projeto de Deus sobre sua própria vida.

Facilmente, os dias de retiro mensal ou anual são momentos especiais para que o candidato releia sua autobiografia, ore sobre ela e a complete. Orar por sua própria vida é importantíssimo, porque o jovem se acostuma a buscar a vontade de Deus nos acontecimentos de sua vida e a pedir a graça necessária para seguir adiante. É uma verdadeira oração encarnada e histórica.

---

[125] Cf. BOTTURA, Maria. "Il racconto della vita". In: *Tredimensioni* 4, 2007, p. 32-41.
[126] Cf. GARVIN, Mary Pat. "L'autobiografia nel discernimento di vocazione". *Op. cit.*, p. 508.

X. A escola de Luigi M. Rulla e seguidores

É pelo homem que há valores no mundo.
Jean Paul Sartre

Em 1971, L. M. Rulla[127] fundou o Instituto de Psicologia na Universidade Gregoriana de Roma, com a colaboração de outros jesuítas, entre eles Franco Imoda, com a finalidade de favorecer um "diálogo interdisciplinar" entre as diversas ciências a serviço do ser humano, para chegar a uma "antropologia da vocação cristã". Em suas pesquisas estudou os abandonos da vocação por parte de sacerdotes e religiosos e, reconhecendo o primado das causas espirituais/ sobrenaturais, afirmou como causa muito frequente de ditas crises a falta de maturidade afetiva. É necessário conhecer os conceitos e proposições que manejam L. M. Rulla e seguidores. Apresentá-los-ei em forma esquemática.

---

[127] Luigi M. Rulla foi sacerdote jesuíta, médico cirurgião e doutor em psicologia. Desde o princípio organizou o Instituto de Psicologia da Gregoriana baseado numa visão estrutural típica da psicologia do profundo (psicoanálise) e finalística (teologia e filosofia). Deu grande importância ao Eu, entendido holística e contemporaneamente como lugar psicológico e espiritual.

Principais conceitos da teoria de L. M. Rulla

Autotranscendência

Por autotranscendência entende L. M. Rulla[128] "ir mais além do sujeito, transcendê-lo e alcançar aquilo que existiria mesmo se o sujeito particular não existisse". Esta é uma característica própria do ser humano: tem a capacidade de autotranscender-se teocentricamente, isto é, de chegar a Deus, mesmo quando tenha uma liberdade limitada ou imperfeita de responder a sua chamada.

Desenvolve sua teoria baseando-se numa antropologia vocacional com fundamento evangélico.[129] A pessoa recebe uma "chamada" de Deus para dialogar com Ele, e nessa chamada reside o fundamento da "transcendência" humana; mas o ser humano continua sendo livre, e Deus, que é amor, respeita sua liberdade e sua transcendência. Quem aceita o convite divino e responde a ele, exerce sua liberdade e, ao mesmo tempo, manifesta seu amor a Deus realizando-se na autotranscendência. Se se enamora de Deus, sua liberdade se estende ao máximo grau de transcendência, mesmo quando tenha que renunciar a bens inferiores que lhe são agradáveis.

A vocação cristã é a chamada à liberdade da autotranscendência do amor teocêntrico e, com maior razão, a vocação presbiteral daquele que se consagra a Deus.[130]

Níveis de funcionamento do ser humano

Todas as ações do ser humano têm três níveis dentro dos quais podem ser entendidas: o nível fisiológico, o nível psicossocial e o nível racional-espiritual.

---

[128] RULLA, Luigi M. *Antropologia della vocazione cristiana I: Base interdisciplinari.* Piemme, Casale Monferrato, 1985, p. 104.
[129] *Ibid.,* p. 162-251.
[130] *Ibid.,* p. 171-199.

O nível fisiológico está intimamente unido a nossas necessidades orgânicas; no psicossocial colocamos nossas relações com os outros; o racional-espiritual é exclusivo do ser humano e o abre ao mundo dos valores autotranscendentes. Uma pessoa pode estar mais desenvolvida num nível que em outro, mas funciona segundo os três níveis que sempre estão presentes de alguma maneira.

A vocação sacerdotal se desenvolve nos três níveis, embora estritamente pertença ao nível dos valores autotranscendentes e é aí onde deve analisar-se especificamente. Valha um exemplo: uma vocação sacerdotal motivada pelo bem-estar e pelo dinheiro, funcionando basicamente nesses dois primeiros níveis, não seria autêntica, por não se abrir ao nível dos valores e da autotranscendência.

As necessidades do ser humano

As necessidades são tendências inatas que impulsionam à ação e exigem uma satisfação. Estão unidas ao desejo emotivo. L. M. Rulla[131] apresenta 14 necessidades que agrupa em dissonantes e neutras.

As *dissonantes* são: a agressividade, a dependência afetiva, o exibicionismo, o fugir do perigo, o evitar a inferioridade, a gratificação sexual e a humilhação.

As *neutras* são: a afiliação, a ajuda aos outros, o conhecimento, a realização do que nos propomos, a dominação, a ordem e a reação.

É importante compreender as necessidades para entender a vocação sacerdotal, embora as necessidades por si só não a possam explicar. Exemplo: fugir das tentações ou dificuldades do mundo não justificaria a escolha de uma vocação religiosa.

---

[131] *Ibid.*, p. 115-122.

Os valores

Os valores refletem a importância objetiva e intrínseca dos seres e das coisas. São ideais duráveis e abstratos, que fazem referência tanto à conduta atual como ao objetivo da existência. Uma coisa é dizer "Maritza é uma pessoa interessante" e outra "Maritza é valiosa para mim".

Entre necessidades e valores sempre há dialética. O impulso a superar as necessidades para realizar sempre mais objetivamente os valores, leva o homem a transcender-se para a imagem perfeita de si, isto é, para a imagem de Deus nele.

L. M. Rulla[132] e seguidores[133] (T. Healy; B. Kiel; G. Versaldi) falam de valores naturais (terceira dimensão), valores conjunturais (segunda dimensão) e valores autotranscendentes (primeira dimensão). Os valores naturais são valores artísticos, econômicos, sociais, profissionais etc. Os autotranscendentes são valores morais e valores religiosos. Estes últimos podem ser "terminais" (a união com Deus e o seguimento de Jesus Cristo) ou "instrumentais" (os conselhos evangélicos de pobreza, castidade e obediência). Os valores conjunturais são aqueles nos quais se encarnam concretamente os valores naturais e transcendentes. A imaturidade não significa patologia e pode conduzir ao erro não culpável, isto é, a escolher um bem aparente e não o bem real. Nesse nível se encontra a maioria dos comportamentos imaturos (inconsistências) dos sacerdotes e religiosos, já que a autêntica vocação sacerdotal ou religiosa deveria basear-se teoricamente em valores objetivos e autotranscendentes.

A formação nos valores deve animar o sujeito a reconhecer e apreciar a objetividade de um valor a partir não simplesmente de valores abstratos, mas de sua própria experiência vivida. Desta maneira é possível escolher os valores e pô-los em prática.[134]

---

[132] *Ibid.*, p. 115-118.

[133] Cf. HEALY, Tim, KIEL, Bartholomew e VERSALDI, Giuseppe. "Nascita e conquista di uno studio sulla persona umana". In: MANENTI, A, GUARINELLI, S e ZOLLNER, H. (ed.). *Persona e formazione. Riflessioni per la pratica educativa e psicoterapeutica.* EDB, Bologna, 2007, p. 38-45.

[134] Cf. PERCASSI, Vincenzo. "Processi di appropriazione dei valori (I): conoscere, apprezzare, sciegliere". In: *Tredimensioni* 4, 2007, p. 135-143.

As atitudes

As atitudes são predisposições para agir de certa maneira em determinadas circunstâncias.[135] São específicas e adquiridas e têm componente afetivo, cognitivo e comportamental.

As atitudes têm quatro funções:
- *utilitária* (busca reforços ou evita castigos);
- *defensiva do Eu* (sustenta a estima de si e, em geral, pode ser uma defesa contra as inseguranças);
- *cognitiva* (trata de formar um esquema da realidade, uma "forma mentis");
- *expressiva de valores* (manifesta um valor verdadeiro);

A vocação sacerdotal, participando das quatro funções, seria antes de tudo uma atitude que expressasse valores.

O Eu atual e o Eu ideal

L. M. Rulla, F. Imoda e J. Ridick distinguem entre o *Eu atual* e o *Eu ideal*. O *Eu atual* representa o que a pessoa realmente é; o *Eu ideal* o que a pessoa deseja chegar a ser. O mediador da vocação sacerdotal e religiosa é uma orientação específica em nível do Eu ideal, isto é, em nível dos ideais a que a pessoa aspira.

Seria de desejar que entre o *Eu ideal* e o *Eu atual* existisse uma total correspondência (não identificação), de modo que um fosse ímã para o desenvolvimento do outro. Infelizmente, o contrário é mais comum: que entre os dois Eu haja incoerência e não correspondência. Se tal incoerência existisse na vocação sacerdotal ou religiosa, elas não seriam autênticas.

---

[135] Cf. RULLA, Luigi M., IMODA, Franco e RIDICK, Joyce. *Strutura psicologica e vocazione. Motivazione di entrata e di abbandono.* Marietti, Torino, 1977, p. 15.

Consistência e inconsistência

Dois conceitos fundamentais no estudo de L. M. Rulla[136] são os de consistência e inconsistência, e através deles explica a crise sacerdotal.

Um indivíduo é consistente quando é motivado em sua atividade, consciente ou inconsciente, por necessidades que estão de acordo com os valores; é inconsistente quando está motivado por necessidades, mais frequentemente inconsistentes, que não estão de acordo com os valores. Esta terminologia se generalizou em muitos ambientes eclesiais para explicar a raiz das defecções sacerdotais e, ainda, das possíveis causas de nulidade matrimonial no Tribunal da Rota Romana.[137]

Assim, a vocação sacerdotal e religiosa seria a realização do ideal de Si mais que do conceito de Si. E a perseverança e eficácia da vocação estariam em relação com o tipo, o grau e o número de consistências e inconsistências centrais, conscientes e não conscientes do Eu atual, e com as atitudes vocacionais e os valores vocacionais.

Internalização

Na mudança de atitudes podem ser utilizados três mecanismos diferentes: satisfação, identificação e internalização.

A satisfação é somente uma questão de conformidade externa em que a pessoa aceita a influência exterior, com a esperança de receber alguma recompensa ou evitar algum castigo. Trata-se de aceitar um valor por complacência ou gosto.

A identificação se refere à aquisição de uma atitude que se aprende pela observação de um modelo importante para o indivíduo que observa. O

---

[136] Cf. RULLA, Luigi M. *Op. cit.,* p. 156-158.

[137] A. Cencini e A. Manenti (1992, 125), seguidores de Rulla, afirmam que, mais que contrapor pessoas consistentes a pessoas inconsistentes, *se deve falar de áreas consistentes e inconsistentes dentro da mesma pessoa.* O conceito se aplicaria não tanto ao Eu, quanto a seus conteúdos ou estruturas. Segundo eles, poderiam existir consistências "normais", isto é, dificuldades do homem normal para viver segundo os valores que professa, e consistências "psicopatológicas", das quais trataria a psiquiatria e a psicopatologia. Cf. GEISINGER, Robert. "Presbyteral maturity and matrimonial maturity". In: *Periodica* 89, p. 353-377.

jovem se identifica com um famoso esportista e adquire sua maneira de ver determinada coisa; assim, não só se conforma, mas se sente subjetivamente convencido, mesmo quando sua convicção depende de uma fonte externa.

A internalização tem lugar quando se adota uma nova atitude, porque é congruente com o próprio sistema de valores. Aqui os reforços externos não têm maior peso, nem a fonte exterior, mas a pessoa está convencida da importância do conteúdo em si mesmo, por razões intrínsecas. A internalização não só inclui a harmonia com o sistema de valores pessoais, mas também admite a validez objetiva desses valores.

Aplicações dos resultados da pesquisa

Da pesquisa de Rulla

Na pesquisa longitudinal realizada por L. M. Rulla e colaboradores que compreendia seminaristas (religiosos e seculares) e religiosas, com um grupo de controle de leigos, os dados foram os seguintes: 10%-20% das pessoas estudadas eram sujeitos consistentes; 60%-80% sujeitos inconsistentes; 10%-20%, sujeitos com problemas psicopatológicos.

Na mesma pesquisa se constatava que 75% dos estudantes de teologia e dos jovens em formação tinham uma percepção negativa de si mesmos, com desconfiança e ambivalência na relação com os outros (dependência-manipulação, medo-rivalidade). Ademais, 59% estavam muito preocupados, às vezes inconscientemente, com seu possível êxito, isto é, em sobressair e ser protagonistas.

L. M. Rulla se pergunta: por que tantos abandonos da parte de sacerdotes e religiosos depois do concílio Vaticano II? E ele mesmo se responde afirmando que dois de três sacerdotes ou religiosos que abandonam seu sacerdócio ou vida consagrada têm inconsistências centrais, ou, em outras palavras, inconsistências vocacionais centrais subconscientes que os impedem de viver autenticamente seu ministério sacerdotal.[138]

---

[138] Cf. RULLA, Luigi M., Imoda, Franco e RIDICK, Joyce. *Op. cit.,* p. 178.

Os resultados da pesquisa de L. M. Rulla coincidem em grande parte com as pesquisas realizadas por outros psicólogos sobre o grau de maturidade psicológica dos sacerdotes.[139]

Dos discípulos de Rulla

Num estudo recente, três dos discípulos de L. M. Rulla oferecem uma síntese das "confirmações existenciais" de sua teoria:[140]

• a dialética de base entre o *Eu real* e o *Eu ideal* se relaciona com os três tipos de valores (naturais, conjunturais e autotranscendentes);

• o Eu ideal é o princípio mediador para ingressar na vida religiosa ou sacerdotal;

• entre os fatores que influem na perseverança da vocação, a maturidade ou imaturidade dos valores conjunturais (segunda dimensão) é a mais decisiva, embora não o único fator relevante;

• a maturidade ou imaturidade dessa segunda dimensão é também o fator que mais influxo tem no processo de internalização;

• nem todos os que são mais maduros na segunda dimensão (valores conjunturais) perseveram realmente, pois alguns tomam a decisão de deixar a vocação originária e o fazem de maneira madura ou, embora imaturos, não abandonam e se "aninham" em sua vocação inicial sem a suficiente capacidade de internalização;

• durante o primeiro ano de formação religiosa, enquanto se nota alguma melhora na primeira dimensão (valores autotranscendentes), a segunda e a terceira são notavelmente resistentes à mudança;

• depois dos dois primeiros anos de formação, os ideais autotranscendentes caem a um nível mais baixo que no início, mesmo quando esta descida é menor nos mais maduros;

---

[139] Cf. PRADA, José Rafael. *Madurez afectiva, concepto de Si y adhesión al ministerio sacerdotal.* San Pablo, Bogotá, 2004, p. 107-177.

[140] Cf. HEALY, Tim, KIELY, Bartholomew e VERSALDI, Giuseppe. "Nascita e conquiste di uno studio sulla persona umana". In: MANENTI, A., GUARINELLI, S e ZOLLNER, H. (ed.). *Persona e formazione. Riflessioni per la pratica educativa e psicoterapeutica.* EDB, Bologna, 2007, p. 43-45.

• as circunstâncias e o método formativo têm um impacto mínimo sobre os esquemas antes vistos;

• a maturidade da segunda dimensão (valores conjunturais) é o fator que mais influi na capacidade para as relações interpessoais com um predomínio da autotranscendência teocêntrica e para a maturidade psicossexual;

• nos programas de formação deve-se insistir não só nos valores autotranscendentes (coisa que se faz até agora), mas também, e com grande urgência, nos valores conjunturais. "A graça constrói sobre a natureza", portanto, durante a formação deve-se pôr muita atenção *nas formas de resistência* à ação da graça;

Uma proposta pedagógica

Num artigo recente V. Percassi[141] faz uma proposta dos valores do ponto de vista pedagógico e prático. Segundo o autor:

> O valor é algo que o sujeito escolhe a partir de sua entrega autônoma, isto é, não por constrição ou por medo ou por uma vantagem exclusivamente individual, mas por uma decisão consciente e, portanto, responsável, e que põe em prática em vista de um bem reconhecido ou em vista de algo que promove ou preserva a vida em sua integridade.

Nos valores intervêm o elemento cognitivo (racional), o afetivo (emocional) e o de vontade (comportamental). Não basta saber que algo é bom, é preciso sentir-se atraído por ele. Contudo, tampouco basta saber que é bom e sentir-se atraído, é necessária a liberdade e sua formação, isto é, sua apropriação, muitas vezes gradual e lenta, com fadigas e dificuldades, para que o sujeito consiga escolher e pôr em prática.

---

[141] PERCASSI, Vincenzo. "Processi di appropriazione dei valori (I): conoscere, apprezzare, sciegliere". In: *Tredimensioni* 4, 2007, p. 135-143.

V. Percassi apresenta as dimensões dos valores da seguinte maneira:

Dimensão cognitiva (reconhecer):

• reconheço que um determinado valor tem sentido para mim, um significado de bem e de vida;
• reconheço também as possíveis alternativas que há e me disponho a renunciar a elas;
• reconheço que a escolha daquele valor pode me ajudar a abrir-me a outra pessoa, a Deus e também a mim mesmo;

Dimensão afetiva (apreciar):

• a possibilidade de escolher aquele bem me faz sentir-me contente e orgulhoso de mim mesmo. Estou vigilante contra uma atração sentida, mas contrária ao valor reconhecido;
• posso proclamar publicamente minha intenção e o bem ou valor que ela encerra.

Dimensão comportamental (escolher):

• escolho o valor e o ponho em prática;
• a escolha do valor não é coisa ocasional, mas repetida, até que se converta num hábito.

Em cada uma dessas três dimensões do processo há dificuldades e obstáculos. Por exemplo, na fase cognitiva pode existir falta de informação e de reflexão ou rigidez do pensamento. Na fase afetiva podem apresentar-se reações afetivas estereotipadas ou resistências intrapsíquicas (*transfert*, trauma...) ou tendência a renunciar. Na fase da decisão/ comportamento podem aparecer o cansaço e a recuperação de energias.

V. Percassi[142] sugere ajudar o jovem formando a:

---

[142] *Ibid.*, p. 141-143.

Reconhecer a distância que pode existir entre "valores prioritários" e "atividades prioritárias". Uma coisa é a vida ideal e outra coisa é a vida de todos os dias. Uma coisa são os ideais e metas propostos (valores prioritários) e outra coisa é o que decidimos fazer durante a jornada (atividades prioritárias). "Do dito ao fato há muito trecho", afirma o refrão. Este reconhecer a distância que há entre eles pode converter-se num momento favorável para fazer interagir as dimensões racional e afetiva implicadas no valor.

• *Iniciar por êxitos*. Não convém iniciar o processo corrigindo o negativo. Trata-se, antes, de ajudar o jovem a centrar sua atenção sobre a decisão que tomou (seja ou não correta), de modo que reconheça quais foram as energias motivacionais que o animaram a ela. O problema neste momento não está no resultado obtido, mas nas forças (motivações) que o motivaram. Desta maneira, o formando se dá conta de que é capaz de escolher, mesmo que às vezes o faça equivocadamente e não segundo seus "valores prioritários", e começa a "tomar gosto" pelo fato de que, se o deseja, é capaz de escolher um bem, um valor, e sentir-se alegre e coerente, pleno e realizado nessa sua escolha. Ademais, quanto mais consciente for o sujeito dos pontos fortes de seu sistema de motivações, mais serenamente poderá olhar seus pontos fracos e suas contradições para superá-los.

• *Ler a práxis.* É um aspecto muito prático e pedagógico. Ajuda o formando a escrever duas listas: uma, a dos "valores prioritários", diante das atividades e tempo que lhes dedica; outra, a das "atividades prioritárias", diante dos valores não prioritários que elas representam. Desta maneira, o sujeito notará a incongruência e, tendo diante de si as duas listas, poderá passar "atividades prioritárias" que estavam diante de valores não prioritários e colocá-las diante de "valores prioritários", passar estes para atividades e tempos prioritários.

A distância entre o mundo ideal e o das decisões concretas não deve ser julgada *a priori* como um fato negativo. Ver a incongruência, a distância, entre o que se promove e o que se realiza, ajuda a ser humilde, realista e pode desencadear o entusiasmo para crescer.

Anexo 10

O projeto de vida pessoal (Pvp)

Assim como fazemos projetos para construir edifícios, pontes e obras materiais, planejamos os estudos universitários e nos organizamos de antemão na maioria de nossas atividades, assim também devemos organizar, planejar e projetar o mais importante que temos: nossa vida. E, se somos cristãos e se aspiramos a uma vocação sacerdotal ou religiosa, com maior razão, esse planejar ou projetar deve ser realizado à luz da mensagem de Cristo. Logo, *o projeto de vida pessoal inspirado no Evangelho é planejar nosso futuro à luz de Cristo, discernindo o que realmente somos, a realidade em que vivemos e as metas que aspiramos alcançar.*

Neste anexo seguirei as indicações de J. Lorimier,[143] J. Sovernigo[144] e J. M. Ilarduia.[145]

• *Processo*: o homem é um ser histórico que se realiza no tempo e com o tempo. A vida é um processo que abarca passado, presente e futuro, e, na realidade, não há uma meta final, mas etapas que nos aproximam dos objetivos, ideais e metas pré-fixadas.

• *Relações interpessoais de qualidade*: o processo é plástico, não rígido, e se realiza no contato com a realidade criada e, de maneira especial, nas relações interpessoais de qualidade que tenho com os outros seres humanos. Isso faz com que possa chegar a meu profundo Eu.

• *Discernimento*: o processo é uma busca da vontade de Deus: Ele me chama e eu lhe respondo; sua chamada é uma missão. J. Corella[146] define o discernimento como "um exercício espiritual no qual, através da percepção e da análise de certas experiências, chegamos a sentir e a conhe-

---

[143] Cf. Jacques De Lorimier. *El adolescente, proyecto vita.* Marova, Madrid, 1871.
[144] Cf. Sovernigo, Giuseppe. *Proyecto de vida. En busca de mi identidad.* Atenas, Madrid, 1990.
[145] Cf. Ilarduia, Juan Mari. *El proyecto personal como voluntad de autenticidad.* Eset, Instituto Teológico de Vida Religiosa, Vitoria, 1994.
[146] Corella, Jesús. "El 'que' y el 'porqué' del discernimiento". In: *Confer,* 1989, p. 107.

cer a ação de Deus em nós e, a partir daí, deduzimos o conhecimento de sua vontade em nossas vidas e manifestamos nossa disposição para tomar uma decisão".

• *Motivações, atitudes, escolhas e opção*: são palavras importantes para se ter em conta no momento da análise, conhecimento e projeção de um PVP. Motivações, porque são as que dão energia e direção e as mantêm; atitudes, porque são disposições radicais ou tendências, que se manifestam em nível cognitivo, afetivo e conativo (vontade); escolhas, porque temos liberdade, mesmo que limitada, e capacidade de escolher; opção, porque com a vontade e, especialmente, com o coração (nossa afetividade) pomos raízes permanentes naquilo que escolhemos por amor a Deus e com sua ajuda.

• *Acompanhamento*: o PVP sem acompanhamento, sem guia espiritual ou direção espiritual que nos aceite incondicionalmente, é impossível. Necessitamos do outro que nos acolha e nos ajude em nosso caminhar; é indispensável que essa "base segura" esteja a nosso lado e que nela possamos apoiar-nos para navegar no mar da vida.

Elementos psicológicos chaves

Há alguns elementos psicológicos que se manejam de maneira especial durante a formulação de um PVP. Entre outros, os seguintes:

• *inconsciente*: não somente discernimos o que está em nossa consciência, mas tratamos de analisar o que se acha fora de seu alcance, no inconsciente: impulsos, fantasias, imaginações, motivações, repressões etc., do qual, à primeira vista, não temos domínio, e para chegar ali necessitamos de um esforço especial, às vezes psicoterapêutico;

• *Eu ideal e Eu real (atual)*: podemos aceitar as três instâncias da concepção estrutural da personalidade em S. Freud: *Id* (o inconsciente, instintivo ou reprimido), *Super-Ego* (as normas e leis de nossos pais e da sociedade) e o *Ego* (a parte consciente/ inconsciente que trata de dirigir e governar as duas anteriores). Contudo este *Ego* podemos entendê-lo, por sua vez, como o *Ego ideal* (conjunto de ideais, metas, valores e utopias nos quais cremos e pelos quais lutamos) e o *Ego real ou atual*: o que na realidade é a pessoa, com todas as suas qualidades e defeitos. Quanto mais longe estão o Ego ideal e o Ego real, pior será a situação da pessoa (manifestará maior número de "inconsistências"); ao passo que quanto mais próximos, melhor, sabendo-se de antemão que uma total coincidência dos dois é impossível.

O que se busca fazendo um PVP?

Ao ter um PVP se buscam, entre outros, os seguintes objetivos:
• conhecer-se;
• ter uma autoimagem e autoestima integrais e equilibradas;
• lograr independência e autonomia como pessoa;
• forjar uma filosofia própria da vida;
• hierarquizar necessidades e motivações e estabelecer prioridades na vida;
• conhecer habilidades inatas e desenvolver outras.
• lograr autodisciplina e autoaprendizado.
• lograr equilíbrio entre as diversas facetas da vida.
• superar-se continuamente e manter-se aberto à mudança.
• buscar a vontade de Deus na vida.
• responder humana e cristamente, com todo o ser, à chamada que Deus faz, para que o dom recebido na vida se converta em dom entregue aos outros.

Elementos que traz um PVP

A redação do PVP tocará as seguintes áreas:
• *quem sou eu?* Minha história de vida ou autobiografia: herança, família, relação com meus pais (especialmente com a "figura materna"), infância, juventude, ambiente, aspectos físicos e psicológicos, meus amigos e minha cultura, meus traços de personalidade com minhas qualidades e

defeitos,[147] o que me agrada e desagrada na vida, a aceitação da realidade, a ideia que tenho de Deus e minha relação com Ele, minha vocação e seus inícios;

• *como vivo meu processo de formação?* Desenvolvimento de minha vocação, vida familiar no seminário ou casa de formação (fraternidade), minha identificação com a Igreja e minha diocese ou minha congregação, qual é minha vivência dos diversos níveis da formação (humano, comunitário, intelectual, espiritual e apostólico...), como é minha formação permanente etc;

• *o que pretendo de minha vida?* Os ideais, metas e objetivos que como valores pretendo alcançar e como vou consegui-los, indicando tempo, método, ajuda, programação etc. Naturalmente que não devemos confundir, como alguns o fazem, PvP com programação. Esta, se não vai acompanhada de autoconhecimento e discernimento, é um edifício sem bases, pois "não basta saber aonde se vai, é necessário conhecer o caminho" (Rabindranath Tagore);

• *tema central.* Não esqueçamos que "o que muito abarca, pouco amarra". Todo PvP deve ter um tema central pessoal que se converte em tema prioritário. Este tema central ou prioritário, raiz ou coração de nosso projeto, o subdividiremos em dois, o máximo em três aspectos particulares que se verão logo refletidos no trabalho.

---

[147] Alguns propõem apresentar aos jovens certos "estereótipos" de pessoas para que eles se autodescrevam; assim: *o homem peru* (tudo faz girar sobre si mesmo para converter-se no centro de atração); *o homem tigre* (violento e dominador); *o homem escaravelho* (tremendamente primitivo e guiado por instintos, que o único que o impulsiona é gozar); *o homem borrego* (não pensa nem decide por si mesmo, mas depende dos outros e do ambiente); *o homem mariposa* (vai atrás do que brilha um momento, não do compromisso); *o homem caracol* (é associal, encerrado em si mesmo e desejoso de que não o incomodem); *o homem zangão* (a lei do menor esforço: viver sem trabalhar, aproveitando dos outros); *o homem polvo* (busca sempre o poder, é manipulador e interessado); *o homem ouriço* (para ele a vida não tem sentido, é negativo e pessimista, ressentido e desconfiado); *o homem rico McPato* (tudo gira em torno do dinheiro). E assim muitos estereótipos.

Outros elementos

Outros elementos do Pvp dignos de serem tidos em conta são:

• *a consciência*: a metodologia essencial do Pvp não pode ser outra senão a formação da consciência, "núcleo mais secreto e sagrado do homem, onde está só com Deus" (*Gaudium et spes* 16). Se não há formação da consciência, as normas, as leis, os Pvp e todos os demais meios, não terão valor algum. Contudo, não se deve esquecer que a formação da consciência exige toda uma pedagogia que tenha em conta as necessidades e tendências do indivíduo. Não se trata de impor princípios ou metas, mas de canalizar energias para que sejam atraídas por objetivos e ideais;

• *base antropológica do Pvp*: é um projeto personalista do ser humano cristamente inspirado em Jesus de Nazaré e *a serviço dos pobres e mais abandonados*. Um PVP que não tenha em conta preferentemente a pregação do reino aos mais pobres e marginalizados, não passa de ser uma bela programação de atividades para continuar o desamor e a injustiça no mundo;

• *alcance ecológico*: o Pvp deve ter em conta a terra, o cosmo que é a casa ou "ninho" em que vivemos. É característica essencial da pessoa que vive no século presente viver com o necessário, sem "explorar" a terra e suas riquezas, de forma simples e sóbria e não consumista, respeitando todos os seres vivos e compartilhando os bens;

• *avaliação*: aquele que não se avalia, se desvaloriza. Para garantir a fidelidade, o Pvp deve assinalar os tempos e as datas concretas nos quais se deve realizar a avaliação;

• *redação*: o Pvp deve ser redigido por cada formando de maneira clara, concreta e precisa. O pôr em escrito permite que "objetivemos" nossas ideias e sentimentos, possamos compartilhá-los com alguém e avaliemos para saber se houve progresso ou não.

Nota importante: o projeto de vida comunitária (Pvp)

O Pvp deve ser acompanhado de um Pvp. Minha organização e planejamento pessoal devem ajustar-se a uma comunitária. As duas se exigem; e se uma delas falta, o caminho humano e espiritual "manca".

O Pvc deve ser redigido e se realizar em nível de cada seminário ou casa de formação. Será um planejamento das diferentes áreas de vida comum: humana, espiritual, apostólica, intelectual, com os horários e momentos para compartilhar e com os acordos a que se chegou em comunidade.

Este Pvc inclui:

– o nome completo, telefone celular etc. de cada membro do seminário ou comunidade;

– nome dos padres ou irmãos a quem pode se recorrer em caso de necessidade, com seu endereço e telefone;

– os horários de oração comunitária diária, semanal, mensal, com os dias de retiro e sua preparação;

– as reuniões de comunidade (ou seminário) para dialogar sobre os diversos aspectos desta;

– as "revisões de vida" e reuniões diversas de estudo (liturgia, moral, atualização, com leigos etc.).

– os momentos de compartilhar fraterno: festas religiosas, nacionais, aniversários, acontecimentos diversos;

– acordos concretos diversos sobre a caminhada diária da comunidade ou seminário. Por exemplo: zonas ou horas de silêncio, uso de aparelhos de comunicação social, horas de alimentação, acordos para receber visitas e muitos detalhes mais;

– as datas de avaliação comunitária do Pvc;

XI. Alguns casos especialmente difíceis na formação

*É uma loucura amar,
a menos que se ame com loucura.*
Provérbio latino

No presente capítulo se discutirão alguns problemas críticos de formação e se darão algumas orientações, sem pretender abarcar todos os temas e dar todas as soluções.

A mentalidade laicista, relativista e consumista da sociedade atual

É inegável que o mundo atual se encontra em época de mudança e em "mudança de época". Em poucas décadas nossa sociedade se transformou mais que em toda sua história, e, contudo, o ser humano continua com estruturas genéticas, neurológicas e fisiológicas que aquiriu há milhares de anos. Segundo A. Vélez:[148]

---

[148] VÉLEZ, Antonio. *Homo Sapiens*. Villegas Editores, Bogotá, 2006, p. 632.

O problema se deve a que o rapidíssimo avanço cultural tomou a dianteira à parcimoniosa evolução biológica e apenas agora começamos a ser conscientes da defasagem produzida. (...) Nosso genoma é completamente anacrônico; nisso consiste a verdadeira tragédia humana. Vivemos na vertiginosa era do jato e dos computadores digitais, mas com uma dotação genética desenhada para a sossegada época da mula e dos ábacos.

Presenciamos uma mudança cultural extraordinária, sem mudança genética substancial. O formador, não obstante esta extraordinária mudança, não esperada nem controlada, deve ser esperança e luz para o formando e ajudar a navegar em meio às ondas do progresso.

O relativismo, condenado justamente por Bento XVI[149] em várias ocasiões, visto de outra perspectiva tem suas vantagens: para um cristão só Deus é absoluto, tudo o que é humano não pode ser senão histórico, contestável e relativo. A razão humana não é capaz de fundar de maneira unívoca e incontrovertível os valores, e a moral cristã não encontra seu fundamento último na razão, mas na fé. Detrás de todos os totalitarismos só há mentiras e antivalores. O relativismo nos faz ser "mendicantes" de sentido diante de Deus e nos faz tolerantes diante dos irmãos.[150]

O laicismo, entendido como hostilidade ou indiferença à religião, deve ser rechaçado pelo crente, e mais ainda se é sacerdote ou religioso. Contudo, se entendemos laicidade como o mútuo respeito entre a Igreja

---

[149] B. Forte (cf. "Lo scandaloso dovere di ricordare la verità. Ratzinger e la salvezza". em: *Relativismo: una sfida per i cristiani*. Casa Editrice Católica Ecclesiae Domus, Napoli, 2007, p. 6-7), a propósito da declaração de Bento XVI, *Dominus Iesus*, sobre os perigos do relativismo, escreve: "Talvez por isso, a declaração suscitou tanto impacto: alguém diria que não é *politically correct* declarar hoje que se crê na verdade, mais ainda, reconhecer que se oferece na história de Jesus Cristo, universal concreto e pessoal, Salvador do mundo. Declarar-se dispostos a julgar tudo por Ele, com humildade e amor, a alguns parecerá de uma desconcertante não atualidade: mas sabe-se que, às vezes, o não atual é precisamente o que de que se tem absolutamente necessidade para viver e morrer".

[150] Cf. ANTISERI, Dario. "Nichilismo e relativismo: nuove sfide al cristianesimo". em: *Vita e Pensiero* 5, 2005, p. 69-86.

e o Estado,[151] fundamento da autonomia de cada parte, imediatamente recordamos Jesus Cristo: "Dai a César o que é de César e a Deus o que é de Deus" (Mt 12, 17), e o Concílio Vaticano II em sua constituição *Gaudium et spes* (36; 40-45). A laicidade assim entendida ajuda a respeitar e praticar o pluralismo, respeitar as consciências, participar nas questões públicas, suprimir o clericalismo, fomentar a responsabilidade dos leigos. Nesse sentido, Jesus Cristo foi um verdadeiro leigo que adorou a Deus em espírito e em verdade e se entregou por amor de todos os homens, sem distinção alguma.[152]

De maneira particular, a laicidade explicada e vivida nos centros de formação fará com que os candidatos se afastem cada dia mais dos centros de poder e do clericalismo interpretado como intervenção do clero em tudo, ou como suposição infundada de que o sacerdote e o religioso, por serem tais, são mais santos e mais inteligentes que o comum dos leigos.

O consumismo de nossa sociedade traz tremendas consequências às pessoas e à natureza. Estamos arrasando nosso habitat e neurotizando nossas personalidades. Isto é verdade. Contudo, devemos ver a outra face da moeda: nunca como hoje, a humanidade foi mais democrática, livre e progressista em todo sentido. O problema está em que não sabemos manejar ou administrar com mentalidade humana e ecológica as riquezas naturais, sociais e pessoais. A responsabilidade está em nossas mãos. Não se trata de negar, mas de dar criativamente novas soluções para o mundo-casa de todos e para a humanidade formada por irmãos. O cristianismo é a religião do "inédito viável" do amor: inédito, porque ainda não o vivemos; viável, porque já o viveu nosso irmão maior, Cristo.

---

[151] Um ensaio clássico para entender a laicidade do estado como um valor tanto para ele como para a Igreja, o encontramos em E.W. Bockenforde (cf. *La formazione dello Stato come processo di secolarizzazione*. Morcelliana, Brescia, 2006, p. 31-71), jurista católico alemão célebre por seu dilema: "O Estado liberal secularizado se nutre de premissas que não está em grau de garantir por si só".

[152] Vários filmes modernos sobre Jesus Cristo acentuam essa dimensão laica, próxima das pessoas, amorosa, não violenta e não autoritária. Recordo neste momento o filme italiano *Centochiodi* (Cem cravos) de E. Olmi. O protagonista (apelidado "Jesus Cristo" por seus amigos) diante da cara estupefata do chefe da polícia do povo, afirma: "Todos os livros do mundo não valem mais que uma xícara de café bebida com um amigo".

O papel do formador, abrindo caminhos novos e entusiasmando os formandos a percorrê-los com paixão, será decisivo para um sacerdócio e uma vida consagrada mais ao tom do mundo de hoje e dispostos eficazmente a serviço do reino. Alguém me disse que é melhor acender uma luz do que queixar-se da escuridão.

A crise da família

Nossos atuais candidatos, geralmente, não procedem de famílias com tradições religiosas fortes. São o que são: muitos vêm de famílias problemáticas ou problematizadas, é preciso contar com essa realidade, sob pena de fechar nossos centros de formação ou dedicar-nos a uma elite.

Aceitar a realidade tal qual é não significa fechar os olhos diante de alguns aspectos positivos da família moderna ou abandonar os esforços para melhorá-la. Nas famílias atuais há melhor nível econômico e intelectual do que nas famílias antigas. A saúde é mais bem protegida e o diálogo as faz menos autoritárias. Há maior possibilidade de escolha.

Ao lado desses e de outros pontos positivos, se apresentam nuvens escuras: divórcios, infidelidades, abortos, baixíssima natalidade, probabilidade grande do filho único e superprotegido, escassa formação religiosa, liberdade exagerada, tempo livre fora do controle dos pais etc. Contudo, seguindo a teoria de J. R. Harris[153] antes exposta, não esqueçamos que não é tão exata a estendida ideia de que os pais podem influir a longo prazo de modo decisivo na personalidade de seus filhos. Nestes influem essencialmente os genes e o entorno (especialmente os "pares"). Não quero dizer que os pais não influam, mas que não o fazem de maneira tão decisiva como se pretende fazer crer. Esta afirmação ajuda a não exagerar as "consequências fatais" que possam sofrer os filhos de pais separados ou problematizados.

De maneira parecida, não devemos cair na "lógica perversa do desgosto", isto é, interpretar todo comportamento não adaptado do jo-

---

[153] Cf. HARRIS, Judith Rich. *El mito de la educación*. Random House Mondadori, Barcelona, p. 192.

vem como produto de uma doença ou sofrimento interno que deve ser imediatamente remediado. Não. Os jovens também têm capacidade de resistência, de resiliência,[154] e podem responder positivamente apesar de ter sofrido crises e problemas em sua infância. Os pais e formadores não devem exagerar o cuidado sobre seus filhos e formandos, como se fossem radicalmente "frágeis", e desejar ardentemente responder imediatamente a todas as suas necessidades e caprichos. Desse modo formamos uma "sociedade de crianças lindas e uma Igreja de consagrados mimados e aprovados", onde se quer "comprar amor" à base de presentes, licenças e concessões.

De tudo isso quero concluir que a atitude educativa equilibrada seria a do provérbio: "Nem tanto que queime o santo, nem tão pouco que não o ilumine"; isto é, trabalhemos a família dos formandos, mas trabalhemos mais o educando e o influxo que nele tem o grupo de companheiros (os "pares") e a sociedade. Na idade juvenil e adulta a família influi, mas não determina; maior influência sobre nossos formandos tem o ambiente do seminário ou casa religiosa criada pelo grupo de companheiros (os pares).

A agressividade

Tornou-se comum afirmar que grande parte dos jovens de hoje é agressiva e violenta, e não podia ser de outra maneira se analisamos as variáveis que influem enormemente neles: a busca de identidade e auto-afirmação motivada por seu despertar endócrino, a exploração e o jogo – agressivo por antonomásia –, o processo criativo próprio dos anos juvenis e o ambiente competitivo da sociedade atual. Sem uma dose de agressividade, até os problemas mais simples se tornariam insolúveis.

Não podemos esquecer que os seres humanos atuais somos filhos dos vencedores de uma longa batalha de milhões de anos pela sobrevivên-

---

[154] Por *resiliência* se entende a capacidade de superar dores e frustrações e tirar delas a força e a energia necessárias para seguir adiante e obter êxitos.

cia contra o mundo exterior, contra as outras espécies e contra os indivíduos da própria espécie.[155] Para S. Pinker,[156] a violência é um dos "temas candentes" de nossa época. Contudo, o fato de afirmar que os seres humanos são agressivos por natureza não significa que essa agressividade se manifeste em qualquer momento; só o faz se as condições exteriores o propiciam. Estamos bem programados para responder com agressividade e violência: competição pelo alimento (a privação de alimento aumenta nossa agressividade), pela reprodução (os motivos passionais explicam muitos crimes), pelo território (o recordam as duas guerras mundiais), pela defesa da vida (se é para defender nossa vida, lutamos ferozmente), pelo estabelecimento de hierarquias (o que está no poder tem mais privilégios em todo sentido), pela presença de superpopulação e amontoamento (nossas grandes cidades com áreas pobres e superpovoadas), por situações injustas e abusivas (irrita-nos ver a violência contra uma criança ou uma mulher desamparada) e por outros desencadeantes. Por isso S. Pinker afirmava que a pergunta correta não era "como as crianças e jovens aprendem a agressividade", mas "como aprendem a não ser agressivos".

Assim como existem condições do entorno que desencadeiam as condutas agressivas e violentas, assim também existem outras que as controlam, as reduzem ou as eliminam. Talvez seja esse o caminho para enfrentar a violência dos jovens e, em especial, para fomentar condutas de paz e cooperação em nossas casas de formação. Apresento algumas sugestões:

1) os formadores devem ser "modelo" de acolhida, diálogo e benignidade. Quanto mais jovem for um organismo, mais facilmente aprenderá por observação de modelos;

2) uma vida positiva manifestada em alegria, sorriso, colaboração, gozo da vida, influi consideravelmente em comportamentos de cooperação e altruísmo;

---

[155] Cf. Vélez, Antonio. *Op. cit.*, p. 538.
[156] Cf. Pinker, Steven. *La tabla rasa. La negación moderna de la naturaleza humana.* Paidós, Barcelona, 2003, p. 445ss.

3) o conhecimento pessoal dos outros diminui enormemente o nível de agressão; portanto, é preciso fomentar em nossas casas de formação os momentos de encontro, conhecimento mútuo, passeios, trabalhos de grupo etc;

4) o formador está chamado a ajudar os jovens candidatos a "ser críticos diante dos meios de comunicação", pois a exposição contínua à violência produz "habituação", e esta os pode converter em indiferentes diante dela;

5) deve-se canalizar a agressividade própria da juventude na prática do esporte, do apostolado organizado, do cultivo de passatempos, de inclinações e de técnicas de relaxamento e meditação;

6) é importante ensinar a nossos formandos a levar uma *vida sadia* no que se refere à comida, ao descanso, ao exercício e às atitudes positivas;

7) a *oração* é um momento maravilhoso não só para encontrar-se com Deus, mas também com nós mesmos, para centrarmos, controlarmos e digerirmos nossas frustrações.

A homossexualidade

A homossexualidade é um fenômeno que tem a ver com nossa vida diária. Encontramos e encontraremos profissionais, trabalhadores, ministros religiosos, militares, artistas, esportistas, amas de casa etc. homossexuais, e o tema não podemos evitá-lo como se não existisse ou como se fosse uma peste que devemos evitar a todo custo. Na história, segundo as épocas, a homossexualidade foi considerada como uma conduta anormal, como um delito, como uma enfermidade mental ou como um estilo de vida.

Falando das causas da homossexualidade, H. Van de Spijker[157] afirma:

> Assim como a interpretação biologista reduz tudo ao elemento "constituição", a sociopsicológica reduz ao elemento "situação" e a antropologista ao elemento atitude livre ou "posição"; a personalista unifica estes três elementos e busca a gênese e origem da inclinação para o próprio sexo numa consideração mais total, isto é, na "combinação" dos três elementos mencionados, os quais se encontram sempre presentes, embora não na mesma medida e proporção, em todo homem homótropo.

A Igreja católica oficialmente ensina que o ato homossexual é *contra naturam* e, portanto, imoral; impede por isso a própria realização e felicidade, porque é contrário à sabedoria criadora de Deus. A tendência ou inclinação homossexual, enquanto não se manifesta em atos, não é em si pecado, mesmo permanecendo sua inclinação para um comportamento intrinsecamente desordenado. A pessoa com tendências homossexuais "permanece sendo uma pessoa" e, embora estando condicionada do ponto de vista emotivo, tem em si a liberdade da vontade, que, sustentada e iluminada pela graça de Deus, lhe permite resistir à tentação do pecado e ser dona de seus próprios atos.

Alguns teólogos católicos são mais abertos a respeito da homossexualidade,[158] mas a Igreja sustenta seus princípios e revaloriza algumas expressões favorecendo o reconhecimento dos direitos fundamentais da pessoa homossexual.

Quanto a receber jovens homossexuais em nossas casas de formação, o debate continua aberto mesmo depois do *Parecer sobre a ordenação das pessoas homossexuais* da Congregação para o Culto Divino (16 de maio de 2002), que mantém absolutamente desaconselhável e imprudente e, do ponto de vista pastoral, muito arriscada a ordenação ao diaconato ou presbiterato de homens homossexuais ou com tendência homossexual.

---

[157] Cf. VAN DE SPIJKER, Herman. *Homotropia, inclinación havia el mismo sexo*. Atenas, Madrid, 1976, p. 21.

[158] Um exemplo dessa posição é o número de junho de 2007 da *Revista Javeriana*, dedicado todo à "Diversidade sexual: o psíquico, o emocional, o cognitivo e o social".

Cabe perguntar: poderiam ser permitidos os votos religiosos a uma pessoa homossexual? Há opiniões diversas. F. Decaminhada[159] está de acordo com a posição da Igreja de não admitir à experiência sacerdotal ou consagrada pessoas que têm tendências homossexuais e que não demonstrem claramente e com certeza que são capazes de controlá-las e de elaborá-las definitivamente, supondo que seja possível fazê-lo.[160] M. Oraison[161] defende que a sublimação da sexualidade – não a repressão – é mais difícil em pessoas, como os homossexuais, em que não se deu adequadamente o amadurecimento da sexualidade.

Outros são mais abertos. G. Pasquale[162] aceita o acompanhamento vocacional da pessoa homossexual, tanto egossintônica como egodistônica, porque em ambos os casos a pessoa poderia estar chamada a viver o convite ao celibato pelo Reino, contanto que "se comprometa a conhecer a verdade sobre si mesma através de um contínuo controle de si, dos colóquios com os outros e com Deus e do aprofundamento consciente dos motivos da decisão que tomou". G. Kicanas[163] aceita a presença nos seminários de jovens com tendência homossexual, contanto que queiram viver o celibato e se evite a criação de subcultura homossexual.

---

[159] Cf. DECAMINADA, Franco. *Maturità affettiva e psicosessuale nella scelta vocazionale. Una prospettiva psicologica.* Monti, Saronno (VA), 1997, 154.

[160] Assim afirma F. Decaminada (*Maturità affettiva e psicosessuale nella scelta vocacionale. Uma prospettiva psicologica.* Monti, Saronno (VA), 1997, 154): "Por tudo isto, e de maneira especial, como consequência da instabilidade emotiva e da insatisfação radical (que me parece ser as duas características relevantes, com significativa frequência, nas pessoas que realizam o que estão inclinadas a privilegiar uma escolha de tipo homossexual), penso que – *também do ponto de vista exclusivamente psicológico* – seja apropriada a decisão da Igreja de não admitir a viver a experiência religiosa pessoas que têm essa tendência ou que não se demonstrem claramente em grau, não só de controlá-la conscientemente e com certeza, mas também de elaborá-la para tratar de superá-la definitivamente, suposto que seja possível fazê-lo... Coisa que não creio provável, ao menos num notável número de casos e por uma grande parte de sujeitos que vivem esta inclinação, sobretudo, a partir dos últimos anos de sua adolescência, traduzindo-a em experiências concretas de relações homossexuais".

[161] Cf. ORAISON, Marc. *El problema homosexual.* Taurus, Madrid, 1976, p. 107-120.

[162] Cf. PASQUALE, Gianluigi. "Accompagnamento vocazionale per la persona omosessuale". In: *Vita Consacrata* 35/1, 1999, p. 66-72.

[163] Cf. KICANAS, Gerard. "Toward a Renewed Priesthood" In: HOGE, D. e WENGER, J. (ed.). *Evolving visions of the priesthood. Changes from Vatican II to the turn of the New Centur.* Liturgical Prss, Collegeville (Minnesota), 2004, p. 151-157.

J. Gafo[164] conclui:

> Parece-nos que neste tema, em princípio, devem ser feitas três afirmações prévias: 1) A condição homossexual, em si mesma, não deveria converter-se em óbice para uma opção celibatária assumida por motivos religiosos; 2) provavelmente é e será sempre inevitável que haja pessoas homossexuais, tanto no sacerdócio como na vida consagrada; 3) é evidente que não devem ser admitidas a estas formas de vida aquelas pessoas que não sejam capazes de assumir a opção celibatária; algo que também é lógico para os heterossexuais.

Do ponto de vista psicológico opino que:

1) a psicologia insiste na integração da personalidade mais que na orientação sexual. Essa integração conduz à maturidade afetiva, que se demonstra, entre outros elementos, num conceito e numa aceitação positivos de si, num bom grau de empatia e de capacidade de relação e numa sólida consciência de saber pôr limites e renúncias para alcançar os ideais que a pessoa se propõe. Isto é a primeira coisa que deve buscar o formador: pessoas integradas e maduras;[165]

2) se o formador está seguro de que o formando tem comportamentos homossexuais manifestos, deveria dissuadi-lo, claramente, de continuar no seminário ou casa de formação, porque não manifesta integração da personalidade nem maturidade afetiva, nem responde à chamada radical que Jesus Cristo lhe faz na Igreja. O mesmo deve proceder com um candidato heterossexual que não cumpre com seus compromissos de castidade ou celibato;

3) teoricamente uma pessoa homossexual, integrada e madura que aceite a doutrina celibatária da Igreja e esteja disposta a responder à chamada de Deus pelo Reino poderia ser admitida ao sacerdócio ou aos votos religiosos. Na prática, essas condições são muito difíceis de cumprir. Ade-

---

[164] GAFO, Javier. "Cristianismo y homosexualidad". In: *La homosexualidad: un debate abierto*. Desclée de Brouwer, Bilbao, 1977, p. 219.

[165] Cf. NOLL, Lief. "A psychologist responds to the Vatican Instruction on Homosexuality". In: *Human Development 27*, 2006, p. 7-12.

mais, o ambiente de nossos centros de formação, onde convivem homens com homens e mulheres com mulheres, se converteria num "estímulo discriminativo"[166] muito poderoso que desencadearia pôr em ação a tendência homossexual.

Essa posição é respaldada por outros psicólogos leigos que insistem no cuidado que a Igreja deve ter para não aceitar pessoas imaturas com tendências homossexuais que prejudicariam a convivência na vida sacerdotal ou religiosa. Poder-se-ia, além disso, abrir uma brecha em favor de uma posição política que exigiria um reconhecimento oficial (reivindicação gay) da presença homossexual dentro do seio do sacerdócio ou da vida religiosa.[167]

O uso de drogas

Talvez nunca a humanidade tenha dado tanta importância às drogas, nem nunca as drogas tenham se convertido num dos problemas mais sérios da humanidade. O abuso das drogas se estende não só às drogas permitidas (ingeridas sem prescrição médica de modo obsessivo e compulsivo), mas às que comumente utilizamos em nossos encontros sociais (álcool e fumo) e as que produzem graves transtornos do comportamento ou da personalidade (drogas psicoativas). Estas últimas são o campo preferido do narcotráfico.

É inegável a ação das drogas sobre o sistema nervoso central (SNC) e sobre o organismo em geral. Não vou fazer uma exposição sobre isto, mas

---

[166] O *estímulo discriminativo* não produz a conduta, mas aumenta a probabilidade de que esta se apresente. Exemplo: o semáforo no vermelho não produz a freada do automóvel, mas aumenta a probabilidade de que o condutor freie. Ademais, os estímulos discriminativos, pouco a pouco, vão controlando a conduta, isto é, a pessoa *responde* aos estímulos que para ela se converteram em importantes (em discriminativos) e não a outros. Exemplo: respondo com emoção ao hino de meu país escutado no exterior e não a outros que nem sequer conheço. O sexo masculino é um forte estímulo discriminativo para a pessoa homossexual masculina e o sexo feminino para a pessoa homossexual feminina, e a convivência ordinária no seminário e nas casas religiosas se faz com pessoas do mesmo sexo. Eis aí a dificuldade e, em certas ocasiões, a impossibilidade de levar uma vida de castidade serena e coerente.

[167] Cf. CASTILHO PEREIRA, William César. *A formação religiosa em questão.* Editora Vozes, Petrópolis, 2004, p. 146; 155; 270-272.

classificá-las segundo o Dsm Iv[168] em seu parágrafo "Transtornos pelo uso de substâncias". O manual traz vários transtornos pelo uso indiscriminado de:

- álcool (estimulante no início, sedativo e depressivo depois).
- anfetaminas (estimulantes);
- cafeína (estimulante);
- *cannabis* (maconha: euforia e falta de coordenação motora);
- cocaína (sensação de poder, alucinações e delírios);
- alucinógenos (experiências psicodélicas);
- inalantes (euforia);
- nicotina (panaceia contraditória: estimulante e tranquilizante);
- opiáceos (euforia ou disforia);
- fendiciclina (anestesia, desinibição, raiva);
- sedantes (tranquilizantes);
- hipnóticos ou ansio*líticos* (reduzem tensão e ansiedade).

Algumas drogas produzem adição ou dependência física, outras "habituação" ou dependência psíquica (psicodependência). Quando se fala de fármaco-dependência, se entende tanto a dependência psíquica como a física.

Por que os jovens se drogam? O problema não se reduz à juventude, mas é mais alarmante nela, pois as porcentagens de jovens que usam drogas ilícitas crescem e a idade dos que iniciam seu consumo diminui. Há algumas constantes:

- a nicotina serve de "droga de entrada" para o uso e abuso de outras substâncias aditivas como o álcool e os entorpecentes;
- a marginalização e a pobreza ajudam no consumo de drogas;
- a família e a escola, principais meios de apoio emocional para os jovens, estão em crise;
- a transmissão de valores e habilidades se faz agora por multidão de canais, o que torna mais vulneráveis os jovens que vivem situações problemáticas ou difíceis;

---

[168] O Dsm IV é o *Manual Diagnóstico e Estatístico dos Transtornos Mentais* da Associação Psiquiátrica Americana, em sua IV edição.

• o começo prematuro e o uso contínuo de substâncias ilícitas é mais provável entre os jovens (ou crianças) de comunidades que têm baixa qualidade de vida e não oferecem aos menores um apoio constante; ou em famílias que não têm aspirações educacionais ou que permitem ambientes de abuso emocional, físico ou sexual. O uso desse tipo de substâncias também aumenta sua probabilidade em crianças ou jovens que não se envolvem em atividades juvenis ou manifestam controle e disciplina fracos. Nas casas de formação são poucos os casos de farmacodependência de substâncias ilícitas. Encontrando um caso, o formador deveria imediatamente acudir a um especialista e pensar seriamente em excluir do processo de formação o indivíduo dependente. Contudo, o que dizer de substâncias mais leves e comuns como o fumo e o álcool?

A respeito do fumo, tão usado em muitos meios eclesiásticos e religiosos, os jovens formandos deveriam ser instruídos sobre as consequências graves de sua utilização, especialmente, como causa primeira do câncer de pulmões e outros tumores. O consumo excessivo ou contínuo de fumo (cigarros) está indicando alguma debilidade da personalidade, algum aspecto que foi suficientemente integrado ou dificuldades que não foram elaboradas.

O uso exagerado e dependente de bebidas alcoólicas é mais grave, porque suas consequências são mais rápidas e escandalosas (a pessoa vai se degenerando...), e a sociedade perdoa menos as pessoas que pertencem à comunidade eclesial. Certamente, os casos claros e reincidentes devem ser excluídos do processo de formação ao sacerdócio ou à vida consagrada, a menos que entrem numa terapia forte e comprometedora como a de *Alcoólicos Anônimos*.

Os transtornos mentais

Os transtornos mentais estão catalogados e diagnosticados com critérios fenomenológicos e estatísticos, modernos e precisos, no DSM IV. Contudo, comparto a opinião de W. C. Castillo Pereira[169] e, especialmen-

---

[169] Cf. CASTILLO PEREIRA, William César. *Op. cit.* p. 192-225.

te, de V. Polizzi[170] de continuar utilizando os termos tradicionais de neurose e psicose, que se referem mais às causas e são mais conhecidos pelo público. Proporei, então, uma classificação dos transtornos ou problemas psicológicos, dividindo-os em cinco grupos:

Neurose

A neurose é um transtorno crônico caracterizado por conflitos intrapsíquicos que influenciam, mais ou menos marcadamente, o sentido de segurança e satisfação do paciente e que condicionam seus comportamentos. A neurose perturba mais o equilíbrio interno da pessoa que sua capacidade de avaliar e interpretar a realidade. Apresenta-se sem causa orgânica e o indivíduo manifesta níveis altos de ansiedade e de dificuldade para compartilhar a vida ordinária e desenvolver todas as potencialidades humanas. A pessoa não perde o contato com a realidade, nem a consciência crítica e sua adaptação social é mais ou menos aceitável.

Embora, geralmente, a gravidade de uma neurose seja menor que a de uma psicose, há manifestações neuróticas de maior importância clínica que algumas formas psicóticas.

As principais neuroses são:[171]

• *de ansiedade*: preocupação, apreensão, ânsia generalizada, irritabilidade e tensão muscular;[172]

• *depressiva*: alteração do humor para formas de tristeza profunda com redução da autoestima, pensamentos negativos e necessidade de autocastigar-se;

• *hipocondríaca*: preocupação e medo de ter uma enfermidade, apresentando qualquer sintoma de um mal-estar real de maneira exagerada e errônea;

---

[170] Cf. Polizzi, Vincenzo. *L´identità dell´homo Sapiens*. Parte II: *Psicopatologia generale*. LAS, Roma, 1998, p. 73,

[171] *Ibid.*, p. 73-107.

[172] A ansiedade acompanha todas as neuroses em diversos graus e se define como "um estado emocional desagradável, acompanhado de excitação fisiológica e por elementos cognitivos de apreensão, culpa e sentido de desastre iminente" (cf. Sarason, I. G. 1977, 572).

• *fóbica*: medo e temor excessivo e irracional diante de determinadas pessoas ou situações;

• *histérica*: tendência a aparecer, à teatralidade, à falsificar a imagem, à interpretar um papel que não é o próprio;

• *obsessiva-compulsiva*: pensamentos, impulsos ou imagens repetitivos e persistentes, que causam ânsia, prevenção e mal-estar;

• *dissociativa*: desconexão das funções integrativas da consciência ou da memória ou da identidade ou da percepção do ambiente.

Psicose

A psicose é um transtorno grave em que se rompe o contato com a realidade e a função crítica da consciência; há desagregação de níveis profundos da personalidade e o conviver em sociedade se torna muito difícil e complicado. Facilmente se perde a capacidade de compreender o significado da realidade em que se vive (alucinações e delírios), apresentam-se sintomas de desconexão e estranheza do próprio Eu, e a adaptação social se converte em incompreensível e penosa.

As principais psicoses são:[173]

• *esquizofrenia*: há dissociação da vida psíquica e do pensamento e deste com a realidade. É o transtorno psicótico mais estudado.[174] A esquizofrenia tem subdivisões: hebefrênica (pensamento ilógico e incoerente, especialmente em jovens), catatônica (alterações psicomotoras, rigidez ou posturas forçadas) e paranoica (com alucinações e delírios não sistematizados);

• *maníaco-depressiva*: passa-se de fases ou ciclos de humor maníacos a depressivos;

• *paranoia*: a pessoa manifesta *delírios*, bem sistematizados e irreformáveis, de perseguição, grandeza ou ciúmes, mas não alucinações nem sintomas dissociativos.

---

[173] Cf. ARIETI, Silvano. *Manuale di Psichiatria*. Boringhieri, Torino, 1969, p. 583-675; cf. também POLIZZI, Vincenzo. *Op. cit.*, p. 109-144.

[174] Cf. MUESER, Kim T. "Tratamiento cognitivo-conductual de la esquizofrenia". In: *Manual para el tratamiento cognitivo-conductual de los trastornos psicológicos* I: *Trastornos por ansiedad, sexuales, afectivos y psicóticos*. Siglo XXI, Madrid, 1977, p. 611-633.

• 253 •

Transtorno de personalidade

A personalidade é a síntese de todos os elementos que concorrem para a conformação mental do sujeito para dar-lhe sua própria fisionomia. Suas bases fundamentais são: sua unidade e identidade, sua vitalidade, sua tomada de consciência e suas relações com o ambiente. Se esses elementos ou um deles se alteram, falamos, então, de transtornos de personalidade. Geralmente, os indivíduos que os sofrem não são conscientes de que seu comportamento ou seus padrões de pensamento são inapropriados e, por isso, tendem a repeti-los em suas interações sociais; tampouco experimentam necessidade de tratamento ou ajuda. Nem sempre é fácil distingui-los da psicose, mas, em geral, não chegam a ser tão graves como esta.

Há uma maneira tradicional de apresentar os transtornos de personalidade e uma maneira mais nova. Vou fazer uma apresentação breve de ambas:

• *problemas de desenvolvimento*: são transtornos da continuidade no desenvolvimento (por exemplo: o infantilismo psíquico), ou em sua unidade (por exemplo, desdobramento da personalidade, delírios de possessão...), ou em sua identidade (por exemplo, delírios de transformação ou metabólicos, megalomania...), ou em sua relação com o mundo externo (por exemplo, ensimesmamento...), ou na percepção cinestésica e consciente (por exemplo, profundos estados obsessivos e melancólicos);

• *psicopatia*: a sofrem sujeitos com funções intelectuais aparentemente normais, mas com alterações graves que impedem sua integração na sociedade e os impelem a comportamentos decididamente antissociais (narcotraficantes, assassinos etc.). Alguns preferem falar de "sociopatia": sofrem em seu interior (mas não o manifestam) e fazem sofrer;

• *parafilias*: chamadas também desvios, aberrações, perversões etc. Segundo W. Masters e V. Johnson:[175]

---

[175] Masters, William e Johnson, Virginia. *La sexualidad humana* II. Grijalbo, Barcelona 1987.

Chama-se parafilia todo estado em que a excitação sexual e a gratificação do indivíduo estão sujeitas por inteiro à fantasia recorrente de uma experiência sexual insólita que se converte no foco principal da conduta sexual. A parafilia pode girar em torno de um objeto sexual concreto (por exemplo, as crianças, os animais, a roupa íntima) ou a um ato sexual determinado (por exemplo, causar dor, realizar chamadas telefônicas obscenas).

As principais parafilias são: o *exibicionismo* (exposição de genitais a um estranho que não o espera), *fetichismo* (uso de objetos não vivos como método para produzir excitação sexual), *travestismo* (obtenção do prazer sexual ao vestir roupas do sexo oposto), *voyeurismo* (olhar reiterada e sorrateiramente pessoas em situações eróticas de coito, desnudas...), *sadismo* (infligir sofrimento físico ou psicológico a outra pessoa para obter excitação sexual), *masoquismo* (infligir a si mesmo dor física ou psicológica para obter prazer sexual), *pedofilia* (estabelecer relações sexuais com crianças de idade pré-púbere como método para conseguir excitação sexual), *zoofilia* (ter contato sexual com animais), *adição cibersexual* (utilização do computador e da internet para obter prazer sexual sem relação pessoal) e muitas mais.

W. C. Castillo Pereira[176] afirma que podem existir manifestações parafílicas ou perversas na vida religiosa quando a pessoa consagrada "utiliza" as outras pessoas para sua excitação sexual ou para obter benefícios de poder. Não podemos esquecer que o abuso do poder, o autoritarismo, está unido a graves problemas sexuais.[177]

---

[176] Cf. CASTILLO PEREIRA, William César. *Op. cit.*, p. 225.

[177] Nos últimos anos a Igreja católica sofreu graves problemas e escândalos pela pedofilia de alguns de seus sacerdotes e religiosos. É inegável o fenômeno, e a Igreja já tomou as medidas pertinentes. Contudo devemos esclarecer que a pedofilia não é um problema da maioria dos sacerdotes e religiosos. A estatística demonstra que *sua incidência é mais comum dentro das paredes do lar* e em outras instituições e profissões (professores, médicos, psicólogos, policiais etc.). O tema do abuso sexual de menores por parte de clérigos e religiosos o tratei num artigo de *Studia Moralia* (cf. "Abuso sexual infantil por parte de clérigos e religiosos católicos". In: *Studia Moralia* 44, 2006, p. 377-393).

Maneira atual de diagnosticar

O Dsm Iv afirma que o transtorno de personalidade representa um modelo de experiência interior e de comportamento que se desvia marcadamente a respeito das expectativas da cultura do indivíduo, é penetrante e inflexível, aparece na adolescência ou na primeira idade adulta, é estável no tempo e produz moléstia e dano. O Dsm Iv reconhece 11 transtornos de personalidade:

• *personalidade paranoide*: caracterizada por desconfiança e suspeita. As motivações dos outros vêm interpretadas como malévolas;

• *personalidade esquizoide*: caracteriza-se por introversão, distanciamento e solidão. São pessoas frias e emocionalmente distantes;

• *personalidade esquizotípica*: mostra incomodidade aguda para estabelecer relações pessoais, distorções perceptivas ou cognitivas, excentricidade no comportamento;

• *personalidade antissocial*: mostra desprezo insensível pelos sentimentos e direitos dos outros (são os psicopatas ou sociopatas da classificação antiga);

• *personalidade limite* (*borderline*): caracteriza-se pela instabilidade em sua própria percepção, na afetividade e nas relações interpessoais; impulsiva;

• *personalidade histriônica*: caracteriza-se por emotividade excessiva e busca contínua de atrair a atenção;

• *personalidade narcisista*: manifesta grandiosidade, necessidade de admiração, complexo de superioridade, hipersensibilidade à crítica, fala sempre do "eu";

• *personalidade evitadora*: inibida, inadequada, hipersensível aos juízos negativos, com forte desejo de receber afeto e ser aceita;

• *personalidade dependente*: caracterizada por comportamentos de submissão, insegurança, desconfiança de si e necessidade excessiva de ajuda;

• *personalidade obsessivo-compulsiva*: perfeccionista, metódica, exigente no controle e na ordem, confiável, não tolera erros, ansiosa e insatisfeita de seus sucessos;

• *personalidade passivo-agressiva*: manifesta negatividade e acobertadamente deseja controlar ou castigar os outros; expressa demora, mal--humor e ineficiência.

Transtornos com base claramente orgânica

Esses transtornos se manifestam psicologicamente em comportamentos não adaptados, mas sua base é orgânica e às vezes genética.

• *epilepsia*: é uma síndrome ampla de ataques neuropsíquicos paroxísticos, que têm sua origem no sistema nervoso central e que se reproduzem em intervalos variáveis, mais ou menos regulares. Os ataques epilépticos podem ser de "grande mal" ou de "pequeno mal". O mais chamativo externamente do primeiro tipo são as convulsões, a produção de baba, a perda de controle de esfíncteres e a rigidez corporal. O "pequeno mal" pode se apresentar na infância e na adolescência como pequenos "apagões", sem queda no chão e com rápida recuperação. Em outras épocas se associava a fenômenos religiosos.

• *psicoses orgânicas*: são psicoses que se manifestam com alucinações e delírios, mas se devem a condições médicas (exemplos: demência tipo Alzheimer e demência vascular) ou a ingestão de substâncias (fármacos ou tóxicos, como o ópio, a *cannabis*, o álcool etc.).

Deficiência mental

É a interrupção ou desenvolvimento insuficiente das faculdades intelectuais que põem um indivíduo em estado de inferioridade mais ou menos graves para adaptar-se às exigências da vida ou à possibilidade de aprendizado.[178] Às vezes se chama atraso, retardo, incapacidade, oligofrenia etc. Seus fatores são hereditários, ou encefalopatias, ou traumas obstétricos, ou insuficiências endócrinas, ou pode dever-se à presença da fenilcetonúria.

---

[178] Cf. POROT, Antoine. *Dizionario di Psichiatria*. SAIE, Torino, 1970, p. 626.

O retardo ou deficiência mental se classifica segundo o coeficiente de inteligência (C.i.), assim: de 70 a 85: atraso mental limite; de 50 a 69: atraso mental leve; de 35 a 49: atraso mental moderado; de 20 a 34: atraso mental sério; menos de 20: atraso mental profundo. Seu tratamento ambulatório tem tido relativo êxito.[179]

Aplicações à formação

Fique claro que uma pessoa com graves problemas psicológicos pode chegar à santidade porque, apesar desses transtornos, Deus faz obras maravilhosas nela. Uma intensa vida espiritual pode estar acompanhada de dificuldades psicológicas, comportar uma carga de angústias, escrúpulos e sentimentos de culpabilidade, até chegar à neurose. A santidade radica-se em pôr-se totalmente nas mãos da vontade de Deus, amando-o e amando o próximo. E isso o fizeram muitos santos que, apesar de seus transtornos psicológicos, se entregaram a Cristo e ao serviço do irmão.

O formador executa um trabalho terapêutico se se oferece ao formando como "base segura". Todos os peritos sabem que onde há uma autêntica relação afetiva profunda é possível organizar e integrar elementos patológicos do passado e iniciar uma nova vida.[180] O formador que está a serviço do formando necessita de um aprendizado particular para ir além de seus interesses pessoais e retardar a satisfação rápida de suas necessidades. Formador que seja "base segura" aprende a pospor a satisfação imediata de seus interesses e a renunciar à comodidade, buscando amar incondicionalmente os formandos. Contudo, outra coisa é dar-se conta de transtornos psicológicos, graves ou chamativos, durante o processo de formação e não tomar as medidas necessárias.

---

[179] Cf. NEZU, Christine; NEZU, Arthur e DELLICARPINI, Liza. In: *Manual para el tratamiento cognitivo-conductual de los trastornos psicológicos* I: *Trastornos por ansiedad, sexuales, afectivos y psicóticos*. Siglo XXI, Madrid, 1997, p. 719-737.

[180] Cf. RIZZUTO, Ana Maria. "Sviluppo: dal concepimento alla morte. Riflessioni di una psicoanalista contemporânea". In: MANENTI, A, GUARINELLI, S e ZOLLNER, H. (a cargo de). *Persona e formazione: riflessioni per la pratica educativa e psicoterapeutica*. EDB, Bologna, 2007, p. 49-72.

Um candidato diagnosticado seriamente como psicótico não deveria ser recebido no seminário ou casa de formação. Diga-se o mesmo se é deficiente mental. As razões são óbvias. Quanto às neuroses e problemas de personalidade, depende em grande parte de sua gravidade e desenvolvimento: é melhor ser prudentes e estritos do que cândidos e acolhedores. As exigências do presbiterato e da vida consagrada não são para a maior parte das pessoas, e menos ainda se manifestam transtornos psicológicos.

Facilmente podem acorrer a nossas casas de formação jovens com personalidade narcisista, dependente ou obsessivo-compulsiva.[181] A religiosidade pode ser uma cortina de fumaça que esconde essa sintomatologia. Diga-se o mesmo de jovens com tendências pedofílicas ou homossexuais imaturos. Não se deve abrir a porta da formação a pessoas que conhecemos com esses problemas. Para isso está a avaliação psicológica que se faz no início do processo formativo e que se deve continuar, de maneira especial, durante todo o processo de formação inicial. Este livro apresenta, mais adiante, um instrumento muito útil: "Que deve pedir o formador ao psicólogo que ajuda na casa de formação?".

Numa pesquisa que realizei faz alguns anos[182] apoiado na "teoria do apego à figura materna" de J. Bowlby, expressei a hipótese segundo a qual o "apego seguro" aumenta a probabilidade de que a pessoa seja normal, ao passo que o "apego evitante" pode produzir uma pessoa depressiva; o "apego resistente" pode induzir uma pessoa obsessivo-compulsiva, e o "desorientado/ desorganizado" uma pessoa com problemas dissociativos ou esquizoides. Continuo sustentando a mesma hipótese e me inclino por aconselhar que o formando com apego "desorientado/ desorganizado" abandone o processo formativo e que se ofereça sério apoio terapêutico aos formandos com apegos "evitante" e "resistente". Naturalmente, esta é só uma hipótese. A graça pode fazer milagres, mas também supõe a natureza.

---

[181] L. Sperry afirma que entre os seis tipos de clérigos propensos a abusar sexualmente de um menor, cinco apresentam uma mesma característica: *o narcisismo*. Ao indivíduo narcisista encanta receber, e se em alguma ocasião dá, o faz por autossatisfação e autorreferência, isto é, buscando-se a si mesmo.

[182] Cf. PRADA, José Rafael. *Madurez afectiva, concepto de Si y adhesión al ministerio sacerdotal.* San Pablo, 2004, p. 98.

Uma última palavra sobre a terapia. Se o formador decide, em diálogo com o formando, levá-lo à terapia psicológica, aconselho terapias de tipo humanista e cognitivo condutual. As primeiras estão mais próximas de nossos valores religiosos e as segundas demonstraram grande êxito nas últimas décadas.[183] Do ponto de vista religioso, o transtorno psicológico pode contribuir para o crescimento do indivíduo e para a busca de sentido em sua vida. Como afirma C. Crea:[184]

> A pessoa não será o resultado de um esquema pré-fabricado de saúde mental, mas uma tarefa aberta a novas perspectivas, onde o mal-estar psicológico se converte em oportunidade de progredir para um projeto de vida inscrito na história concreta do indivíduo e da comunidade em que vive.

---

[183] Cf. CABALLO, Vicente E. *Manual para el tratamiento cognitivo-conductual de los trastornos psicológicos I: Trastornos por ansiedad, sexuales, afectivos e psicóticos.* Siglo XXI, Madrid, 1997, XIX.

[184] CREA, Giuseppe. *Patologia e speranza nella Vita Consacrata. Formazione affettiva nele comunità religiose.* EDB, Bologna, 2007, p. 201.

Anexo 11

Avaliação psicológica do candidato ao sacerdócio ou à vida consagrada

Nota: esta avaliação foi apresentada em suas linhas fundamentais por um grupo de formadores coordenados pelo psicólogo redentorista Raymond Douziech. Meu trabalho, além da tradução do inglês, foi adaptá-la aos ambientes latinos e atualizá-la com elementos cognitivos.

Cada dia mais seminários e comunidades religiosas fazem uso da psicologia para avaliar seus candidatos, e, às vezes, os formadores se manifestam confusos, sem experiência, e até incomodados, diante do acúmulo de terminologias e dados psicológicos que não sabem manejar. Este anexo trata de responder a essa necessidade e oferece uma ajuda aos formadores para que utilizem adequadamente a psicologia no processo de formação. Contudo, uma advertência: não se trata de fazer um teste psicológico no começo do processo de formação e basta. É preciso fazer um seguimento ou "processo psicológico" durante todo o período de formação inicial. Desta maneira garantiremos, em parte, a base humana psicológica para que a graça de Deus opere.

Primeira parte:

Perguntas e respostas frequentes que se fazem os formadores ou o grupo responsável da formação
(Parte reservada ao formador ou à equipe de formação)

Que é uma avaliação psicológica?

O nome formal para os testes (provas) psicológicos é *avaliação psicológica*. Utilizamos a palavra "avaliação psicológica" para indicar o trabalho que realiza um profissional em psicologia, e "avaliação" para o trabalho de valorização que faz o sujeito de si mesmo ou que fazem os companheiros ou que faz o formador. Em inglês é mais fácil distinguir entre *assessment* (psicológico) e *evaluation* (formativa).

"Avaliação" é um termo amplo que reflete a necessidade de que os resultados dos testes sejam interpretados. Assim, avaliação significa que os testes não são o único critério para elaborar um perfil do candidato; também critérios são: o trato familiar com ele, as informações de outras pessoas etc. Há várias categorias de teste ou prova psicológica:

• *testes de sucessos e aptidões*: os "testes de sucessos" tratam de medir quanto conhecemos sobre uma determinada matéria, por exemplo, matemática ou ortografia. Os "testes de aptidões" medem qual é nossa capacidade para manejar materiais numa área particular, por exemplo, na área mecânica ou de relações interpessoais;

• *testes de inteligência*: Piaget dizia que "inteligência é a adaptação do organismo ao ambiente; e a adaptação é, por sua vez, um equilíbrio dinâmico entre assimilação e acomodação". Em palavras menos técnicas, os testes de inteligência tentam medir a inteligência ou nossa habilidade básica para entender o mundo que nos rodeia, assimilar seu funcionamento e aplicar esse conhecimento para melhorar a qualidade de nossa vida;

• *testes neuropsicológicos*: tratam de medir nossa habilidade para pensar, falar e raciocinar, como resultado de algum tipo de dano cerebral, por exemplo, depois de um golpe ou de um problema no cérebro;

• *testes ocupacionais*: tentam fazer coincidir nossos interesses com os interesses exigidos em carreiras ou ofícios conhecidos;

• *testes de personalidade*: medem o estilo básico ou as tendências da personalidade de um indivíduo. Três dos mais conhecidos são o *Mmpi*, feito com várias centenas de perguntas "sim ou não"; o *Rorschach*, ou teste das manchas, composto por várias páginas com manchas e das quais se deve dar uma descrição segundo o que se vê e se interpreta no momento; e o *16PF*, que mede 16 fatores de personalidade;

• *testes clínicos específicos*: medem problemas clínicos determinados (ansiedade ou depressão etc.);

• *entrevistas clínicas em profundidade*: tentam descobrir uma grande quantidade de experiências na história íntima do indivíduo.

Para o propósito da vida religiosa ou sacerdotal, só se usam os testes de personalidade, de inteligência, ocupacionais, e as entrevistas clínicas em profundidade. Algumas vezes, por requerimento específico dos formadores, podem ser realizados testes de sucessos e aptidões, como no caso de candidatos a irmãos coadjutores. Outras vezes, por problemas de aprendizado ou de leitura, pode-se pedir testes neuropsicológicos. Contudo, sempre se deve ter cuidado para não considerar o teste psicológico como "previsão" da vocação do candidato. Além disso, há de se ter em conta que o teste psicológico é feito para pessoas de determinada cultura e não se pode aplicar indistintamente a qualquer sujeito. A isto se chama "viés cultural", e se apresenta especialmente nos testes de inteligência e de personalidade. O teste que se aplica ao candidato deve estar adaptado à cultura dele, isto é, deve ser padronizado cientificamente.

Qual é a finalidade da avaliação psicológica?

A primeira finalidade é indicar o nível de ajuste, maturidade e motivação dos candidatos. Isto tenta responder à pergunta: é suficientemente inteligente, maduro, ajustado e motivado o candidato para comprometer-se com o sacerdócio ou com a vida consagrada? Aceitando o princípio de que a "graça constrói sobre a natureza", a avaliação pode medir a idoneidade dessa particular "natureza" para crescer na "graça".

A avaliação psicológica pode também fazer os formadores conhecer as forças e debilidades da personalidade do candidato. Isto pode ser particularmente útil se se desenvolve um plano de crescimento durante o período inicial de formação.

Num artigo recente Th. Plante[185] colocava três perguntas chaves a que se devia responder após a avaliação psicológica realizada com os candidatos ao seminário ou à vida religiosa: a) o candidato tem algum transtorno psiquiátrico ou psicológico?; b) o candidato possui perfil e disposição compatíveis com o estilo de vida sacerdotal ou religioso?; c) o candidato tem razões suficientemente boas para seguir esse tipo de vocação? A avaliação que aqui apresentamos responde a essas perguntas e outras mais.

---

[185] Cf. PLANTE, Thomas G. "A psychological assessment of applicants for priesthood and religious life". In: *Human Development* 27/4, 2006, p. 45-48.

Alguns esperam demais da avaliação psicológica, enquanto outros a vêm só como um requisito a cumprir. Talvez a solução esteja no meio. Há muitos mais fatores que contam para a aceitação de um candidato ao sacerdócio e à vida consagrada. Um desses fatores são os dados que podemos obter da avaliação psicológica, e, se esta se encontra bem conduzida, pode nos dar informação difícil de obter de outra forma. Assim, as observações pessoais podem ser esclarecidas e as motivações podem ser avaliadas.

Uma avaliação bem realizada pode ajudar a esclarecer os níveis de desenvolvimento, maturidade, ajuste, influência familiar, desenvolvimento social, integração sexual, sentido de identidade pessoal e autoimagem do candidato à vida consagrada ou ao sacerdócio. Contudo, nunca pode ser tomada sozinha e sempre deve ser confrontada com as informações de pessoas que conhecem o candidato ou que viveram com ele, com outros documentos pessoais e entrevistas e observando sua vida espiritual, suas práticas religiosas e o que o candidato entende por vocação.

Em que etapa da formação se faz a avaliação psicológica?

Alguns seminários e casas de formação religiosa veem a vantagem de fazer mais de uma avaliação psicológica durante o tempo da formação inicial. Alguns defendem a ideia de fazer uma avaliação não tão profunda no início, investigando a motivação vocacional e a saúde psicológica em geral, para logo, já no seminário, ou antes de fazer os votos temporais, realizar uma mais exigente e detalhada. Outros são da ideia de fazer uma avaliação psicológica também nos anos da teologia ou do juniorato para observar os padrões de crescimento e as áreas que podem obter melhor desenvolvimento. O importante é ter em conta que uma avaliação psicológica realizada pelos 18 ou 19 anos não é um índice exato da personalidade lograda pelo indivíduo aos 25 anos. Não esqueçamos que os lóbulos frontais do cérebro amadurecem nesta última idade e as mudanças que apresenta o jovem adulto podem ser dramáticas se as comparamos com sua adolescência. Essas mudanças são reforçadas pelo processo que experimentam os candidatos ao sacerdócio e à vida consagrada durante os anos de formação. Por isso, uma nova avaliação psicológica pode ser muito útil durante a teologia e antes dos compromissos religiosos definitivos; desta maneira, ver-se-ão as mudanças alcançadas, se definirão novas metas, se reforçarão as fortalezas e se controlarão possíveis deficiências. Todo esforço para o bem do formando, realizado nessa etapa da formação inicial, redundará em benefício dele, do povo de Deus e da Igreja em geral.

O que deve incluir uma completa avaliação psicológica?

• Uma olhada na família de origem: tanto em referência à saúde e padrões de relação da família em geral, quanto ao modo particular de relacionar-se o candidato com sua família e seus pais.

• Uma completa história de sua vida sexual e uma análise da capacidade do candidato para viver relações interpessoais sadias.

• Uma revisão de suas experiências religiosas e do desenvolvimento concreto de sua vocação consagrada ou sacerdotal.

• Um esforço para entender a motivação que anima o candidato.

• Uma investigação de sua estabilidade emocional, de suas capacidades intelectuais e de sua maturidade pessoal.

• Uma olhada nas fortalezas e virtudes de sua personalidade.

• Um resumo das áreas de crescimento e das áreas com problemas.

Que elementos deve apresentar uma típica avaliação psicológica?

Uma avaliação psicológica deve oferecer os três seguintes elementos:

Nas entrevistas profundas

Acerca da família de origem

• Como é ou foi a saúde da família?

• Como se relacionaram pai e mãe com seus respectivos pais? Como se conheceram? O candidato nasceu dentro do matrimônio?

• Existiu algum problema dentro da família: alcoolismo, divórcios, separações, mortes de familiares próximos, morte de algum dos pais ou transtornos mentais?

• Como foi o estilo de comunicação dos pais e a disciplina no lar?

• Seus pais são religiosos? Que tipo de práticas religiosas realizam?

• Como se relaciona ou relacionou o candidato com sua mãe e com seu pai?

• Que papel desempenhou o candidato em sua própria família?

• Responsabilizou-se por sua própria vida o candidato separado de sua família?

Acerca do desenvolvimento psicossocial

• Completa história da vida sexual.

• Há alguns elementos nessa história sexual fora da norma, como abuso, demasiada atividade sexual ou atitudes assexuais?

• O candidato conhece seu próprio "padrão" de atração sexual?

• Como foi sua relação com meninos(as) e noivas(os), com seus amigos ou pares?

• Como é sua atitude diante do outro sexo?

• Que significado tem para ele ser célibe?

Acerca das experiências e práticas religiosas

• Qual é a história de suas práticas religiosas: vida de oração, vida sacramental, estabilidade em suas práticas de fé?

• Teve alguma experiência mística? (atenção a experiências religiosas não usuais ou a misticismos imaturos).

• Qual é o sentido de sua vocação?

• Como vê a autoridade?

Acerca da motivação

• Por que deseja ser sacerdote, por que deseja ser religioso?

• Como vê o sacerdócio e a vida consagrada, qual é sua visão da Igreja?

• Por que quer o sacerdócio ou a vida consagrada nestes tempos?

• Tem desejo de ajudar as pessoas ou demonstra alguma inquietude pela justiça social?

• História do trabalho. Tem dívidas econômicas?

• Se não fosse aceito para o seminário ou para a comunidade, como se sentiria? Que faria?

• Trabalhou alguma vez em equipe?

História de sua saúde

(Aqui deverá ser descrito seu histórico de saúde)

Administração de testes psicológicos

• Ao menos dois testes padronizados de personalidade, isto é, com normas baseadas na cultura a que pertence o candidato (no Myers Briggs ou no Eneagrama).[186]

• Uma avaliação de suas capacidades intelectuais (um teste de cultura geral).

• Se possível, o teste Mmpi ou um teste projetivo como o Rorschach.

Entrevista de seguimento

• O informe psicológico deve ser analisado com o candidato.

• O psicólogo deve assinar a informação dada.

• O psicólogo entrega a informação ao formador designado ou à equipe de formação e procura o formador ou a equipe formadora para maiores explicações, se necessário.

---

[186] O Myers Briggs Inventory e o Eneagrama podem ser úteis para um autoconhecimento, mas não para uma avaliação psicológica. O Myers Briggs está baseado em autopercepção (seguindo a teoria dos "tipos de personalidade" segundo Jung) e não em "normas", isto é, em pesquisas feitas com grupos de pessoas. O Eneagrama, por sua parte, tem uma base filosófica, mas não é um instrumento científico. Poderia ser usado em outros contextos, mas não numa "avaliação psicológica" que exige investigação e rigor científico.

Que resultados psicológicos podem impedir a aceitação do candidato ou levantar dúvidas?

Os seguintes resultados psicológicos impedem, na maioria dos casos, a aceitação do candidato:

– *desordens clínicas*: a epilepsia necessita de uma avaliação psiquiátrica para determinar sua gravidade e manejo; é melhor não aceitar o candidato se existiram prévios episódios psicóticos, estados maníaco-depressivos ou esquizofrenia (os estados pré-psicóticos poderiam incluir atividades demasiado piedosas e introvertidas ou comportamentos excêntricos);

– *transtornos de personalidade*: desordens graves de personalidade devem ser causa de não aceitação, especialmente se são de tipo antissocial; os transtornos obsessivo-compulsivo de escrupulosidade extrema e as desordens na comida são, pelo menos, problemáticos no futuro;

– *o alcoolismo e a dependência atual das drogas* são causa de não aceitação. Também a dependência dos jogos de azar ou o vício de comprar (*shopping*) compulsivamente ou a usar cartões de crédito;

– *problemas sexuais*: não devem ser admitidos os candidatos com comportamentos ativos de homossexualidade ou heterossexualidade, com desvios sexuais ou os que utilizam costumeiramente a pornografia na internet.

Os seguintes comportamentos *poderiam apresentar sérias dúvidas* para a admissão do candidato:

– *outros fenômenos*: indivíduos com relações interpessoais marcadas pela hostilidade ou ansiedade, ou com comportamentos passivo-agressivos, ou com falta de controle de impulsos, ou com problemas de ira, ou com atitudes suspeitas ou instáveis no trabalho, ou desempregados crônicos etc.

Perguntas que um psicólogo deve responder antecipadamente

O formador ou a equipe formadora deve ter muito claro o que é que deseja do trabalho do psicólogo. Há alguns pontos que o formador deve perguntar ao psicólogo antes de contratá-lo. A clareza acerca do que o formador deseja saber no informe, depois da avaliação psicológica, é de absoluta necessidade. O formador determina o alcance e a profundidade da avaliação, não o psicólogo. Certamente, é o formador que sabe quais são as necessidades da comunidade e é o responsável do processo formativo do formando.

Quando se está procurando um psicólogo, podem ajudar as seguintes perguntas:

• tem o psicólogo dificuldades para avaliar os candidatos ao sacerdócio ou à vida consagrada?

• tem preconceitos acerca do sacerdócio ou da vida consagrada?

• como faz a avaliação psicológica?

• inclui sua avaliação entrevistas em profundidade e testes padronizados?

• entregará um informe escrito ao final do processo avaliador?

• está com capacidade e deseja o psicólogo fazer uma entrevista com a família de origem do candidato, aplicar um inventário psicossexual (questionário), uma análise de sua motivação para o sacerdócio e para a vida consagrada e uma avaliação de saúde mental em caso de existir experiências religiosas particulares? Esses detalhes devem ser tidos em conta pelo psicólogo para fazer um bom juízo clínico;

• o psicólogo pode fazer uma avaliação da inteligência e da personalidade do candidato?

• o psicólogo pode em seu informe fazer um perfil do candidato sobre seu equilíbrio emocional, maturidade psicológica, motivação, capacidade de relações interpessoais, relação com as figuras de autoridade, flexibilidade e adaptabilidade?

• o psicólogo está preparado para descobrir as fortalezas do candidato, suas qualidades não desenvolvidas e suas áreas de crescimento?

• ao final do processo, o psicólogo está disposto a sentar-se e revisar junto com o candidato os resultados dos testes? Está disposto a rever o informe com o formador?

O que deveria esperar o formador do informe psicológico?

Antes de tudo, o formador não deve deixar-se intimidar pelo informe psicológico e por seu jargão de expressões técnicas. Recorde que todos os resultados de um teste devem ser interpretados "dentro de uma categoria" e não podem ser aceitos como verdade absoluta. A ciência fala sempre em "termos de probabilidade". Por outra parte, o informe escrito do psicólogo deve responder, primordialmente, às inquietudes e perguntas do formador.

O informe dado ao formador deve respeitar a confidência que o candidato pode pedir, evitando dar demasiada informação sobre aspectos da história da família de origem ou sobre sua história sexual ou sobre experiências religiosas não comuns. Seria suficiente destacar as áreas de interesse e pontuar o que seja necessário para um bom juízo sobre o candidato e ajudá-lo em seu crescimento. O psicólogo e o formador estão a serviço da pessoa do formando e, depois, a serviço do seminário ou da comunidade religiosa. O equilíbrio é dado pelo desejo de ajudar o outro, o formando, sem querer invadi-lo ou conhecê-lo à força.

O formador deverá perguntar-se se o informe dado pelo psicólogo coincide com o conhecimento que, como formador, tem do candidato, se responde a suas expectativas, se esclarece as perguntas sobre a idoneidade do candidato ao sacerdócio ou à vida consagrada, se ajuda a uma decisão de aceitar ou não o candidato, se inclui recomendações sobre as áreas de fortaleza ou as qualidades ainda não desenvolvidas que poderiam ser programadas como metas da formação.

Para terminar este parágrafo, é importante ter em conta que a avaliação psicológica é um meio ou ajuda para o formador. A avaliação não pode dar um juízo absoluto sobre a pessoa, mas oferece hipóteses que podem ser mais ou menos exatas. Para dar um juízo de aceitação ao sacerdócio ou à vida consagrada, são necessárias muitas fontes de informação. Como em qualquer instrumento diagnóstico, médico ou psicológico, pode-se extrair uma ou mais conclusões dos mesmos dados. É responsabilidade da equipe de formação usar a avaliação psicológica sábia e prudentemente e utilizar o senso comum.

Segunda Parte:
Informação para compartilhar com o psicólogo
que faz a avaliação psicológica

Elementos que o formador desejaria encontrar incluídos na avaliação psicológica

• Uma olhada sobre a família de origem (sua saúde e seus padrões de relação) e o tipo de relação que o candidato tem com sua família e seus pais.

• Uma completa história sexual e uma análise de sua capacidade para relações interpessoais saudáveis.

• Uma revisão de suas experiências religiosas, da prática religiosa e do desenvolvimento da vocação.

• Um esforço para entender a motivação que anima o candidato.

• Uma investigação sobre sua estabilidade emocional, suas capacidades intelectuais e sua maturidade pessoal.

• Uma olhada sobre as fortalezas e qualidades de sua personalidade.

• Uma síntese das áreas de crescimento e das áreas problemáticas.

Para conseguir esses elementos é necessário ter entrevistas estruturadas e em profundidade, aplicar ao menos dois testes de personalidade padronizados segundo a cultura do candidato e uma avaliação de suas capacidades intelectuais. Ao final do processo se espera um informe escrito do psicólogo, que será revisto com o candidato, receberá a assinatura do psicólogo e se entregará à autoridade correspondente. Se é necessário ou desejável, poderá haver um encontro com o formador ou responsável e o candidato.

Elementos que o formador quer que o psicólogo investigue no formando

• *A estabilidade emocional*: capaz de resistir ao *stress* da vida, equilibrado, a vontade consigo mesmo, não aborrecido, estressado ou preocupado habitualmente, com bom controle de seus sentimentos e desejos, alegre e otimista, com bom senso de humor, com aceitação de si mesmo, consciente do que necessita para mudar e do que precisa para ser aceito, com atitudes saudáveis diante da vida e da sexualidade.

• *A maturidade psicológica*: o ideal é funcionar em nível adulto. Portanto, é preciso buscar no formando sua capacidade de trabalho e de tomada de decisões, seu desejo de aceitar responsabilidades e tomar iniciativas, sua liderança e sua idoneidade para o sacerdócio ou para a vida consagrada, sua flexibilidade e sua capacidade de escutar e mudar. Também se deve averiguar sua capacidade para ser independente, seu sentido de identidade, sua facilidade para pôr-se metas e fins e dar uma direção a sua vida, sua adaptação às circunstâncias e às mudanças sem estressar-se nem defender-se, sua transparência e abertura e sua capacidade de entrega aos outros.

• *A motivação*: investigar se o candidato possui uma espiritualidade sadia da vida, generosidade, desejo de entregar seu tempo e seu trabalho pelos outros, honestidade, abertura, compreensão e aceitação da autoridade, transparência e capacidade de realização.

• *A inteligência*: o candidato deve manifestar uma adequada capacidade intelectual (recordemos o dito por Piaget), sentido comum, prudência, facilidade de pensamento, criatividade, capacidade de pospor gratificações, cultura geral e literária.

• *O bom juízo*: é a habilidade para fazer avaliações equilibradas das situações humanas e aplicar princípios gerais ao particular, sem deixar-se levar por pressões emocionais, manifestando tacto e sentido prático.

• *A integridade física e a boa saúde*: manifestam-se numa adequada saúde para levar adiante o trabalho e os compromissos assumidos.

Elementos que devem estar presentes num informe psicológico

• Destacar os encontrados nos traços acima indicados.

• Evitar demasiada informação e detalhes sobre a história familiar, a história sexual ou as experiências religiosas. É suficiente pôr em relevo as áreas que interessam e acentuar somente o que seja necessário para realizar um bom juízo sobre o candidato.

• Entregar resultados e pontuações dos testes de inteligência, como os resultados e as interpretações dos testes de personalidade e as entrevistas estruturadas realizadas pelo psicólogo.

• O psicólogo deve manifestar se em sua opinião o candidato é "idôneo" para o sacerdócio ou para a vida consagrada.

• É importante que o psicólogo inclua as recomendações pertinentes sobre as áreas de crescimento ou as qualidades ainda não suficientemente desenvolvidas do candidato, que poderiam ser incluídas como metas ou objetivos de uma formação personalizada.

Outros comentários

A equipe formadora, de acordo com a autoridade, poderia determinar os que podem ter acesso à "avaliação psicológica" e por quanto tempo esta deve ser conservada no arquivo. Em alguns países há leis muito precisas sobre o direito à privacidade. Determinar claramente esses aspectos evita o mal uso dos informes psicológicos e protege o bom nome dos candidatos. Geralmente, o "informe psicológico" realizado pelo especialista é para o formador ou equipe formativa e não para o bispo, o provincial ou a autoridade hierárquica, mesmo quando estes têm o direito de saber se foi feita avaliação psicológica, quais foram os resultados gerais e receber, por sua vez, um informe do formador ou equipe formativa.

Os formadores têm várias opções sobre o que fazer com o informe psicológico que receberam. O formador e o candidato podem usar o informe para estabelecer metas de crescimento e considerar como acrescentar as fortalezas encontradas no indivíduo. Também o formador pode decidir qual é a melhor maneira para acompanhar o formando nesse controle de suas debilidades, utilizando os colóquios formativos, a direção espiritual e os planos de crescimento pessoal.

XII. A figura do formador

*De minha formação cristã obtive meus ideais,
e de Ghandi a teoria da ação.*
Martin Luther King

O formador ou equipe de formadores é figura importante e central no processo de formação dos candidatos ao sacerdócio ou à vida consagrada.

Desde o começo tenho que afirmar que não estou de acordo com aquelas posições teóricas que invocam uma "autoformação" como modelo único, ou que impulsionadas por um falso misticismo "deixam tudo nas mãos do Espírito Santo", ou no "seguimento do único modelo: Cristo". Explicarei.

A Trindade, único verdadeiro formador

Como o disse claramente A. Cencini[187] "o autor da formação é Deus-Trindade: o Pai que plasma no jovem a imagem ("os sentimentos") do Filho, através da ação do Espírito".

---

[187] CENCINI, Amedeo. *I sentimenti del Figlio. Il camino formativo nella vita consacrata.* EDB, Bologna, 2001, p. 41.

Naturalmente, a intervenção de Deus se serve das mediações humanas. É a lei da encarnação e da mediação humana: Deus sempre se serve das causas segundas para sua obra no mundo e no ser humano, mesmo que sejam imperfeitas e, às vezes, contraditórias.

Nessa mesma direção, o único verdadeiro formador e "mestre" é o Espírito Santo, que através de Cristo, Caminho, Verdade e Vida, nos leva ao Pai. Esse trinômio (Caminho-Verdade-Vida) sintetiza o Cristo total para o homem integral: é o caminho obrigado para chegar a Deus.

Aquele que age como formador humano, mestre ou acompanhante, é também guiado pelo Espírito Santo e sua principal função é descobrir a ação do Espírito no jovem formando.

O formador ou acompanhante

Já afirmei a importância do formador ou acompanhante humano e queria apresentá-lo neste parágrafo como uma figura necessária, embora não suficiente,[188] no processo da formação.

• O formador participa ontologicamente da ação formadora do Espírito Santo, em Cristo, para a glória do Pai. Deus age visivelmente só através de seus mediadores. E a verdade, especialmente na infância e na juventude, está intimamente unida não tanto à veracidade, quanto à mensagem emocional de quem a comunica.[189]

• O formador é o primeiro responsável da formação específica que se quer dar ao formando. Isto se vê claramente no carisma do instituto, ou no tipo de sacerdote que requer a Igreja local.

---

[188] "Necessária" porque vivemos neste mundo, e Deus age através das "causas segundas", isto é, através dos seres humanos e das leis da criação; "não suficiente" porque o formador humano não é nem a primeira causa da formação, nem o primeiro responsável, nem a única variável que intervém.

[189] Rizzuto, Ana Maria. "Sviluppo: dal concepimento alla morte. Riflessioni di una psicoanalista contemporânea". In: *Persona e formazione: riflessioni per la pratica educativa e psicoterapeutica*. EDB, Bologna, 2007, p. 61: "Nossa configuração genética nos facilita refinados receptores que avaliam a correspondência das expressões corporais dos outros – visivas, vocais, faciais ou gestuais – como úteis ou daninhas para um momento específico de nosso desenvolvimento pessoal. A precisão destes processos automáticos neuro-bio-psico-sociais, presentes desde o início até o fim da vida, é surpreendente. Podemos perceber uma má intenção mesmo na menor expressão de um rosto e numa fração de segundo", p. 62.

• O formador deve atuar em nome da Igreja ou do instituto religioso e não a título pessoal unicamente. Daí a importância, não de um formador único, mas de uma "equipe de formação" ou, melhor ainda, de uma "comunidade educativa" com suas diversas funções.

• O formador, queira ou não, seja consciente ou não, se apresenta como possível "figura materna" da qual se desenvolverá um tipo especial de "apego" no formando.

O desenvolvimento do cérebro e sua qualidade básica de plasticidade psíquica permitem que o formador possa colaborar na reorganização da experiência de si do formando cada vez que há encontros cognitivos e afetivos significativos que requerem novas integrações. O interesse e participação emocional agem como catalisadores dessas transformações.

Tipos de formador

Geralmente, os métodos educativos acabam por seguir só um tipo de formador, já que, embora sejam ótimos, se esquecem de suscitar "um modo de vida que resulte formativo" e que pressuponha coerência, criatividade e disposição para enfrentar serenamente o novo, isto é, para deixar agir o Espírito e projetar-se para o futuro.

Os principais tipos de formador têm sido:

Formador continuista

Caracteriza-se pela tradição estatística: realiza uma leitura tradicional e conservadora das fontes, embora dos textos do Vaticano II, e rechaça o novo. Esse formador dá prioridade à oração, ao sacrifício, à penitência, à separação do mundo, à obediência, à disciplina e à observância. Formar para ele significa adequar o que existe; por isso, o formador enfatiza os valores do passado e chega a ser autoritário ou paternalista.

Um formador assim logra, na maioria das vezes, criar grupos compactos, eficientes e uniformes. Os formandos chegam a ser dogmáticos, conservadores, exigentes, individualistas e fiéis aos valores tradicionais, mas com uma defasagem histórica que os faz viver mais do passado do que do presente; chegam a perder toda criatividade para o futuro e formam uma "confusão pessoal" em que se manifestam aspectos de sexualidade não resolvida, clericalismo, autoritarismo e privilégios.

Formador reformista

Segue as orientações do Vaticano II e fala de fidelidade dinâmica e criativa. Seu estilo é aberto e renovador, em diálogo com o mundo; valoriza o humano, o sentido crítico, a história, a formação da consciência, o agir autônomo e a oração contextualizada. A metodologia se baseia no diálogo, na confrontação e no trabalho em grupo, com estilo de paciência, escuta e atenção às pessoas. Contudo, um formador assim gera vários inconvenientes: quer abarcar tudo e dessa maneira perde profundidade, dá demasiada importância ao aspecto intelectual e não à vida, centra-se demasiado no presente com certo desprezo pelo passado e sem maior abertura à ação do Espírito para o futuro. Valha a expressão: "Aqui cheguei eu e tudo começa novo!".

Formador de ruptura

Rechaça os modelos precedentes porque os considera caducos diante da função profética da Igreja. Caracteriza-se por uma leitura profética do Vaticano II sob uma ótica de ação em favor dos pobres, da justiça e da paz e contra a cultura da morte. Geralmente trabalha em "experiências de inserção" e por isso, às vezes, não dá muita importância aos conteúdos teóricos. Fala de conversão ao Reino de Deus, em Jesus de Nazaré e nos pobres, estes últimos se convertem também de evangelizados em evangelizadores.

Para esse tipo de formador o grande agente de formação é o povo e sua realidade histórica, e sua metodologia é a práxis, não a teoria. Sua formação é uma espécie de oficina (*wokshop*) onde se exercita a prática e a solidariedade do *sentir-com* ou *padecer-com*.

Ainda que esse tipo de formador tenha produzido "grandes profetas", também tem seus problemas: como radical que é, se esquece da "lei da gradualidade" na formação e facilmente queima etapas no desenvolvimento psicológico do adolescente ou do jovem. O trabalho apostólico às vezes se politiza ou "partidariza", facilita o enfrentamento de gerações, aumenta as deserções ou abandonos do estado clerical ou religioso e converte a oração e a comunicação com Deus em contato contínuo com o pobre e o mais abandonado.

O formador cultivador da vinha do Senhor

É o modelo proposto por A. Cencini[190] que sublinha três aspectos ou articuladores do dinamismo pedagógico na formação:

• *educar*: este verbo significa "tirar para fora" (*e-ducere,* em latim) a verdade da pessoa, aquilo que está dentro dela, em nível consciente e inconsciente, com sua história e suas feridas, com suas fortalezas e debilidades, para que possa conhecer-se e realizar-se em suas melhores possibilidades. Em palavras mais psicológicas: é uma intervenção que olha o "Eu atual". Teologicamente, este é um papel que se espera do Pai;

• *formar*: deve-se propor um modelo preciso, um novo modo de ser, uma "forma" nova segundo o ideal do Evangelho. Trabalha-se, então, em nível do "Eu ideal". Não se esqueça, então, que os ideais, as metas e os objetivos "atraem" mais que as palavras de alento, os castigos ou os reforços. Teologicamente, este é um papel que se espera do Filho;

• *acompanhar*: segundo A. Cencini: [191]

> O educador-formador é um irmão maior, maior na experiência existencial e no discipulado, que se põe ao lado de um irmão menor para compartilhar com ele um trecho do caminho e da vida, para que ele possa conhecer-se melhor a si mesmo e conhecer o dom de Deus e decidir responder em liberdade e responsabilidade.

---

[190] CENCINI, Amedeo. *I sentimenti del Figlio. Il camino formativo nella vita consacrata. Op. cit.*, p. 45-51.
[191] *Ibid.*, p. 48.

O estilo desse educador-cultivador é o de Emaús (cf. Lc 24,13-35), que vive física e realmente a vida com o candidato, que se sente competente e preparado para esta tarefa e que partilha com ele a experiência de Deus na chamada vocacional. É um verdadeiro "companheiro" (do latim *cum-panis*: alguém que come o pão comigo), que "comparte" (que parte o pão com outro) a vida e o chamado de Deus. Teologicamente, este é um papel que se espera do Espírito Santo. Esse tipo de formador integra as qualidades dos três tipos anteriores, as lê numa chave teológica e pedagógica e as projeta na ação do Espírito numa Igreja sempre nova.[192]

Perfil ideal de um formador

Este parágrafo poderia ser muito amplo e variado, mas só darei as características que, no meu entender, são as mais importantes de um formador ideal.

Formador que ame a formação

Isto significa que o formador de juventudes religiosas deve ser pessoa que ame sua tarefa e os jovens com os quais trabalha. Não me parece oportuno enviar um sacerdote ou religioso para desempenhar o ministério de formador por obediência ou, como alguns ironicamente dizem: "Para prestar o serviço militar". O formador deve amar seu trabalho, gostar dele, sentir-se a gosto apesar das dificuldades, dar-se conta de que é útil na vinha do Senhor. E, ao mesmo tempo, deve ser um pai/ mãe espiritual para os jovens que lhe foram confiados; acolhê-los, dialogar com eles, partilhar sua vida e experiências, isto é, formar uma verdadeira família.[193]

---

[192] Também há outras maneiras de apresentar a figura do formador, assim W.C. Castilho fala de formador autoritário, sedutor e autêntico, que correspondem respectivamente a formando "protestador", identificado e autônomo.

[193] Não me parece oportuno nos seminários maiores seculares nem nas casas religiosas de juniores manter refeitório à parte para os formadores, comida especial, sala de televisão e periódicos; como tampouco o formador que passa longos períodos fora da casa de formação sob pretexto de fortalecer a "autotransformação" dos jovens (não entende as leis da percepção

Formador que seja "base segura"

Ao falar da teoria de J. Bowlby (capítulo 7) assinalei: o formador continua sendo "figura materna" e "base segura" para o jovem que foi confiado a seu cuidado. Se desenvolver essa atitude fundamental de pensar primeiro nas necessidades dos formandos antes que em suas próprias necessidades, está pondo a base psicológica maravilhosa de um "apego seguro", que será "base ou porto seguro" para que o formando reme mar a dentro, se desapegue, conheça sua realidade e se entregue, mais tarde, de maneira completa, ao trabalho pelo reino de Deus. Este é o autêntico formador que requer o Evangelho e que a psicologia ajuda a formar.

Formador coerente que sirva de modelo

Anteriormente tratei do "aprendizado por observação de modelos" (capítulo 5). O formador, consciente ou inconscientemente, se converte *em modelo a seguir* pelo formando (ao bom pastor seguem as ovelhas: Jo 10,1-5). Esse aprendizado chega a ser tão importante que se realiza apenas com a exposição (ver ou ouvir) diante do modelo a seguir, mesmo se não se reforça ou premia a ação. Assim continuam as atitudes e os comportamentos bons ou maus e passam de geração a geração os "padrões de formação" de um seminário secular ou de uma unidade religiosa. E como modelo que deve ser, o formador será antes de tudo "uma pessoa de Deus". Tudo se poderá perdoar ao formador de candidatos ao sacerdócio ou à vida consagrada, menos o que com seu mal exemplo destrói a semente de amor e serviço que Deus semeou nos jovens, merecendo que se lhe apliquem as tremendas palavras de Jesus (Mt 23,15): "Ai de vós, escribas e fariseus hipócritas, que percorreis mar e terra para fazer um prosélito,

---

humana) ou que nos fins de semana ou "dias festivos" os deixa livres para que façam o que quiserem. Que tipo de formador é esse? Que classe de natureza humana está ajudando a desenvolver? Precisamente, um dos maiores valores do formador é sua capacidade de conviver com os formandos a maior quantidade de tempo possível e em todos os momentos de sua vida: oração, estudo, missão, esporte, vida comunitária etc.

mas, quando conseguis conquistá-lo, vós o tornais duas vezes mais digno de condenação do que vós!".

O bispo ou o superior religioso devem escolher seus melhores sacerdotes ou religiosos para pô-los à frente da formação de seus respectivos candidatos. Por eles devem começar as "nomeações trienais" ou as mudanças que se realizam nas dioceses.

Formador de ideias claras

Ideias claras significam que o formador deve conhecer "onde está parado", isto é, ser consciente e crítico do que está fazendo como modelo formativo que é; o método formativo utilizado; as fortalezas e fraquezas que ele como formador tem; os objetivos e metas que persegue o plano de sua diocese ou o projeto de sua comunidade; quem são seus formandos, com seus prós e contras; ambiente de onde provêm e história pessoal de cada um.

O formador não pode assumir um trabalho tão delicado e de tanta transcendência para o povo de Deus sem um espírito crítico de como é a formação de seus sacerdotes e religiosos.

Os especialistas anotam outras muitas características:[194] sabedoria, prudência etc., que estão incluídas implicitamente nas quatro anteriores.

A autêntica atitude formativa

Nesta parte me basearei nas ideias de H. Franta,[195] K. R. Mac-Kenzie[196] e G. Crea.[197]

---

[194] Cf. OLIVERA, Bernardo. "Accompagnatore e accompagnato". em: *Vita Consacrata* 42/4, 2006, p. 307.
[195] Cf. FRANTA, Herbert. *Atteggiamenti dell´educatore*. Las, Roma, 1988.
[196] Cf. MACKENZIE K., Roy, *Psicoterapia breve di gruppo*. Erickson, Trento, 2002.
[197] Cf. CREA, Giuseppe. *Gli altri e la formazione de sé*. EDB, Bologna, 2005.

Um princípio geral

As ações de uma pessoa convidam a outra a responder no mesmo nível. É o princípio geral que se chama complementaridade: um comportamento positivo tende a suscitar como resposta um comportamento positivo e um comportamento negativo suscita outro negativo; daí se deduz que um comportamento autoritário tende a suscitar submissão, e esta, por sua vez, suscita autoritarismo.[198] Este princípio se aplica claramente à formação: formadores autoritários criam formandos autoritários, formadores democráticos criam formandos democráticos.

As duas dimensões fundamentais da comunicação

Na comunicação humana se detectaram duas dimensões que sempre estão presentes: a de *estima/ desestima* (dimensão emocional) e a de *mínimo controle/ máximo controle* (dimensão de controle). Basta que eu chame outra pessoa por seu nome para que já manifeste pelo tom a força da voz, o conteúdo das palavras etc., algum grau de controle e de estima/ desestima. Essas dimensões se encontram em qualquer comunicação humana: entre amigos, de educador a educando, de psicólogo a cliente, de sacerdote a fiel, de formador a formando, e vice-versa.

Se cruzamos essas duas dimensões e as referimos ao formador, obteremos quatro tipos de atitudes formativas: paternalismo, democracia, permissivismo e autoritarismo. Esta é a figura:

---

[198] *Ibid.*, p. 297.

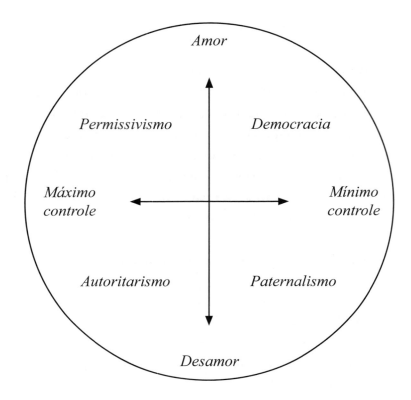

Figura 4: Atitude paternalista, democrática, permissiva e autoritária

As quatro atitudes do formador

Uma *atitude paternalista* demonstra muito controle e muito pouco amor. Apresenta-se nos formadores que recompensam os formandos quando se comportam bem segundo o indicado; desejam pessoas "dependentes", obedientes e conformes à norma. Se o formando responde às expectativas, então o formador é "uma grande pessoa" com ele. Frase típica: "Comporta-te bem, que eu conto contigo e te apoio".

Uma *atitude democrática* apresenta muito amor e pouco controle, ou melhor, mínimo controle, adequado à etapa de formação, à idade e ao grau de maturidade do formando. Respeita a liberdade e a criatividade da pessoa e fomenta a responsabilidade. É a atitude de Cristo no Evangelho.

Frase típica: "O que te diz tua consciência que deves fazer nesta situação particular?".

Uma *atitude "permissiva"* não manifesta nem amor nem controle, ou o controle e o amor são mínimos. No fundo, não há amor pelo formando, e se lhe permite fazer o que quer, não para formar sua liberdade, mas porque o formador não quer comprometer-se com um processo sério de seguimento. É um formador ausente. Frase típica: "Olha, isso é problema teu, faze o que crês conveniente".

Uma *atitude autoritária* manifesta máximo controle e pouco amor. Não há confiança no formando, deseja-se controlá-lo e manipulá-lo, não formá-lo na liberdade e responsabilidade. O importante é o cumprimento da lei ou da norma, não a formação de atitudes de responsabilidade e opção livre e madura. O formador mais que autoridade ("fazer crescer") é poder e controle. Frase típica: "Aqui se obedece e se cumprem as ordens, entendido?".

Como detectar a atitude formativa fundamental?

Para qualificar o grau de estima/ desestima (afetividade) e de mínimo controle/ máximo controle, podemos fazer uma escala de 1 a 5, da seguinte maneira:

rechaço emocional	desestima considerável	indiferença	estima considerável	grande estima

controle mínimo	controle regular	bastante controle	muito controle	máximo controle

Podemos, então, analisar as frases que utilizamos em nossas comunicações ou que os outros usam segundo essas duas escalas tratando de situá-las de 1 a 5, percebendo a atitude que refletem. Por exemplo: o formador diz ao formando: "Jovem, pela falta que cometeu não vai ter a tarde livre, mas vai fazer a limpeza do refeitório, entendido? E nada de protesto!". Essa frase indica certo grau de afetividade e de controle; qual é? Trate de classificá-los. Talvez em nível de afetividade e de controle classificaríamos em 2 (desestima considerável) e em nível de controle 5 (máximo controle). Outro exemplo: a formadora se dirige à formanda: "Teresa, está chegando muito tarde. Por favor, quer fazer o esforço de apressar-se um pouco mais no futuro? Que lhe parece?". Poderíamos classificar essa frase, provavelmente, com 4 de afetividade (estima considerável) e 1 de controle (controle mínimo).

Esse exercício de classificação pode ser feito pelo mesmo formador. Melhor ainda se o fazem os formandos tomando as frases que mais correntemente utiliza o formador em sua relação formativa. Dessa maneira, o formador terá um termômetro bastante aproximado do grau de afetividade e de controle que emprega em suas comunicações.

Pode-se afirmar que a formação antiga era bastante autoritária e a de hoje se tornou permissiva ou paternalista. Há poucas vocações e não se quer exigir demais por medo de perdê-las, ou os jovens de hoje não têm a suficiente capacidade de digerir uma ordem/ frase dada com certa autoridade, ou o formador quer aparentar simpatia e ganhar popularidade não intervindo quando deveria intervir. São muitas as razões e vale a pena analisá-las; aqui somente quero recordar a "crise da figura do pai" na sociedade atual,[199] com a supressão de papéis e funções próprios da figura paterna, como a lei, a norma, a exigência, o trabalho, o esforço etc., e sua substituição por atitudes permissivas ou maternais para "ganhar-se o carinho dos jovens". O formador que fizer isso só ganhará jovens frouxos que cairão diante da primeira crise da vida ou mimados e rebeldes que buscarão, a todo custo, a satisfação de seu egocentrismo, mãe de todos os pecados, como diziam os Padres da Igreja.

---

[199] Cf. ANATRELLA, Tony. "La figura del padre nella modernità". In: *Studi Cattolici* 51, 2007, p. 84-91.

Como mudar uma atitude formativa negativa?

É uma tarefa longa, mas vantajosa para todos. Formador e formandos poderiam reunir-se e analisar mutuamente as frases mais comuns que utilizam em suas comunicações. Essas frases deveriam ser analisadas e classificadas segundo as duas escalas já vistas.

Depois se dá um passo adiante: um exercício de mudança de atitudes através da mudança de comunicação. Toma-se cada frase analisada e se apresentam alternativas "democráticas", cristãs e de crescimento, para mudar o modo de comunicar-se. Assim:

Na dimensão controle:

• em vez de dar ordens, faça propostas: "por favor, pode...";

• em vez de ordens, faça convites: "gostaria...";

• em vez de dar ordens, ofereça informação concreta: "há muito barulho no quarto, poderíamos...";

• em vez de oferecer informações pessoais, apresente informações objetivas. Não dizer: "como não vês bem, te equivocaste", mas: "como estás um pouco distante, convém que te aproximes...";

Na dimensão afetiva:

• em vez de manifestar desprezo, ofereça aceitação incondicional: "te felicito por tua preocupação, mas, infelizmente...";

• em vez de comunicar falta de estima, ofereça confiança: "obrigado por teu oferecimento; sim tenho necessidade de ti, te chamo";

• em vez de ofender, seja amigável: não diga: "Como ainda não és capaz de terminar esse trabalho tão fácil?". Diga: "Vamos ver como posso te ajudar a terminar este trabalho?";

• em vez de oferecer comunicação irreversível, utilize comunicação reversível (que o formando pode utilizar sem problema algum ao referir-se ao formador): "fecha a boca!" ou "saia daqui!" são comunicações irreversíveis, mas: "por favor, podem fazer um pouco de silêncio?" ou "perdão, poderia deixar-nos sós uns momentos?" são reversíveis.

Desta maneira, todos estarão empenhados em mudar as comunicações autoritárias, permissivas ou paternalistas, que não são educativas nem libertadoras, em autênticas comunicações democráticas, que ajudam a ser livres e responsáveis.

O colóquio formativo

O colóquio formativo ou acompanhamento e a direção espiritual são instrumentos fundamentais no processo formativo. Neles se pode realizar uma profunda interiorização e acolhida pessoal dos valores vocacionais.

O colóquio formativo visa mais que tudo a iniciar o formando na espiritualidade própria do sacerdócio ou do instituto religioso ao qual pertence, ao passo que a direção espiritual é uma busca da vontade de Deus na vida concreta com a finalidade de fazer crescer e amadurecer na vida espiritual. O colóquio se refere mais ao "foro externo", a direção espiritual ao "foro interno". Os formadores já estão nomeados pelo bispo ou superior religioso, ao passo que o diretor espiritual geralmente o escolhe o formando entre um de seus formadores.

O colóquio formativo ou acompanhamento não é uma relação entre dois amigos, ou entre superior e súdito e entre médico/ psicólogo e paciente, ou entre professor e estudante, ou entre confessor e penitente. Tem algo em comum com eles, mas se distingue de todos eles.[200] O colóquio formativo ou acompanhamento pessoal, segundo A. Cencini[201] é:

> Uma ajuda temporal e instrumental que um irmão maior na fé e no discipulado oferece a um irmão menor, compartilhando com ele uma parte do caminho, a fim de que este possa discernir a ação de Deus nele e decidir sua resposta em liberdade e responsabilidade.

---

[200] Cf. ROVERAN, Roberto. "Per un'efficace pedagogia: i colloqui di crescita vocazionale". In: *Tredimensioni* 1, 2004, p. 172-181.

[201] CENCINI, Amedeo. *Vita consacrata*. Paoline, Cinisello Balsamo, 1994, p. 60.

Não vou falar aqui da direção ou acompanhamento espiritual.[202] Tampouco dos elementos teológicos ou religiosos do colóquio formativo. Minha intenção é pôr em destaque alguns aspectos psicológicos do colóquio formativo que podem facilitar um melhor crescimento e amadurecimento da vocação sacerdotal ou religiosa.[203]

Princípios de crescimento

No meu entender, o colóquio formativo, do ponto de vista psicológico, deveria ter em conta as indicações de C. Rogers e de seu discípulo R. Carkhuff (capítulo 6) e os princípios da comunicação humana sustentados pela teoria sistemática ou de Palo Alto (capítulo 13). Por sua parte, B. Giordani[204], seguindo as linhas desses psicólogos, dá as seguintes pautas:

Centralidade da pessoa

Cada indivíduo tem em si os recursos necessários para realizar um processo de transformação e melhoramento de sua própria vida. O formador deve trabalhar contando com eles para promover o crescimento, a tomada de consciência, o amadurecimento das motivações e a tomada de decisões. Contudo, sempre será o formando o primeiro autor e responsável de seu crescimento.

---

[202] A direção espiritual ou acompanhamento espiritual *é essencial no processo formativo,* de maneira especial, nos anos de formação inicial. O concilio Vaticano II na *Optatam totius* n. 8 e na *Presbyterorum ordinis* n. 18 sublinha sua importância. O *Código de Direito Canônico* nos cânones 239, 240 e 246 estabelecem também sua necessidade e competência. Um estudo mais profundo a respeito se pode encontrar em Rovira, José, *La guida spirituale nella vita religiosa.* Editrice Rogate, Roma, 1986.

[203] Creio que é importante que o formador faça um curso ou seminário especializado sobre *"como fazer um colóquio formativo de crescimento",* pois geralmente os estudos filosóficos e teológicos não preparam para ele.

[204] Cf. Giordani, Bruno. "Il colloquio psicologico cone mezzo per condurre l´uomo a Dio". In: Rovira, José. *La guida spirituale nella vita religiosa.* Editrice Rogate, Roma, 1986, p. 63-94.

Tomada de consciência

Para pôr em ação os recursos interiores é indispensável que a pessoa conheça claramente suas forças, seus limites, suas necessidades, seus valores e suas motivações dominantes. O formador o ajudará nesta tarefa.

Promoção global e harmônica

O crescimento interior, para ser equilibrado e frutuoso, se baseará numa promoção harmônica de todas as funções psíquicas e espirituais. O formador não deve descuidar nenhuma dimensão.

Compromisso no mais alto nível

É bom que o formador exija de si mesmo e exija dos formandos o máximo que naquele momento se possa dar. Não se trata de perfeccionismo, mas de ideais e objetivos que atraem. Aplica-se o provérbio latino *Fortiter in re, suaviter in modo*: exigente no fundamental, suave na maneira de exigir.

Os erros mais frequentes num colóquio formativo

Também aqui me guio pelas indicações de B. Giordani.[205] No colóquio formativo devem ser evitadas seis intervenções que, à primeira vista, podem parecer adequadas, mas que, no fundo, são equivocadas e impedem uma boa utilização desse instrumento:

Avaliar

Se o formador manifesta sua própria opinião e avalia baseando-se na utilidade, conveniência ou significado do que o formando diz, este se sentirá julgado em nível moral. Dessa maneira, o formador impõe seu

---

[205] *Ibid.*, p. 71.

juízo e orientação e não oferece possibilidade de que o próprio formando avalie seu comportamento.

Orientar o colóquio

Existe o perigo de que o formador analise o que diz o formando unicamente com base no grau de importância que ele crê que deve ter e não na importância que tem para o formando. Dessa maneira, se converte o colóquio num monólogo dirigido pelo formador sem ter em conta os interesses do formando.

Consolar e minimizar

É fácil ceder à tentação de recorrer a frases de consolo para dissipar a tristeza do formando e infundir-lhe ânimo e confiança. Às vezes o formador minimiza a gravidade ou dificuldade da situação ou das dificuldades que o formando encontra para reduzir a preocupação e ansiedade deste. No fundo, é um modo de controlar ou de manifestar uma atitude paternalista que não ajuda a amadurecer a liberdade e autonomia da pessoa.

Fazer perguntas

As perguntas, bem centradas e formuladas, podem ajudar eficazmente na condução de um colóquio formativo, mas muito amiúde se convertem em instrumentos de direção e controle, estimulam a passividade do formando ou o põem de alerta sobre conteúdos que ele não quer revelar ainda. O formador deve estar muito atento para evitar perguntas que orientem a conversação de modo diretivo e façam que o colóquio formativo pareça mais um interrogatório policial ou uma discussão de peritos.

Propor soluções

Dar conselhos, indicar comportamentos, avaliar situações e aconselhar condutas de nada serve, pois propicia que a pessoa dependa de outro e não de si mesma e de sua própria consciência para realizar as mudanças convenientes. Não se deve esquecer que a mudança percebida como realizada por própria convicção e controle é muito melhor que a mudança percebida para agradar a outra pessoa ou seguir suas indicações.

Falar de si mesmo

Há formadores que, depois de escutar o formando, iniciam a narração de suas experiências com a presunção de que estas vivências podem ajudar o formando a iluminar suas dificuldades e tomar suas decisões. Embora a intenção às vezes seja boa e traga alguma vantagem, tem mais pontos contra do que a favor: o formando pode se sentir não escutado a fundo, pode mudar o horizonte do problema sem perceber, as experiências podem não ter nada em comum, perde-se tempo em histórias que não vêm ao caso e se oferece um marco de solução que não é o do formando. Continua sendo um colóquio "diretivo".

Momentos fundamentais do colóquio formativo

Na teoria de C. Rogers se insiste em que o terapeuta, em nosso caso, o formador, deve demonstrar coerência, empatia e aceitação incondicionada e que, se essas condições de base são percebidas pelo formando, se desata neste um processo de autorrealização.[206] Isto é verdade. Contudo, há atitudes ou momentos fundamentais muito concretos e sensíveis para que essas atitudes se manifestem, e são:

---

[206] Cf. PRADA, José Rafael. *Escuelas psicológicas y psicoterapéuticas*. San Pablo, Bogotá, 2006, p. 146-148.

• *acolher com bondade*: não somente no primeiro encontro, mas em todo o processo formativo. O formador deve sempre estar atento para demonstrar ao formando que está disposto a falar com ele, a compreendê-lo, a aceitá-lo, a não julgá-lo, a não adiar indefinidamente um colóquio, numa palavra, a manifestar a bondade de Deus;

• *prestar atenção*: o formador deve manifestar atenção respeitosa e cordial ao que diz o formando, não respondendo a telefones e a celulares nos momentos de encontro, adiando visitas imprevistas, evitando folhear correspondência, periódicos/ revistas ou outros documentos e não perdendo o olhar distraidamente no ar. Tem que observar e escutar o formando com interesse;

• *reformular*: significa verbalizar com clareza, em palavras do formador, o que consegue captar da comunicação verbal e não verbal do formando. Desse modo, o formando se dá conta de que não só está sendo escutado, mas também compreendido, e o formador tem a oportunidade de comprovar se o que está compreendendo corresponde realmente ao que o formando quer comunicar;

• *confrontar*: às vezes é necessário colocar o formando de frente com suas próprias contradições e inconsistências, mas sempre se fará sem agressividade nem humilhação, mas com grande espírito de liberdade e autenticidade, de modo que seja o formando quem decida, em última instância, segundo sua consciência. A confrontação poderá doer ao formando, mas se o formador sabe fazê-la será um estímulo de maior busca de autenticidade para o formando;

• *orientar para a meta*: a fase conclusiva de todo colóquio formativo está caracterizada por um compromisso que a pessoa assume e que se esforça em pôr em prática durante o intervalo de dois colóquios. O formador ajuda a que o formando determine as metas a alcançar e potencialize as motivações que lhe dão energia ou, em outras palavras, o ajudam a formular "um plano de ação" adequado a seus recursos psicológicos e espirituais e fortalecido com a ajuda da graça de Deus.

Outros aspectos do colóquio formativo

Neste parágrafo quero enunciar somente algumas qualidades necessárias do formador que utiliza o colóquio formativo e alguns pontos organizativos dele.

Qualidades do formador que utiliza o colóquio formativo

• Grau normal de maturidade afetiva.
• Suficiente conhecimento e aceitação de si.
• Confiança no êxito de sua própria missão.
• Concepção positiva da pessoa humana.
• Profunda vida espiritual e identificação com sua vocação sacerdotal e religiosa.

Outros aspectos organizativos

• O colóquio formativo deve ser periódico. É aconselhável que se faça uma vez ao mês, embora em alguns períodos especiais possa ocorrer mais frequentemente.
• É responsabilidade, antes de tudo do candidato, assegurar-se que o ritmo do colóquio permaneça constante e regular.
• Objeto do colóquio formativo são aspectos do "foro externo": vida do seminário, desenvolvimento dos estudos, problemas da vida em comum, experiências pastorais, situações familiares etc., como também aspectos mais íntimos de "foro interno": as motivações vocacionais, as crises vocacionais, os aspectos afetivos etc. Tenha-se claro que o "foro externo" é próprio do colóquio formativo, ao passo que o "foro interno" pertence à direção espiritual, e que esta última entra no colóquio formativo só se o formando o deseja.

Seleção e formação de formadores

Os bispos e superiores religiosos devem enviar para a formação seus melhores sacerdotes ou religiosos. Uma diocese ou instituto religioso com formadores regulares é como um jardim em mãos de um jardineiro descuidado ou uma família com pais que não se interessam por seus filhos. Os resultados serão mais tarde um cúmulo de lamentações, escândalos e tristezas.

Seleção

Um formador deve ser selecionado para a formação tendo-se em conta, entre outras, o seguinte elenco de qualidades:

• que *ame o trabalho de formação*: significa estar a gosto com os jovens, ajudá-los e partilhar com eles;

• que seja uma *pessoa coerente* em sua vocação, para que possa servir de modelo;

• que manifeste *capacidade de empatia* (pôr-se no lugar do formando), de escuta e de diálogo;

• que seja *capaz de trabalhar em equipe*. É impossível que uma só pessoa possa responder a todas as facetas de formação que o jovem requer;

• que tenha a capacidade de olhar os problemas e as dificuldades do jovem como oportunidades de superação, desenvolvimento e crescimento. Para isso deve ter um ritmo alterno de acercar-se e afastar-se (compreender e deixar em liberdade) que resume o escutar e interpretar em ótica cristã.[207]

Programa formativo para os formadores

Não basta ser sacerdote ou professo de votos perpétuos para estar capacitado para o trabalho formativo. *É preciso preparar formadores*. As dioceses e institutos religiosos devem estar dispostos a realizar essa preparação.

Um programa formativo deve ajudar o formador a:

• *conhecer o jovem de hoje*: valores e antivalores, atitudes, preocupações e gostos, mentalidade pós-moderna etc;

• *conhecer a cultura em que se desenvolve o processo formativo*: muito diversa se é em um país desenvolvido ou subdesenvolvido, numa sociedade laicista ou numa que ainda conta com valores religiosos, num ambiente rural ou num ambiente urbano;

• *conhecer a fundo a espiritualidade sacerdotal ou a da vida consagrada* e como se vai desenvolvendo nas diversas etapas da formação;

---

[207] Cf. FACCHINETTI, Antonio. "Ascoltare e interpretare in ottica cristiana". In: *Tredimensioni* 4, 2007, p. 63.

• *conhecer os documentos da Igreja sobre formação e os documentos de cada instituto religioso*. O formador age, não a título pessoal, mas em nome da Igreja e do instituto que representa. O modo em que a Igreja se compreende a si mesma influi de maneira significativa no modelo formativo que se utiliza;[208]

• *conhecer e discriminar quais são os critérios de maturidade humana, cristã, sacerdotal e religiosa* que indicam a passagem de uma etapa de formação para outra, para que possa acompanhar adequadamente o formando em seu desenvolvimento vocacional;

• *conhecer seu próprio caminho pessoal de formação e crescimento* e conjugá-los adequadamente com os objetivos, políticas e estratégias que a equipe formadora se fixou na formação dos formandos;

• *conhecer os recursos que a Igreja e o instituto religioso oferecem para a formação* de modo que se sinta parte de um amplo movimento formativo eclesial;

• *começar a formação aprendendo dos outros*. Isso quer dizer que, antes de ser responsável principal de um centro formativo, deve ter participado de cursos de formação e ter tido experiências de formação sob a guia de outros formadores mais experientes;

• *conhecer não só as ciências filosóficas e teológicas, mas também as psicológicas e pedagógicas*. Nestas últimas é importante que tenha estudado elementos de psicologia da personalidade, do desenvolvimento humano e da psicopatologia e conheça, em concreto, a metodologia pedagógica, isto é, como unir os princípios teóricos com a prática formativa;

• *conhecer elementos próprios da formação*: como conduzir um colóquio formativo, como ajudar no discernimento vocacional, quais são os elementos de uma direção espiritual etc;

• *desenvolver em si mesmo características e qualidades que o jovem valoriza consideravelmente*: alegria e sinceridade, gosto pela música e pelo esporte, contato com a natureza e respeito do meio ambiente, desejo de partilhar e experimentar em equipe etc.

---

[208] Cf. NARDELLO, Máximo. "Il problema della formazione: un punto di vista ecclesiologico". In: *Tredimensioni* 4, 2007, p. 19.

Anexo 12

Programa de formação para o celibato

O seguinte programa foi elaborado por uma equipe de formadores coordenados pelo psicólogo redentorista Raymond Douziech. Minha tarefa consistiu em traduzi-lo do inglês, acrescentar-lhe alguns elementos da psicologia cognitiva e adaptá-lo à mentalidade dos países latinos.

Introdução

A formação para o celibato é um dos temas mais urgentes da Igreja católica. O Papa, os bispos e os institutos religiosos lhe dedicaram muitos documentos. A formação para o celibato se torna um verdadeiro desafio para todos os que cremos nele. A seguinte proposta não é um programa específico, mas umas diretrizes que podem ajudar uma diocese ou instituto religioso a dar os passos concretos na formação celibatária.

A maneira de formar no celibato varia porque são diversas as maneiras de entender a sexualidade humana e suas manifestações nas diversas culturas. Certamente, ficarão perguntas sem resposta: O que deve e o que não deve incluir um programa de formação para o celibato? O que é apropriado e o que não é? Que aspectos pertencem ao diretor espiritual e quais ao confessor? Um programa desse tipo começa pela informação ou pela integração?

Proposta geral

Não obstante essas dificuldades, há um acordo geral de que um programa de formação para o celibato deve incluir as seguintes seções:

a) uma sadia compreensão e apreço do que significa a sexualidade humana, para formar um "esquema cognitivo" realista e positivo da mesma;

b) uma completa apresentação do celibato e da castidade consagrada segundo os ensinamentos da Igreja universal, particular e o espírito de cada instituto, com ênfase em suas dimensões espirituais, práticas e de conteúdo;

c) uma sadia compreensão e apreço da intimidade humana com respeito ao celibato vivido em comunidade presbiteral ou religiosa, entre homens e entre mulheres e no apostolado ou ministério;

d) uma compreensão profissional e prática do que significa "pôr limites" (*boundaries*) na comunidade presbiteral ou religiosa, com as amizades e no apostolado ou ministério, incluindo os meios e facilidades para isso;

e) a experiência do celibato e da castidade consagrada vivida na diocese, instituto ou congregação, tanto em nível de comunidade (*ad intra*) como de apostolado (*ad extra*).

É responsabilidade do formador nos diversos níveis de formação (seminário menor, seminário maior, noviciado, juniorato etc.) ver como se realiza a formação para o celibato. Naturalmente, um formador só não pode ser responsável de todo o programa. De fato, alguns aspectos serão mais bem tratados por um profissional: médico, psicólogo, enfermeira, assistente social etc. Esses peritos poderiam colaborar, mas sempre sob a supervisão do formador ou formadores.

Sugere-se que um profissional apresente o material da seção A. Pode ser útil também sua participação nas seções C e D, ainda que a maior parte do material seja apresentada pelos próprios formadores. Para estas seções pode-se fazer uma combinação de profissionais e formadores, desenvolvendo algumas delas dentro do seminário ou casa religiosa e outras em forma de oficinas (*workshops*) com outras entidades religiosas ou grupos de jovens.

Recorde-se que não é um programa para cada etapa da formação, mas um programa progressivo que deve "permear" todo o processo formativo. As diferentes etapas devem enfatizar diferentes elementos do programa. Dessa maneira, a formação progressiva para o celibato começa desde o ingresso no seminário ou no postulantado, se aprofunda durante os anos de filosofia e noviciado e chega a ser mais integrada durante os anos de teologia, do juniorato e da preparação imediata para o ministério sacerdotal ou para a profissão perpétua.

Espera-se que o desenvolvimento progressivo do dito programa, do geral ao específico, ofereça confiança e tranquilidade aos seminaristas e candidatos religiosos para comunicar e partilhar, de maneira mais livre, as dimensões de seu desenvolvimento psicossexual. Serão ajudados a desenvolver atitudes e expressar com vocabulário apropriado suas emoções e sentimentos. O objetivo não é ter candidatos que tenham muitos conhecimentos, mas pessoas que os tenham integrado em suas vidas como candidatos que valorizam o celibato e a castidade consagrada.

A seguir se exporão os cinco pontos ou seções anteriores.

As cinco seções

As seções se desenvolvem do geral para o particular.

Sadia compreensão e apreço da sexualidade humana

Esta seção pode ser dada por um profissional e inclui biologia e psicologia básicas. A finalidade é que os jovens adquiram um "esquema cognitivo", realista e positivo do que significa a sexualidade humana.

Biologia e fisiologia básicas. Poderiam ser apresentadas por um médico ou profissional do ramo.

* *Conhecimento de termos.* Seção apresentada por um profissional.

• Sexo e sexualidade: qual a diferença?

• Desenvolvimento sexual e desenvolvimento de gênero: como nos desenvolvemos sexualmente? Desenvolvem-se de maneira diferente os homens e as mulheres?

• Intimidade e sexualidade: que é intimidade? Pode você ser íntimo sem ser sexual?

• Orientação sexual: que é orientação sexual?

• Dificuldades e desordens sexuais: quais são as dificuldades e desordens sexuais mais comuns que as pessoas têm?

* *Desenvolvimento psicossexual.* Esta parte pode ser apresentada por um profissional em desenvolvimento humano junto com a equipe formadora.

• *Desenvolvimento sexual e vida pré-natal:* atitudes familiares para com o sexo, atitudes dos pais, gravidez, parto e nascimento.

• *Desenvolvimento psicossexual durante a infância.*

• *Desenvolvimento psicossexual durante a adolescência*: despertar sexual, informação sexual, fantasias sexuais, reações do corpo, masturbação, mudanças físicas e do aspecto pessoal, experiência de namoro, traumas ou abusos sexuais, enfermidades de transmissão sexual e AIDS.

• *Desenvolvimento psicossexual durante a idade adulta*: maturidade psicossexual, integração, expressões genitais, intimidade sexual.

• *Orientação sexual*: assexualidade (pessoas que não têm resposta sexual ou a têm em grau mínimo), heterossexualidade, homossexualidade, bissexualidade.

• *Questões psicossexuais*: abuso sexual por parte do clero, evasão da sexualidade através da internet, pornografia e outros meios.

* *A sexualidade e o celibato no contexto sócio-cultural do candidato.* Esta parte pode ser dada pela equipe formadora com a ajuda de outros especialistas: antropólogo, sociólogo, trabalhador social etc. Temas a tratar: os diversos enfoques sobre a sexualidade na sociedade em que vive o candidato, a influência das tradições culturais e familiares e dos amigos ou "pares" e a influência dos meios de comunicação. Como afeta tudo isto a sexualidade do candidato? Como afeta também os meios e recursos utilizados para viver o celibato?

Bibliografia sugerida

ACUÑA, Alonso. *Enciclopedia del sexo y de la educación sexual* (5 tomaos). Bogotá: Zamora Editores, 1996.
FISHER, Helen. *El primer sexo*. Madrid: Taurus, 2000.
LÓPEZ AZPITARTE, Eduardo. *Simbolismo de la sexualidad humana. Critérios para uma ética sexual*. Santander: Sal Terrae, 2001.

Celibato e castidade

Esta seção se refere ao ensinamento da Igreja universal e particular e aos diversos institutos, com especial ênfase nos conteúdos, na espiritualidade e na prática. Inclui os seguintes elementos:

Celibato no mundo cristão

• Experiências de celibato em diferentes contextos religiosos (hinduismo, budismo etc.).

O celibato na Bíblia

• A experiência judaica da sexualidade e do celibato.
• Sexualidade e celibato no Novo Testamento (cf. Mt 19).
• Celibato em vista da parusia, nos escritos de São Paulo.

O celibato no ensinamento e prática da Igreja

• Desenvolvimento inicial da prática celibatária.
• Celibato nas Igrejas do Oriente e do Ocidente.
• Celibato e ordem sacerdotal.

Celibato, castidade e virgindade na vida religiosa e no sacerdócio

• O profundo significado do celibato
• Celibato por amor a Jesus Cristo.
• Celibato pelo Reino de Deus.
• Sentido profético e escatológico do celibato.
• Célibes como testemunhas da ressurreição.
• Cruz e felicidade no celibato.
• O celibato e a castidade consagrada segundo o carisma do instituto
• A comunidade e a amizade segundo o Evangelho como ajudas para o celibato

Bibliografia sugerida

PAULO VI. *Sacerdotalis Coelibatus,* 24 de junho de 1967.
Em: *AAS* 59, 1967, p. 657-697.
CENCINI, Amedeo. *Por amor, com amor, en el amor.*
Madrid: Atenas, 1996.
_____. *Virginidad y celibato, hoy. Por uma virginidad pascual.*
Santander: Sal Terrae, 2006.
DOMINGUEZ MORANO, Carlos. *La aventura del celibato evangélico.*
Sublimación o represión. Narcisismo o alteridad. Vitoria: Instituto
Teológico de Vida Religiosa, 2000.

Intimidade e celibato

Esta seção se refere a uma sadia compreensão e apreço da intimidade
humana em relação com o celibato vivido em comunidade presbiteral ou
religiosa, entre homens e entre mulheres e no apostolado ou no ministério.

Sexualidade, intimidade e celibato

- Intimidade: que é e o que não é.
- Intimidade madura e imatura.
- Sexo e intimidade: confiança e revelação da intimidade, a amizade, as tensões entre homem e mulher quando trabalham juntos, os temas
referentes ao controle e à dependência, a pornografia e a falsa intimidade,
o conflito e a intimidade.

Amar como um célibe

- O homem "só" e o homem "solitário".
- A intimidade segundo o carisma do instituto
- A intimidade e a espiritualidade

- Imagens religiosas de intimidade.
- Intimidade com Deus.
- Desenvolvimento de uma espiritualidade do celibato e da castidade consagrada.

Bibliografia sugerida

SPERRY, L. *Sexo, sacerdócio e Iglesia*. Santander: Sal Terrae, 2003.
ROQUEÑI, José Manuel. *Educación de la afectividad*. Pamplona: Eunsa, 2005.

Limites profissionais e pessoais

Esta seção se refere à compreensão *do que significa "pôr limites"* (*boundaries*) profissionais e pessoais na comunidade presbiteral ou religiosa, com as amizades e no apostolado ou ministério. Inclui também o aprendizado das habilidades ou destrezas para ele.

Limites profissionais e pessoais

- Sacerdócio e vida consagrada como profissões e estilos de vida.
- Saber pôr limites nas relações profissionais.
- Saber pôr limites nas relações pessoais.

Má conduta sexual de sacerdotes e religiosos com crianças e adolescentes

- Abuso sexual na Igreja
- O horror produzido pelos crimes sexuais contra menores.
- Pedofilia (atração e participação sexual com crianças).
- Efebofilia (atração e participação sexual com púberes ou adolescentes).
- Leitura e estudo dos "protocolos sexuais" ou informes.
  Como procede a Igreja a respeito?
- Tratamento e reincorporação no ministério.
- Abuso pastoral.

O impacto nas crianças e na sociedade pelo abuso sexual cometido por sacerdotes e religiosos

- Limites profissionais e má conduta sexual com adultos
- Toques e abraços: com que intenções?
- Relações profissionais e amizade. A amizade continua.
- Não respeitar os limites.
- Características que favorecem uma possível violação dos limites.
- O método preventivo.

Bibliografia sugerida

GARRIDO, Javier. *Grandeza y miseria del celibato cristiano*. Santander: Sal Terrae, 1988.

COZZENS, Donald. *La faz cambiante del sacerdocio: sobre la crisis anímica del sacerdote*. Santander: Sal Terrae, 2003.

A experiência do celibato

Esta seção trata da experiência do celibato e da castidade consagrada vivida na diocese, instituto ou congregação, tanto em nível de comunidade (*ad intra*) como de apostolado (*ad extra*).

Abarca os seguintes pontos:

- os primeiros cinco anos de ministério ou de vida religiosa depois da formação inicial;
- o período da "lua de mel". A importância de um conselheiro que sirva de apoio;
- *dificuldades*: desilusões, solidão, sentimentos de não ser valorizado ou compreendido pelos superiores, dificuldades na vida de comunidade, excesso de trabalho e o "sacerdote queimado";
- *satisfações que oferece o ministério*: uma profunda vida de oração, eucaristia, pregação, colaboração com outros sacerdotes, religiosos e leigos, direção espiritual, ajuda dada pelos companheiros, encontros para

partilhar experiências, estilo de vida equilibrado, higiene mental (conhecimento de como funcionam a mente e as emoções e o que se deve fazer para se conservar emocionalmente sadios).

Os conflitos em relação com a castidade

• Dificuldades sexuais, fantasias sexuais obsessivo-compulsivas e masturbação, ansiedade, comportamentos sexuais questionáveis.
• Namoro.
• Enredos sexuais.

Princípios de um desenvolvimento maduro e sadio

• Prática das virtudes humanas. A ascese, o apostolado, o trabalho, o estudo, o esporte, a vida sóbria.
• Celebração da virtude da castidade como um valor pessoal

Colaborações no ministério

• Trabalho em equipe (atitudes e comportamentos): quais são seus benefícios, quais são suas tensões e problemas, o que se pode fazer para fortalecer interações sadias?
• Importância das amizades e a intimidade segundo o Evangelho.

Bibliografia sugerida

Isingrini, Virginia. *Para ser formadores no basta el amor. El coloquio formativo en la vida consagrada y sacerdotal.* México: San Pablo, 1999.
Parrilla Díaz, Julio. *Amor extramuros.* El riesgo de ser célibe. Madri: San Pablo, 2004.
Prada, José Rafael. *Madurez afectiva, concepto de Si y adhesión al ministério sacerdotal.* Bogotá: San Pablo, 2004.

XIII. Construir uma geração melhor

No final do caminho me dirão: viveste? Amaste?
E eu, sem dizer nada, abrirei meu coração cheio de nomes.
Pedro Casaldáliga

Apresentei um panorama da formação ao sacerdócio e à vida consagrada iluminado pela psicologia. Esta é uma ciência que "ajuda", não que "determina" quem tem vocação e quem não tem. Contudo, é uma ciência que tem muito a dizer ao processo de formação, apesar de que alguns entendidos modernos queiram exagerar suas falácias.[209]

Também estou consciente das grandes diferenças de formar um jovem pós-moderno em relação a um jovem do passado e das dificuldades que qualquer formador, por muito capaz e preparado que seja, encontrará em seu trato e ajuda com os formandos de hoje. Contudo sou essencialmente positivo. Eu o sou, não somente porque creio no poder da graça, mas também porque vejo mais do que nunca a possibilidade de ter jovens estupendos que podem ser ajudados a optar livre e criticamente diante de um convite para seguir Jesus Cristo.

Neste último capítulo quero animar criticamente o formador de seminaristas e religiosos a seguir seu caminho de acompanhamento e aju-

---

[209] Cf. DEGEN, Rolf. *Falacias de la psicologia*. Robinbook, Barcelona, 2001, p. 9-295.

da, com a firme convicção de que está realizando uma obra humana e religiosa de grande valor e de urgente necessidade para o mundo e para a Igreja. Seu trabalho não é em vão.

Nem todo tempo passado foi melhor

Os mais adultos, devido a nossa formação tradicional e monolítica, têm a tendência de pensar que todo tempo passado foi melhor. Com nossa vida repetimos as famosas *Estrofes* do poeta espanhol Jorge Manrique:

Recorde a alma dormida,
avive o cérebro e desperte,
contemplando
como passa a vida,
como vem a morte
tanto em silêncio.
Quão rápido se vai ao prazer,
como, depois de acordado,
da dor.
Como, a nosso parecer,
qualquer tempo passado
foi melhor.

Contudo, a realidade histórica nos desmente. Nunca antes o ser humano tinha gozado de uma situação de bem-estar tão grande como agora. Basta olhar a nosso redor, praticamente todos os campos humanos: medicina, educação, alimentação, comunicações, transporte, expectativa de vida, esporte, diversões etc., têm um desenvolvimento positivo assombroso. Também o respeito pela pessoa, seus direitos, suas ideias e sua confissão religiosa (com algumas exceções) são patrimônios da maioria dos países. Nunca, como hoje, a religião católica tinha chegado a tantos milhões de pessoas em todo o mundo com a pregação do Evangelho.

Alguém dirá que temos ainda guerras, pobreza e miséria, exploração de crianças e de mulheres etc.[210] E isso é verdade, mas jamais nas porcentagens dos séculos passados. Talvez a única exceção gravíssima neste desenvolvimento da humanidade seja a exploração não controlada do meio ambiente: se continuarmos destruindo-o, o prognóstico, a curto prazo, será o desaparecimento de muitas espécies vivas, mudanças bruscas e inesperadas da temperatura terrestre e um possível caos de proporções macroscópicas. Contudo, o homem é consciente desse perigo e trata de tomar, com muitas dificuldades, medidas correspondentes.

Olhando a evolução da Igreja católica é verdade que teve e tem muitos problemas e crises, mas continua sendo a instituição mais credível na maioria dos países e sua influência moral e religiosa é reconhecida inclusive por outras religiões.

Quanto à crise de vocações sacerdotais e religiosas, há leituras alternativas que nos permitem ser otimistas, no sentido de que a crise no número de vocações reforçará o cuidado que a Igreja deve pôr em sua qualidade e, sobretudo, a possibilidade real de que o laicato católico tome consciência e assuma melhor seu compromisso evangélico nas paróquias, nas missões e na catequese.

Hoje compreendemos melhor que o trabalho pelo Reino de Deus se fundamenta no cristianismo, mas, ao mesmo tempo, supera suas fronteiras na busca de um mundo de amor, de paz e de convivência. Onde há um valor autenticamente humano, aí está Deus, nos recordou o papa Paulo VI.

"Não tenhais medo" foram as primeiras palavras que João Paulo II lançou ao mundo inteiro da Praça de São Pedro, quando inaugurou seu pontificado em 22 de outubro de 1978. Essas palavras acompanharam, como uma melodia constante (*leitmotif*), todo seu trabalho de Vigário de Cristo, até sua morte em abril de 2005. As palavras do Papa soam em nossos ouvidos, não para animar os derrotados, mas como estímulo para seguir trabalhando com alegria e paixão, pela construção do Reino.

---

[210] Cf. IRIARTE, Gregorio. *Analisis crítico de la realidad. Compendio de datos actualizados.* Kipus, Cochabamba, 2004[13], p. 49-62.

Futuro do sacerdócio católico

Muitos livros e artigos foram escritos sobre como deve ser o sacerdote do futuro. Neste livro minha tarefa é antes de tudo psicológica e devo afirmar que o papel do sacerdote como intermediário entre a divindade e os homens nunca passará, porque está inscrito como tendência inata no profundo dos seres humanos: comunicar-se com o Transcendente para dar significado à existência terrena.[211]

Analisando os "sinais dos tempos" e apoiando-me em alguns pesquisadores, tanto homens de ciência como religiosos, quero dar uma contribuição e apresentar aos candidatos ao sacerdócio as características que, em meu entender, deve desenvolver o sacerdote do amanhã se quer realmente ser "ponte entre Deus e os homens".

O sacerdote deve ser, antes de tudo, um homem de busca

A experiência contemporânea nos diz que o ser humano está em contínuo movimento de busca de sentido, de saúde, de bem-estar material, de felicidade etc., e o sacerdote deve ser um companheiro de caminho, versado na Palavra de Deus, na teologia e nas ciências humanas, que ajude, em colaboração, nesse esforço de busca. Essa tarefa será exercitada de maneira profética porque falará em nome de Deus e do povo, isto é, tratará de ser intérprete dos dois termos da relação religiosa (*re-ligare*), sem trair nenhum dos dois, mas buscando seu diálogo e integração.

A busca fará do sacerdote um homem humilde

A humildade e a simplicidade farão com que o sacerdote evite todo clericalismo e se ponha na "fila da vida" como servidor dos outros. Paradoxalmente, a humildade é uma virtude muito apreciada pelo homem

---

[211] Cf. FRANKL, Victor. *Senso e valori per l´esistenza. La risposta della Logoterapia*. Città Nuova, Roma, 1994, p. 64-92.

atual. Uma humildade é autêntica, não aparente. Precisamente, o papa Bento XVI centrou seu diálogo com os seminaristas do Seminário Maior de Roma no dia 17 de fevereiro de 2007 neste tema: "Como escutar a Deus para reconhecer sua voz e depois aceitar nossa fragilidade humana para segui-lo".[212] Sim, humildade porque somos frágeis e porque sem ela o mundo descobrirá nossa hipocrisia.[213]

O sacerdote samaritano

A humildade servirá ao sacerdote para ajudar o que sofre e ser, por sua vez, testemunha cristã do sofrimento. No mesmo encontro com os seminaristas romanos, o Papa lhes dizia: "Reconhecendo esse dever de trabalhar contra os sofrimentos causados por nós mesmos, temos que reconhecer também e entender que o sofrimento é uma parte essencial para o amadurecimento humano". E acrescentou: "... quem promete só uma vida alegre e cômoda, mente. O cristianismo fala da felicidade, mas só se chega a ela por meio da cruz. Cada dia tem dor; quando aprendermos a viver com essa dor, nos tornaremos também capazes de ajudar os outros".

Ministério sacerdotal

Se o sacerdote é homem de busca humilde e sabe compartilhar a dor da humanidade, então está apto para exercer com autenticidade seu ministério sacerdotal nos sacramentos, especialmente na eucaristia e no perdão, na oração pessoal e com os fiéis, na caridade e nas obras sociais, no diálogo com toda classe de pessoas (crentes e não crentes, ateus e religiosos, heterossexuais e homossexuais, casados e em união livre, solteiros e religiosos, mulheres ou homens etc.). Seu ministério é universal: para o

---

[212] Cf. L'Osservatore Romano. Cidade do Vaticano, 19-20 de fevereiro de 2007, p. 6-7.
[213] Esta *fragilidade* pessoal e institucional, como o reconhecem os superiores maiores de diversos institutos religiosos, num mundo de mudança, de incertezas, de crises de fé e de verdade, de relativismo, tanto em nível de indivíduos como de instituições (Cf. CARBALLO, Rodriguez, 2007, p. 45).

ser humano onde este se encontre. Cada vez mais, como o diz belamente o documento final da V Conferência do CELAM em Aparecida, "os presbíteros serão discípulos missionários de Jesus Bom Pastor" (*Documento de Aparecida 5.3.2*).

O seminarista atual deve compreender, de modo particular, que o povo de Deus busca em seus sacerdotes não o homem que contribua economicamente, ou o esportista e estrela da canção que o emocione, ou a pessoa simpática e festeira que o alegre, mas *o homem de Deus* que o ajude a chegar a Deus.

A amizade do sacerdote

Finalmente e esta é recomendação dada também por Bento XVI aos seminaristas romanos: "O sacerdote não deve perder a amizade com os outros sacerdotes". Essa dimensão humana de amizade sacerdotal, reforçada admiravelmente pelas palavras do Papa, nos faz recordar que o sacerdote, como ser humano, sempre busca uma "figura de apego", uma "base segura", sensível, próxima e acolhedora.[214] Quem melhor que seu próprio irmão sacerdote?

Futuro da vida consagrada

Em minha opinião, é mais difícil falar de futuro da vida consagrada que falar de futuro do sacerdócio. Não porque a vida consagrada não tenha futuro, de modo algum, mas porque esta foi demasiadamente clericalizada e muitas de suas características essenciais foram se diluindo através do tempo.

O futuro da vida consagrada foi muito estudado pelos próprios religiosos nas últimas décadas. E assim como houve um sínodo episcopal em nível mundial em 1990 para falar sobre a formação sacerdotal, também houve um quatro anos depois para tratar sobre a vida consagrada.

---

[214] BOWLBY, John. "The growth of independence in the young child". In: *Royal Society of Health Journal* 76, 1956, p. 588.

Ademais, os superiores maiores de comunidades masculinas e femininas e os congressos de religiosos, mundiais e regionais, indefectivelmente tratam entre seus temas mais álgidos do futuro da vida consagrada.[215] Na V Conferência do CELAM celebrada em Aparecida (Brasil) os bispos se dirigem aos consagrados(as) como "discípulos missionários de Jesus testemunha do Pai" (*Documento de Aparecida 5.3.5*). Interessar-me-ei aqui em dar algumas sugestões, antes de tudo psicológicas.

A opção na vida consagrada

A vida consagrada neste mundo pós-moderno deve apresentar-se, antes de tudo, como uma opção por Jesus Cristo e seu Reino, antes que uma renúncia ao mundo e a seus prazeres. As pessoas da rua tacham os religiosos de negativos, amargurados, rígidos, de falar sempre de sacrifício, renúncia etc. Se um valor não atrai, não é desejado. Isso pode passar para a vida consagrada com os jovens de hoje: não os atrai, não lhe diz grande coisa, ou, se lhes diz, o faz em chave negativa. Com isso, não estou negando o caminho necessário do sofrimento e da cruz, mais pondo muito claro que os objetivos finais não são estes, mas a ressurreição, a felicidade e o amor.

Relacionar-se para compartilhar

Estou de acordo com A. Cencini,[216] que afirma em seu livro *Relacionarse para compartir. El futuro de la vida consagrada* que a recuperação da dimensão relacional constitui um elemento essencial na renovação da vida consagrada. Voltemos ao princípio psicológico de sempre: se o reli-

---

[215] G. Uríbarri (2005, p. 74), comentando o Congresso sobre a Vida consagrada reunido em Roma de 23 a 27 de novembro de 2004, afirma: "A vida consagrada somente será capaz de humanizar nossa cultura e nossa sociedade se ela mesma se torna humanizadora para seus membros". Por sua parte, A. Arrighini (2007, p. 9), comentando a assembleia de superiores gerais de novembro de 2006, se pergunta: Em que forma se pode falar ainda de *excelência* da vida consagrada? E ele mesmo responde graficamente: é um "best seller" que ainda está por ser escrito!

[216] Cf. CENCINI, Amedeo. *Relaciones para compartir. El futuro de la vida consagrada*. Sal Terrae, Santander, 2003, p. 133.

gioso não sente satisfeita em sua própria comunidade sua necessidade básica de amar e de ser amado, não se sentirá realizado e buscará em outras partes sua satisfação. Antigamente, as estruturas claras e rígidas serviam de suporte para todos, incluídos os débeis; hoje, por não existir esse tipo de estruturas, se apresentam como possíveis soluções o abandono da vida consagrada, ou, infelizmente, uma vida incoerente e dupla.

A vida consagrada como alternativa

A vida consagrada sempre se caracterizou por ser uma alternativa em chave de Evangelho aos antivalores não evangélicos. Talvez o "chamado a estar no mundo sem ser do mundo" se converteu num mundanizar-nos e escolher imperceptivelmente os valores da sociedade capitalista, consumista, relativista e hedonista. Que alternativa atraente pode ser esta?

Os próprios formadores são conscientes desse desafio e se sentem desafiados pela complexidade de sua tarefa e pela beleza extraordinárias dos possíveis frutos maduros.[217]

Caráter profético

Neste sentido, a vida consagrada não pode perder seu caráter profético baseado preferencialmente na entrega aos mais pobres, mais simples, mais necessitados. Falar de pobres, de abandonados, de libertação, não pode ser terminologia de moda,[218] mas realidade fundadora da vida consagrada, como o ensinaram todos os fundadores(as) das ordens, congregações e institutos religiosos. Aqui, sim, podemos mudar o conhecido dito "todos os caminhos levam a Roma" e dizer "nem todos os caminhos

---

[217] Cf. CHITOLINA, Adalto L. *O processo formativo na Vida Consagrada hoje.* Editoração Eletrônica, Belo Horizonte,2005, p. 230-233.

[218] E ao dizer "pobres e abandonados" estou me referindo concretamente ao apostolado com os que não têm nada, com os perseguidos, os refugiados, os imigrantes, as crianças e mulheres maltratados ou abusados, os discriminados e rechaçados pela sociedade por causa de sua cor de pele, ou condição social,sexual, econômica ou cultural. Eles são os primeiros interlocutores dos consagrados (não os únicos) na pregação da Boa Nova.

levam a uma autêntica vida consagrada". Em particular, não esqueçamos que ao jovem atrai o ideal, o desafio, o serviço, a justiça, a entrega, o novo, não o tradicional, o velho, o passivo e o repetitivo. É questão também de "cérebro jovem".

Refundação?

Alguns falam de refundação. Significa etimologicamente "voltar a fundar". Portanto, não é algo superficial e passageiro. A ideia é válida, pois se trata não de sufocar o espírito ou carisma, mas de romper com esquemas e estruturas envelhecidas, para que nasçam novas formas. Difícil tarefa num mundo em que todos têm opiniões diversas, mas maravilhoso fruto se os religiosos dialogam e se põem de acordo sob a ação do Espírito. Do ponto de vista psicológico, trata-se de compreender que a mudança é a dinâmica essencial da vida[219] e que podemos realizar mudanças aparentes (mudança 1), que nos levam sempre ao ponto de partida, pois a mudança é "dentro" do sistema, e mudanças verdadeiras (mudança 2), que nos permitem passar de um estado a outro, pois a mudança é "passar de um sistema a outro". A vida consagrada necessita da mudança 2.[220]

F. Cereda[221] propõe a busca desses sinais de vitalidade na vida consagrada: sentido de pertença, visibilidade da consagração, sentido de Igreja, relações com a cultura atual, equilíbrio formativo, espiritualidade renovada, sentido da vida consagrada, simplicidade das moradias, colaboração com outras instituições, opção preferencial pelos mais pobres, pobreza individual e institucional, expansão e promoção vocacional, formação integral e personalizada, estilo participativo, figuras carismáticas e disponibilidade para formas de vida exigentes. Talvez, se nos esforçásse-

---

[219] Cf. WATZLAWICK, Paul; WEAKLAND, John e FISH, Richard. *Cambio*. Herder, Barcelona, 1994, p. 10-40.

[220] Exemplo de Mudança 1: o movimento dos ponteiros de um relógio; de Mudança 2: a água ao ferver, passa de líquida a gasosa.

[221] Cf. CEREDA, Francesco. "Búsqueda de los signos de vitalidad en la Vida consagrada". Em: *Fidelidad y abandonos en la vida consagrada hoy*. Unione Superiori Generali (ed.), Litos, Roma, 2006, p. 71-92.

mos em conseguir a metade destes 16 sinais de vitalidade, teríamos uma mudança 2 na vida religiosa.

Ao terminar em Roma o II Congresso Mundial da Vida Consagrada (2004), os religiosos participantes se puseram várias questões, entre elas a necessidade urgente de chegar a ter outra linguagem para falar da vida consagrada; linguagem que leve à comunhão e ao sentir-se apaixonados, linguagem criativa, testemunhal, narrativa, interpelante, que utilize a palavra de Deus e o viver diário, existencial e diverso e que continue iluminando o mistério com "ícones" como o fizeram os do bom samaritano e a mulher samaritana.[222]

O melhor está por vir

Há uma formosa canção sul-americana que diz:

Badi, Badi, Badi, Badi,
espera, que o melhor está por vir.
Chegaste a este mundo por uma razão:
Deus tem entesourado para ti uma missão,
mesmo que haja caminhos com provas e dor,
suplica para teus irmãos a compaixão de Deus.

Nos momentos mais difíceis se mostra melhor a capacidade do ser humano. Só os negativos e pessimistas destroem a vida nascente e as possibilidades de transformação. Aceitemos ou não a existência de Deus, este mundo que evoluciona para formas mais complexas e ricas é uma demonstração de que não vamos para o caos e de que teremos a capacidade de deter-nos diante do abismo e mudar a direção. E se cremos em Deus e, como cristãos, num Deus chamado Jesus Cristo, o futuro que nos espera é maravilhoso, porque a obra mestra de Deus, o ser humano, não pode fracassar, nem com ele seu plano de salvação.

---

[222] Cf. ARNAIZ, José Maria. "Congresso sulla vita consacrata: 'Dove lo Spirito ci conduce' Bilancio e risonanze". In: *Vita Consacrata* 41/2, 2005, p. 131.

O sacerdote e o religioso de hoje devem ser peritos em espiritualidade e entrega. Em espiritualidade, porque são os que "por profissão livre" se entregaram ao Senhor totalmente; em entrega, porque ninguém crerá em sua espiritualidade se esta não está acompanhada de amor. Por isso, devem fazer suas as palavras do filósofo espanhol M. de Unamuno:

> Em vez de dizer, pois, adiante, ou para cima, diga: adentro! Reconcentra-te para irradiar; deixa-te encher para que transbordes logo, conservando o manancial. Recolhe-te em ti mesmo para melhor dar-te aos outros todo inteiro e indiviso. "Dou quanto tenho", diz o generoso. "Dou quanto valho", diz o abnegado. "Dou quanto sou", diz o herói. "Dou-me a mim mesmo", diz o santo; e diz tu com ele, ao dar-te: "Dou comigo o universo inteiro". Para eles tens que fazer-te universo, buscando dentro de ti. Adentro!

Sim, é dentro de nós, onde psicólogos, filósofos, pensadores e santos detectam a verdadeira energia que nos faz transformar o universo. Talvez o ser humano atual esteja compreendendo lentamente, já que até agora chegou em seu processo evolutivo a desenvolver "sistemas motivacionais" e "modelos operativos internos" (os MOI da teoria de J. Bowlby), que são estruturas internas da mente, que lhe fazem entender que só na aceitação do Transcendente e na entrega aos outros está a verdadeira felicidade que busca anelante desde milhões de anos.

Os futuros formandos

Não há dúvida de que o futuro se constrói e o melhor é possível. Se queremos ter um sacerdócio mais comprometido e uma vida consagrada mais autêntica, temos que esforçar-nos agora para adubar a terra, semear a semente e cuidar da planta que o Senhor faz brotar. Temos uma vantagem evolutiva: o cérebro do ser humano de hoje está muito mais desenvolvido que o do ser humano de centenas ou milhares de anos atrás. Não é uma "tábula rasa": nasce geneticamente mais bem programado que o cérebro de seus antecessores e podemos oferecer-lhe um ambiente muito estimulante e enriquecido.[223] Façamo-lo, tanto para as crianças e jovens em geral, como para os candidatos ao sacerdócio e à vida consagrada.

Eis aqui algumas sugestões que podem ajudar:

Virtudes humanas

Trabalhemos sem medo as virtudes humanas na formação: a bondade, a cortesia, a sinceridade, a discrição, a honestidade, a solidariedade etc. Quem ajuda a construir humanidade, ajuda a construir reino de Deus. Quantos esforços ascético-religiosos nos pouparíamos com nossos formandos se fôssemos claros no ensino e exigência das virtudes humanas básicas!

Superar frustrações

Ensinemos-lhes a superar ou digerir frustrações. O mundo consumista e hedonista está completamente equivocado quando crê que o desenvolvimento se alcança sem esforço, sem trabalho, sem dor, sem sofrimento. Antes que um princípio religioso, a cruz é uma lei universal, só que no Evangelho adquire todo seu significado e profundidade. Ensinemos-lhes a diferir o prazer, a agir por objetivos e ideais e calcular as consequências de seus comportamentos. Afirma J. Rodriguez Carballo:[224] "Se as frustrações não são reconhecidas, chamadas pelo nome, enfrentadas e reelaboradas, transformam-se num verdadeiro e próprio veneno, que não permite à pessoa enfrentar as passagens específicas aos distintos ciclos da vida".

Formemo-los para *a renúncia*,[225] não a renúncia pela renúncia, mas para *"a renuncia para mudança de"*, isto é, à renúncia evangélica apre-

---

[223] Cf. VÉLEZ, Antonio. *Homo Sapiens*. Villegas Editores, Bogotá, 2006, 00. 194-201.
[224] Cf. RODRIGUEZ CARBALLO, José. "Formar a la vida en plenitud para prevenir los abandonos y reforzar la fidelidad". In: *Para una Vida consagrada fiel. Desafios antropológicos a la formación*. Unione Superiori Generali (ed), Litos, Roma, 20017, p. 50.
[225] Muito agudamente A. Cencini (2004, p. 598-599) define a renúncia, primeiro como a criação de um intervalo entre um estímulo e a resposta da pessoa a esse estímulo e segundo como a conquista e a experiência nova daquele intervalo em termos de liberdade autêntica.

sentada na parábola do comerciante de pérolas finas (cf. Mt 13,45-46): renuncia-se a umas pérolas não porque sejam falsas (são autênticas), "mas porque se encontrou a pérola definitiva, aquela que cativou o olhar e o coração do comerciante que compreende que não pode adquirir esta, se não vende aquelas".[226]

Agora, então, superar frustrações e aprender a renunciar significa também educar para o conflito. Os momentos de enfrentamento e discussão são também um modo de aprender a estar com os outros. É preciso negociar e comunicar com os outros, porque todos não pensamos da mesma maneira e ninguém tem toda a verdade.

Modelo de vida em comum

Demos-lhes exemplo de compartilhar e viver como irmãos. Os modelos agressivos e violentos se aprendem mais facilmente que os modelos que partilham e buscam formar comunidade. Isso vem em nossos genes,[227] mas podemos controlar e reeducar essa tendência agressiva, que nos inclina, mas não nos determina. Demos exemplo nós adultos: esse é o caminho mais fácil para o aprendizado. A agressividade de muitos jovens se deve ao fracasso e incapacidade de muitos deles de conectar-se com suas próprias emoções e ver a partir delas as emoções dos outros.

---

[226] P. Chavez (cf. CHAVEZ, Pascual. "A fidelidade fonte da vida plena. A vida consagrada: profecia antropológica na pós-modernidade". In: *Para una Vida consagrada fiel. Desafios antropológicos a la formación*. Unione Superiori Generali (ed.), Litos, Roma, 2007, p. 7-29) acrescenta: "Não só é preciso propiciar a experiência da renúncia, mas também, em muitas situações, é necessária a renúncia à experiência (algo mais difícil de compreender e assumir hoje). Pensemos, por exemplo, no campo afetivo (e sexual): inclusive com a melhor boa vontade, há alguns que pensam que a renúncia lhes será mais fácil se se vive a experiência correspondente: 'Ao menos já sei a que renuncio'. No fundo, trata-se de uma ilusão: nunca podemos seguir os diferentes caminhos que a vida nos oferece, para, numa etapa ulterior, escolher qual seguir. O importante – e uma sólida formação deve propiciá-lo – é que a pessoa assuma maduramente esta decisão (palavra que conota em sua etimologia 'cortar') e não se lamente durante toda a vida do que nunca provou, tendendo, inevitavelmente, a aumentá-lo: o fruto proibido se torna sempre o mais apetecível".

[227] Cf. BLOOM, Howard. *The Lucifer principle. A scientific expedition into the forces of history*. The Atlantic Monthly Press, Nova York, 1997, p. 323-334.

Cidadãos do mundo de hoje

Ofereçamos aos formandos a oportunidade de educar-se como cidadãos do mundo de hoje em todos os aspectos: ciências, esporte, arte, comunicações etc., mas, ao mesmo tempo, formemos sua consciência crítica e seus valores cristãos, como nos pede o concílio Vaticano II. Um não impede o outro. Participar das riquezas da civilização atual não significa que não devamos pôr uma ordem e hierarquia dentro dos ideais e objetivos livremente escolhidos, que em nosso caso são os cristãos e religiosos. Não nos dê medo fazer propostas aos formandos e exigir deles respostas comprometidas. O "deixar fazer", o paternalismo e o autoritarismo não formam pessoas, nem cristãos; só a liberdade, fundamentada no máximo de amor e mínimo de controle, faz dos indivíduos pessoas humanas e cristãs.

Por Cristo e seu Reino

Ajudemos nossos formandos a ter uma profunda e amorosa experiência de Deus, em Jesus Cristo, por seu Reino. Sem paixão não há convicção.[228] Sem a paixão por Jesus Cristo e seu Reino todo trabalho formativo é um fracasso, mesmo quando no princípio pareça que funciona. A vocação sacerdotal e religiosa é, essencialmente, um trabalho de fé, animado pela esperança e manifestado em obras de amor. A psicologia e, em geral, as ciências humanas ajudam, mas não determinam. Parece com nossos genes: estão aí condicionando-nos, mas não privando-nos de nossa liberdade.

Para terminar as reflexões deste livro quero utilizar as palavras do arcebispo mártir Oscar Romero e dedicá-las aos formadores:

---

[228] Este foi um dos eixos de reflexão do Congresso Mundial sobre Vida Consagrada realizado em Roma no final de 2004.

Nós somos operários

Esta ideia nos ajuda agora e sempre
para dar um passo atrás e ter uma ampla perspectiva:
o Reino de Deus não está somente além de nossos esforços,
também está além de nossa visão.
Cumprimos durante nossa vida só uma diminuta fração
desta magnífica iniciativa que é o trabalho de Deus.
Nada do que fazemos é completo, que é outra maneira de dizer
que o reino sempre permanece além de nós.

*

Nenhuma declaração diz tudo o que pode ser dito.
Nenhuma oração expressa completamente toda nossa fé.
Nenhuma confissão leva à perfeição.
Nenhuma visita pastoral cobre toda a totalidade.
Nenhum programa completa a missão da Igreja.
Nenhumas metas e objetivos incluem tudo.

*

Esta é nossa tarefa:
nós plantamos as sementes que algum dia crescerão,
nós regamos as sementes já plantadas
sabendo que elas contêm a promessa futura.
Nós pomos os fundamentos
que necessitarão mais adiante de desenvolver-se.
Nós provemos a levedura
que produz efeitos mais além de nossas capacidades.

*

Não podemos fazer tudo.
E assim temos uma sensação de liberdade realizando a tarefa.
Isto nos dá a possibilidade de fazer algo e fazê-lo bem.
Será incompleto, mas será o começo,
um passo no caminho,
um passo para que a graça do Senhor entre e faça o resto.

*

Não veremos os resultados finais.
Esta é a diferença entre o arquiteto e o operário.
Nós somos os operários, não os arquitetos;
os ministros, não os messias;
os profetas de um futuro, não de nosso futuro.

Referências Bibliográficas

ACUNA, Alonso. *Enciclopedia dei sexo y de Ia educación sexua* (5 tomos). Bogotá: Zamora Editores, 1996.

ADORNO, Theodore. *La Personalità autoritaria* II: *Personalità autoritaria e interviste cliniche.* Edizioni di Comunità, Rocca San Casciano (Fo), 1997.

ANATRELLA, Tony. La figura del padre nella modernità. In: Studi *Cattolici* 51, 2007.

ANTISERI, Dario. Nichilismo e relativismo: nuove sfide ai cristianesimo. In *Vita* e *Pensiero* 5, 2005.

AMERICAN PSYCHIATRIC ASSOCIATION (APA). *DSM IV. Manuale diagnostico* e *statistico dei dirturbi mentali.* Milan: Masson, 1999.

ARIETI, Silvano. *Manuale* di *Psichiatria.* Silvano Ariete (ed.), Turín: Boringhieri, 1969.

ARNAIZ, José María. Congreso sulla vita consacrata: Dove lo Spirito ci conduce. Bilancio e risonanze. In: *Vita Consacrata* 41/2, 2005.

ARNOLD, Magda B. *Emotion and Personality.* New York: Columbia University Press 1960.

ARRIGHINI, Angelo. Vita consacrata: un futuro incerto. In: *Testimoni* 5, 2007.

BANDURA, Albert. *Principies of behaviour modijication.* New York: Holt, Rinehart and Winston, 1969.

BARA, Bruno G. *Manuale di psicoterapia cognitiva.* ,Turín: Bollati Boringhieri, 1999.

BASO, Aldo. Le virtu umane nella formazione. In: *Testimoni* 6, 2007.

BENEDICTO XVI. Di fronte al relativismo e al soggettivismo la Chiesa non può far tacere lo Spirito di Verità. In: *L'Osservatore Romano.* Ciudad del Vaticano, 26 de mayo de 2006.

BENSON, Herbert y KUPPER Miriam. *Relajación.* Barcelona: Pomaire, 1977.

BLOOM, Howard. *The Lucifer principie. A scientific expedition into the forces of history.* New York: The Atlantic Monthly Press, 1997.

BOCKENFORDE, Ernst-Wolfgang. *La formazione dello Statu come processo di secolarizzazione.* Brescia: Morcelliana, 2006.

BOTERO, José Silvio. *Posmodernidad y juventud. Riesgos y perspectivas.* Bogotá: San Pablo, 2002.

BOTTURA, Maria. Il racconto della vita. In: *Tredimensioni* 4, 2007.

BOWLBY, John. The growth of independence in the young child. In: *Royal Scociety of Health Journal* 76, 1956.

BOWLBY, John. *Attaccamento e perdita I: L'attaccamento alia madre.* Turín: Bollati Boringhieri, 1999.

BRESCIANI, Cado. Controtransfert come cammino verso Dio: processo terapeutico e integrazione della dimensione spirituale. In: MANENTI A., GUARINELL S. y ZOLLNER, H. (ed.). *Persona e Formazione. Riflessioni per la pratica educativa e psicoterapeutica.* Bologna: EDB, 2007.

BRONDINO, Giuseppe y MARASCA, Mauro. *La vita affettiva dei consacrati.* Fossano: Esperienze, 2002.

BUSTOS, Javier I. *La formación sexual de los seminaristas desde la perspectiva de la formación tetradimensional de la conciencia en los Estados Unidos de América. Disertación para el doctorado en teologia moral,* dactiloescrita. Roma: Academia Alfonsiana, 2007.

CABALLO, Vicente E. *Manual para el tratamiento cognitivo-conductual de los trastornos psicológicos I: Trastornos por ansiedad, sexuales, afectivos y psicóticos.* Vicente E. Caballo (ed.), Madrid: Siglo XXI, 1997.

CABARRÚS, Cados Rafael. *Seducidos por el Dios de los Pobres. Los votos religiosos desde la justicia que brota de la fe.* Madrid: Narcea, 1995.

CARTER, Rita. *Mapping the Mind.* New York: Orion, 1998.

CASTILHO PEREIRA, William Cesar. *A formação religiosa em questão.* Petrópolis:Vozes, 2004.

CENCINI, Amedeo. *Vita consacrata.* Paoline, Cinisello Balsamo, 1994; La comunità educativa. In: *Testimoni* 12, 1996; *I sentimenti del Figlio. Il cammino formativo nella vita consacrata.* EDB, Bologna, 2001; *Relacionarse para compartir. El futuro de la vida consagrada.* Sal Terrae, Santander, 2003; *Il respiro della vita. La grazia della formazione permanente.* San Paolo, Cinisello Balsamo, Milán, 2002; *Por amor, con amor, en el amor. Libertad y madurez afectiva en el celibato consagrado.* Sígueme, Salamanca, 2004; *El árbol de la vida. Hacia un modelo de formación inicial y permanente.* San Pablo, Madrid, 2005; Psicologia e Mistero: un rapporto inedito e fecondo. In: MANENTI, A., GUARINELLI, S y ZOLLNER, H. (ed.). *Persona e formazione: riflessioni per la pratica educativa e psicoterapeutica.* Bologna: EDB, 2007.

CENCINI, Amedeo y MANENTI, Alessandro. *Psicologia e formazione. Strutture e dinamismi* Bologna: EDB, 1992.

CEREDA, Francesco. Búsqueda de los signos de vitalidad en la Vida consagrada. In: *Fidelidad y abandonos en la Vida consagrada hoy.* Unione Superiori Generali (ed.), Roma: Litos, 2006.

CHÁVEZ, Pascual. La fidelidad fuente de la vida plena. La vida consagrada: profecía antropológica en la posmodernidad. In: *Para una Vida consagrada fiel. Desafios antropológicos a la formación.* Unione Superiori Generali (ed.), Roma: Litos, 2007.

CHITOLINA, Adalto L. O processo formativo na Vida Religiosa Consagrada hoje. In: CASTILHO, William C. (org.). Belo Horizonte: Editoração Eletrônica, 2005.

CLARETIAN MISSIONARIES. *Formation of missionariesGeneral Plan of Formation.* Quezon City (Philippines): Claretian Publications, 1995.

COMAS, Domingo. *Jóvenes y estilo de vida.* Madrid: Injuve, 2003.

CONFERENZA EPISCOPALE ITALIANA (CEI). La Formazione dei presbiteri nella Chiesa italiana. In: *Il Regno* 3, 2007.

CORCUERA, Álvaro. Media e formazione dei religiosi. In: AA. VV. *Vita consacrata & cultura della comunicazione.* Cinisello Balsamo, Milan: San Paolo, 2005.

CORELLA, Jesús. EL 'qué' yel 'porqué' del discernimento. In *Confer,* 1989.

COZZENS, Donald. *La faz cambiante dei sacerdocio: sobre la crisis anímica dei sacerdote.* Santander: Sal Terrae, 2003.

CREA, Giuseppe. "Dinamiche psicologiche nell'organizzazione comunitária". POLI, G. F., CREA, G. Y COMODO, V. (ed). In: *La sfida dell'organizzazione nelle comunità religiose.* Roma: Editrice Rogate, 2003.

CREA, Giuseppe. *Gli altri e la formazione di sé.* Bologna: EDB, 2005.

CREA, Giuseppe. *Patologia e speranza nella Vita Consacrata. Formazione affettiva nelle comunità religiose.* Bologna: EDB, 2007.

DAMASIO, Antonio. *Emozione e coscienza.* Milan: Adelphi, 2000.

DECAMINADA, Franco. *Maturità affettiva e psicosessuale nella scelta vocazionale. Una prospettiva psicologica.* Saronno (VA): Monti, 1997.

DEGEN, Rolf. *Falacias de la psicología.* Barcelona: Robinbook, 2001.

DELL' AGLIO, Luigi. Dio e Darwin, a ciascuno il suo. In: *Avvenire.* Roma: 23 marzo 2007.

DE LEÓN R., Armando. *La formación humana en los seminarios como fundamento de la salud mental dei sacerdote. Aportaciones psicológicas a la luz dei modelo biopsicosocial. Disertación para el doctorado en psicología, dactiloescrita.* Roma: UPS, 2002.

DE MÉZERVILLE, Gastón. La dimensión humana en la formación para la vida ministerial de sacerdotes y religiosos. In: *Medellín* 109, 2002.

DE SANTI, MicheJe y CARDINI, Franco. *L'abito ecclesiastico: sua valenza e storia.* Ravenna: Edizioni Carismatici Francescani, 2004.

• 326 •

DOMÍNGUEZ, M. Carlos. *La aventura dei celibato evangélico. Sublimación o represión. Narcisismo o alteridad.* Vitória: Instituto Teológico de Vida Religiosa, 2000.

DOMÍNGUEZ M., Carlos. *Los registros dei deseo. Dei afecto, el amor y otras pasiones.* Bilbao: Desclée de Brouwer, 2001².

ELLIS, Albert. *Pregunte a Albert Ellis.* Barcelona: Obelisco, 2005.

EPSTEIN, R. Sam. *Keeping boundaries. Maintaining Safety and Integrity in the Psychoterapeutic Processo.* Washington DC: American Psychiatric Press, 1994.

EVANS, Dylan. *Emoción. La ciencia dei sentimiento.* Madrid: Taurus, 2002.

FACCHINETTI, Antonio. Ascoltare e interpretare in ottica cristiana. In: *Tredimensioni* 4, 2007.

FERNANDEZ-MARTOS, José María. Fidelidad acosada. Fidelidad cuidada. In: *Fidelidad y abandonos en la vida consagrada hoy.* Unione Superior i Generali (ed.), Roma: Litos, 2006.

FISHER, Helen. *El primer sexo.* Madrid: Taurus, 2000.

FORTE, Bruno. Lo scandaloso dovere di ricordare la verità. Ratzinger e la salvezza. In: BRUNETTI, Maurizio y SORRENTINO, Salvatore (ed.). *Relativismo: una sfida per i cristiani.* Nápoles: Casa Editrice Católica Ecclesiae Domus, 2007.

FRANKL, Victor. *Senso e valori per l'esistenza. La risposta della Logoterapia.* Roma: Città Nuova, 1994.

FRANTA, Herbert. *Atteggiamenti dell'educatore.* Roma: LAS, 1988.

FREUD, Sigmund. Compendio del Psicoanálisis. In: *Obras completas.* Madrid: Biblioteca Nueva, 1973.

FREUD, Sigmund. EI 'Yo' y el 'Ello. In: *Obras completas.* Madrid: Biblioteca Nueva, 1973.

FREUD, Sigmund. Psicología de los procesos oníricos. In: *Obras completas.* Madrid: Biblioteca Nueva, 1973.

FREUD, Sigmund. Lecciones introductorias al Psicoanálisis. In: *Obras completas.* Madrid: Biblioteca Nueva, 1973.

FREUD, Ana. *El Yo y los mecanismos de defensa*. Buenos Aires: Paidós, 1971.

FRONTINI, Michela. Identità individuale e partecipazione religiosa. In: *Giovanni, religione evita cuotidiana. In'indagine dell'lstituto IARD per il Centro di Orientamento Pastorale*. Bologna: Il Mulino, 2006.

FUMAGALLI, Aristide. Il parametro della temporalità e la sua importanza per la teologia morale. In: MANENTI, A., GUARINELLI, S. y ZOLLNER, H. (ed). *Persona e Formazione. Rijlessioni per la pratica educativa e psicoterapeutica*. Bologna: EDB, 2007.

GAFO, Javier. Cristianismo y homosexualidad. In: *La homosexualidad: un debate abierto*. Bilbao: Desclée de Brouwer, 1997.

GAHUNGU, Méthode y GAMBINO, Vittorio. *Formare i presbiteri. Principi e linee di metodologia pedagogica*. Roma: LAS, 2003.

GALIMBERTI, Humberto. *Dizionario di psicologia 1*. Roma: Gruppo Editoriale L'Espresso, 2006.

GARCÍA PAREDES, José Cristo Rey. Ri-pensare la vita religiosa in epoca postmoderna. In: *Vita Consacrata* 36/1, 2000.

GARDNER, Howard. *Estructuras de la mente. La teoria de las inteligencias múltiples*. , Bogotá: Fondo de Cultura Económica, 1999.

GARRIDO, Javier. *Grandeza y miseria del celibato cristiano*. Santander: Sal Terrae, 1988.

GARVIN, Mary Pat. L'autobiografia nel discernimento di vocazione. In: *Vita Consacrata* 38, 2002/5.

GEISINGER, Robert. Presbyteral maturity and matrimonial maturity. In: *Periodica* 89, 2000.

GIORDANI, Bruno. Il colloquio psicologico come mezzo per condurre l'uomo a Dio. In: ROVIRA, José. *La guida spirituale nella vita religiosa*. Roma: Editrice Rogate, 1986.

GIORDANI, Bruno. Formazione dell'affettività nella donna consacrata". In: *Vita Consacrata* 33/4,1997.

GIORDANI, Bruno. L'apporto della psicologia nella formazione vocazionale. In: *Vita Consacrata* 34/3, 1998.

GOLEMAN, Daniel. *La inteligencia emocional.* Barcelona: Kairós, 1997.

GOYA, Benito. *Psicología y vida espiritual.* Madrid: San Pablo, 2001.

GREENFIELD, Susan. *Brain store: why* do *we think and feel as we do?* Londres: Penguin Press Science, 2000.

GUIDANO, Vittorio F. *Il Sè nel suo divenire. Verso una terapia cognitiva post-razionalista.* Turín: Bollati Boringhieri, 2000.

HARRIS, Judith Rich. *El mito de la educación.* Barcelona: Random House Mondadori, 2003.

HEALY, Tim, KIELY, Bartholomew y VERSALDI, Giuseppe. Nascita e conquiste di uno studio sulla persona umana. In: MANENTI, A., GUARINELLI S. y ZOLLNER H. (ed.). *Persona e formazione. Riflessioni per la pratica educativa e psicoterapeutica.* Bologna: EDB, 2007.

HOGE, Dean R. *The first five years of the priesthood.* Collegeville (Minnesota): The Liturgical Press, 2002.

ILARDUIA, Juan Mari. *El proyecto personal como voluntad de autenticidad.* Vitória: ESET, Instituto Teológico de Vida Religiosa, 1994.

ILARDUIA, Juan Mari. *El proyecto comunitario. Camino* de *encuentro y comunión.* Vitoria/Gasteiz: Editorial Frontera, 1997[2].

IMODA, Franco. *Sviluppo umano, psicologia e mistero.* Bologna: EDB, 2005.

IONATA, Pasquale. *Psicoterapia e problematiche religiose. Esperienze, potenzialità e limiti.* Roma: Città Nuova, 1991.

IRIARTE, Gregorio. *Análisis crítico de la realidad. Compendio de datos actualizados.* Cochabamba: Kipus, 2004[13].

ISINGRINI, Virginia. *La palabra que nace del silencio. Comunicación y vida fraternal: aspectos psicoespirituales.* Estela (Navarra): Editorial Verbo Divino, 2004.

KICANAS, Gerard. Toward a Renewed Priesthood. In: *Evolving visions of the priesthood. Changes from Vatican II to the turn of the New Century.* Collegeville (Minnesota): Liturgical Press, 2004.

KIRKPATRICK, Lee A. The role of attachment in religious belief and behavior. In: *Advances in personal relationships.* London: Jessica Kingsley,1994.

KOTULAK, Ronald. *Inside the brain.* Kansas City: Andrews McMeel, 1997.

LAZARUS, Richard S. y LAZARUS, Berenice N. *Pasión y razón. La comprensión de nuestras emociones.* Barcelona: Paidós, 2000.

LEDOUX, Joseph. *Il Sé sinaptico. Come il nostro cervello cifa diventare quelli che sismo.* Milan: Raffaello Cortina, 2002.

LIBANIO, João Batista. *El arte de formarse.* Salamanca: Sígueme, Salamanca. 2003.

LIOTTI, Giovanni. Su alcuni fra intendimenti della teoria dell´attaccamento. In: *L'attaccamento nel lavoro clinico e sociale. Esplorazione e sviluppo di nuovi modelli d'intervento.* Milan: FrancoAngeli, 1996.

LIOTTI, Giovanni. L'attaccamento. In: BARA, B. (ed.). *Manuale di psicoterapia* cognitiva. Turín: Bollati Boringhieri, 1999.

LIOTTI, Giovanni. *Le opere della coscienza. Psicopatologia* e *psicoterapia nella prospettiva cognitivo-evoluzionista.* Milan: Raffaello Cortina, 2001.

LÓPEZ AZPITARTE, Eduardo. *Simbolismo de la sexualidad humana. Criterios para una ética sexual.* Santander: Sal Terrae, 2001.

LORENZ, Honrad. *Gli otto peccati capitali della nostra civiltà.* Milan: Adelphi, 1990.

LORIEDO, Camillo y PICARDI, Angelo. *Dalla teoria generale dei sistemi alla teoria dell'attaccamento. Percorsi e modelli della psicoterapia sistemico- -relazionale* Milan:FrancoAngeli, 2000.

LORIMIER, Jacques de. *El adolescente, proyecto vital.* Madrid: Marova, 1971.

MACKE, Paul. Boundaries in Ministerial Relationships. In: *Human Development* 14, 1993.

MADERA, V. Ignacio. Mirada ai horizonte. In: *Horizontes de la Vida consagrada en América Latina y el Caribe.* Confederación Latinoamericana de Religiosos y Religiosas (CLAR), Bogotá: Paulinas, 2006.

MacKenzie K., Roy. *Psicoterapia breve di gruppo.* Trento: Erickson, 2002.

MAIER, Norman R. F. *Frustration: Thew study of behavior without a goal.* Ann Arbor (Mi.): The University of Michigan Press, 1961.

MARTÍNEZ, Miguel. *La psicologia humanista.* México: Trillas, 1982.

MASLOW, Abraham. *Motivazione e personalità*, Roma: Armando, 2000.

MASTERS, William y JOHNSON, Virginia. *La respuesta sexual humana.* Buenos Aires: Intermédica, 1978.

MASTERS, William y JOHNSON, Virginia. *La sexualidad humana* II. Barcelona: Grijalbo,' 1987.

MEZA, José Luis. *La afectividad y la sexualidad en la vida religiosa.* Bogotá: Indo American Press, Bogotá, 2001.

MISSIONARIES OF THE SACRED HEART. *Valladolid documents Fromm the World Conference of MSC Formators.* Roma: MSC General House, 1993.

MISSIONAIRES OF ST. FRANCIS DE SALES. *Fransalian formation.* Roma: General House, 2002.

MISIONEROS REDENTORISTAS. *Plan de formación redentorista. Ratio formationis C.Ss.R.* Roma: Gobierno General, 2003.

MOLL, Lief.A Psychologist Responds to the Vatican Instruction on Homosexuality. In: *Human Development* 27, 2006.

MUESER Kim T. Tratamiento cognitivo-conductual de la esquizofrenia. In: *Manual para el tratamiento cognitivo-conductual de los trastornos psicológicos* I: *Trastornos por ansiedad, sexuales, afectivos y psicóticos.* Madrid: Siglo XXI, 1997.

NARDELLO, Máximo. Il problema della formazione: un punto di vista ecclesiologico. In: *Tredimensioni* 4, 2007.

NEZU, Christine, NEZU, Arthur y DELLICARPINI, Liza. *Manual para el tratamiento cognitivo-conductual de los trastornos psicológicos* I: *Trastornos por ansiedad, sexuales, afectivos y psicóticos.* Madrid: Siglo XXI, 1997.

NIKIC, Milos. "Formazione alla maturità affettiva e alla castità". In: *Vita Consacrata* 35, 1999/ 2.

NOLL, Lief. A psychologist responds to the Vatican Instruction on Homosexuality. In: *Human Development* 27, 2006.

OLIVERA, Bernardo. "Accompagnatore e accompagnato". In: *Vita Consacrata* 42/4, 2006.

ORAISON, Marc. *El problema homosexual.* Madrid: Taurus, 1976.

ORDINI DEI FRATI MINORI CONVENTUALI. *Il discepolato francescano. Direttorio Generale di Formazione.* Roma: Casa Generalizia, 2001.

OVIEDO, Luís. Acercamiento a la realidad de los abandonos. In: *Fidelidad y abandonos en la Vida consagrada hoy.* Unione Superiori Generali (ed.), Roma: Litos, 2006.

PARKER, William R. y JOHNS, Elaine St. *La oración en la psicoterapia.* Barcelona: Lumen, 2007.

PARRILLA DÍAZ, Julio. *Amor extramuros. El riesgo de ser célibe.* Madrid San Pablo, 2004.

PASQUALE, Gianluigi. Accompagnamento vocazionale per la persona omosessuale. In: *Vita Consecrata* 35/1, 1999.

PAVLOV, Iván Petrovich. *Conditioned reflejes.* London: Oxford University Press 1927.

PELOSO, Francesco. *Se Dio resta solo. Crisi delle vocazioni, martiri e peccatori nella Chiesa di Benedetto XVI.* Turín: Lindau, 2007.

PERCASSI, Vincenzo. Processi di appropriazione dei valori (I): conoscere, apprezzare, sciegliere. In: *Tredimensioni* 4, 2007.

PEREAULT, Aimon-Marie. Maturité requise pour l'entrée au novitiat et por l'émission des voeux. In: *Vita Evangelica* 28, 1969.

PINKER, Steven. *La tabla rasa. La negación moderna de la naturaleza humana.* Barcelona: Paidós, 2003.

PLANTE, Thomas G. "A psychological assessment of applicants for priesthood and religious life". In: *Human Development* 27/4, 2006.

POLIZZI, Vincenzo. *L'identità dell'homo Sapiens.* Parte II: *Psicopatologia generale.* Roma: LAS, 1998.

POROT, Antoine. *Dizionario di Psichiatria.* Turin: SAIE, 1970.

PRADA, José Rafael. *Sexualidad y amor.* San Pablo, 1997; *Psicologia de grupos.* Bogotá IndoAmerican Press Service, 1998; *Terapia a su alcance.* Bogotá: San Pablo, 1994; *Madurez afectiva, concepto de Sí y adhesión ai ministerio sacerdotal.* Bogotá: San Pablo, 2004; *Escuelas psicológicas y psicoterapéuticas.* Bogotá: San Pablo, 2006; Abuso sexual infantil por parte de clérigos y religiosos católicos. In: *Studia Moralia* 44, 2006.

PRAVETTONI, Gabriella. Comunità virtuali: perché?. In: *Mente & Cervello* 7, 2004.

RATEY, John y JOHNSON, Catherine. *Shadow syndromes. The mildforms of major mental disorders that sabotage us.* New York: Bantam Books, 1998.

REHRAUER, Stephen. *Responsability and the human person: its nature and attribution in moral theology and the contribution of psychological theories of attribution. Disertación para el doctorado en teologia moral,* dactiloescrita. Madrid: Universidad Pontificia Comillas, Facultad de Teología, Instituto Superior de Ciencias Morales, 1996.

REY GARCIA, José Cristo Rey. Ri-pensare la vita religiosa in epoca postmoderna. In: *Vita Consacrata* 36/1, 2000.

RIZZUTO, Ana Maria. Sviluppo: dal concepimento alla morte. Riflessioni di una psicoanalista contemporânea. In: *Persona e formazione: rijlessioni per la pratica educativa e psicoterapeutica.* Bologna: EDB, 2007.

ROCCATACLIATA, Giuseppe. *La teoria della mente. Incontro tra filosofia e neuroscienze.* Roma: Borla, 2006.

Rodríguez Carballo, José. Formar a la vida en plenitud para prevenir los abandonos y reforzar la fidelidad. In: *Para una Vida consagrada fiel. Desafíos antropológicos a la formación.* Unione Superiori Generali (ed.), Roma: Litos, 2007.

Rogers, Carl. *El proceso de convertirse en persona.* Buenos Aires:Paidós, 1974.

Roggia, Giuseppe. Per una maturazione affettiva che sia effettiva. Alcune linee pedagogiche di accompanagmento personale nel cammino di maturazione affettiva dei giovanni consacrati. In: *Orientamenti Pedagogici* 48, 2001.

Ronco, Albino. *Introduzione alla psicologia* 1. *Psicologia dinamica.* Roma: LAS, 1991.

Roqueni, José Manuel. *Educación de la afectividad.* Pamplona: Eunsa, 2005.

Roveran, Roberto. Per um'efficace pedagogia: i colloqui di crescita vocazionale. In: *Tredimensioni* 1, 2004.

Rovira, José. *La guida spirituale nella vita religiosa.* Roma: Editrice Rogate, 1986.

Ruberti, Severio. I sistema motivazionali: l'attaccamento fra psicologia evoluzionista e psicoterapia. In: Rezzonico, G. y Ruberti, S. (ed.). *L'attaccamento nel lavoro clinico e sociale. Esplorazione e sviluppo di nuovi modelli d'intervento.* Milan: FrancoAngeli, 1996.

Ruiz, Alfredo. *La psicoterapia en un mundo de complejidad e incertidumbre. Hacia una terapia cognitiva post-racionalista.* Santiago de Chile: Inteco, 2003.

Rulla, Luigi M. *Antropologia della vocazione cristiana* I: *Basi interdisciplinari.* Casale Monferrato: Piemme, 1985.

Rulla, Luigi M, Imoda, Franco y Ridick, Joyce. *Struttura psicologica e vocazione. Motivazione di entrata e di abbandono.* Turín: Marietti, 1977.

Sarason, Irwin G. *Psicología anormal. Los problemas de la conducta desadaptada.* México: Trillas, 1977.

SEGHEDONI, Ivo. Dare buoni consigli non basta: formare Ia coscienza. In: *Tredimensioni* 4, 2007.

SCHACTER, Daniel. *Los siete pecados de la memoria*. Barcelona: Ariel, 2003.

SKINNER, Burrhus Frederick. *The behaviour of organismo*. New York Appleton-Century-Crofts, 1938.

SOVERNIGO, Giuseppe. *Proyecto de vida. En busca de mi identidad*. Madrid: Atenas, 1990.

SPERRY, Len, *Sexo, sacerdocio e Iglesia*. Santander: Sal Terrae, 2004.

SPITZ, René. *El primer ano de vida dei niño*. México: Fondo de Cultura Económico, 1974.

ST-ARNAUD, Yves. *Ensayo sobre los fundamentos psicológicos de la comunidad*. Madrid: Atenas, 1973.

STICKLER, Gertrud. Rappresentazione di Dio e immagine dei genitori nella esperienza degli adolescenti. Recerca effettuata su 2.255 adolescenti tra 14 ai 21 anni. In: *Revista di Scienze dell'Educazione* 1, 1974.

STICKLER, Gertrud y NUMUKOBWA, Godelive. *Forza e fragilità delle redici. Bambini feriti da esperienze di trauma e di abbandono. La sfida dell'educazione*. Roma: LAS, 2003.

TRIANI, Pierpaolo. La struttura dinamica della formazione. In: *Tredimensioni* 2, 2005.

UNAMUNO, Miguel de. *El caballero de la triste figura*. Madrid: Espasa Calpe, 1963.

URÍBARRI, Gabino. La Vida consagrada mira ai futuro. In: *Razón y Fe* 252, 2005.

VACCARI, Luigi. Pascua. Dialogo sul silenzio e sulla postmodernità. In: *Avvenire. Agorà Domenica*. Roma, 16 de abril de 2007.

VAN DE SPIJKER, Herman. *Homotropía, inclinación hacia el mismo sexo*. Madrid: Atenas, 1976

VELASCO, Juan Martín. Mirad qué amor tan grande nos tiene el Padre. Invitación a la experiencia del amor de Dios. In: *Sal Terrae* 86/8, 1998.

VÉLEZ, Antonio. *Homo Sapiens.* Bogotá: Villegas Editores, 2006.

VIDAL, Marciano. *Manuale di etica teologica* II: *Morale dell'amore e della sessualità.* Asís: Citadella Editrice, 1996.

VIDALE, Mario. Nuove forme di vi ta consacrata. Lettura teologica trasversale. In: *Vita Consacrata* 36/ 2, 2002.

WATZLAWICK, Paul, WEAKLAND, John y FISH, Richard. Barcelona *Cambio.* Herder, 1994.

YOUNG, Jeffrey E. y KLOSCO, Janet S. *Reinventa tu vida. Cómo superar las actitudes negativas y sentirse bien de nuevo.* Buenos Aires: Paidós, 2001.